キーワードで覚える！やさしいタイ語会話

名桜大学助教授
山田 均

吹込：チュターマート・ヌットラーウォン
　　　キャッティポン・ルアンスワン

UNICOM Inc.

はじめに

タイ語の学習について、この本を手にしていらっしゃる皆さんは様々な目的をお持ちでしょう。ビジネスに使う、観光に使う、新聞・雑誌を通じて情報を得たい、学術研究に使うなど。でも、学習の目的は違っても、学習のやり方は基本的に同じはずです。

まず第一に、発音を徹底的に練習する必要があるということです。タイ語は日本語にない音や声調の組織を持っています。また、表音文字で書かれていますから、発音がおぼつかないと、話していて通じないだけでなく、文章を正確に早く読むことが難しくなってきます。初心のうちは勉強の前に、かならず第１章の復習をするように心掛けて下さい。

第二に、文章にあたる時には音読を心掛けることです。音読を繰りかえすことによって、タイ語が成り立つ構造の原則が身に付いてきます。原則がしっかりと身に付けば、自分が話したり、書いたりするときにも自然な調子で言葉を発することができるでしょう。

第三に、単語を積極的に覚えることです。タイ語は単語を「並べる」言葉ですから、単語をふやすことは直接語学力を増すことにつながります。範囲を広く、きめこまやかに単語を増やして、単語の持つ味わいに触れていただきたいと願っています。

タイと日本は中世以来の交流を持ち、現代では互いに欠くことのできないパートナーとして、深い関係を結んでいます。にもかかわらず、言葉の習得となると、日本語が十分にできるタイ人も、タイ語が十分にできる日本人も、非常に少ないのが現状です。しかし、私には日本人にとってタイ語が特に難しい言葉だとはどうしても思えません。この本により、皆さんの学習が実りあるものとなるように願ってやみません。

最後に、この本を作るにあたって終始お世話になった（株）ユニコムの前川比佐さん、また面倒な版下作りを一手に引き受けて下さった友人の能口茂さん、理恵さんご夫妻に、この場を借りて、心よりお礼を申し上げます。

1996年５月　沖縄本島山原にて

著　者

目 次

◆はじめに …… 2

第１章　発音と発音記号

1-1　母音 …… 6
1-2　複合母音 …… 8
1-3　子音 …… 10
1-4　複合子音 …… 14
1-5　声調 …… 16
1-6　末子音 …… 18

第２章　タイ語の書き方

2-1　子音・複合子音の文字 …… 22
2-2　母音・複合母音の記号 …… 29
2-3　末子音の表記 …… 36
2-4　声調の表記 …… 45
2-5　ホーナムとオーナム …… 51
2-6　（中・高子音字＋低子音字）の発音 …… 53
2-7　再読文字 …… 56
2-8　注意すべき読み方 …… 58
2-9　いろいろの記号 …… 63

第３章　文の組み立て方と基本の表現

3-1　タイ語の単語 …… 68
3-2　タイ文の成り立ち …… 76
3-3　名詞をめぐって …… 79
3-4　動詞をめぐって …… 86
3-5　形容詞をめぐって …… 96
3-6　前置詞を使った句 …… 98
3-7　さまざまな接続・否定・疑問の表現 …… 101
3-8　応答挨拶の言葉 …… 105
3-9　名前・人称代名詞・親族の呼びかた …… 109
3-10　数字と数の数えかた …… 114
3-11　暦の表現 …… 117
3-12　時間の表現 …… 123

第４章　タイ語キーワード４０選

1.　ナンティダーは歌手です …… 128
2.　主人はドリアンが好きです …… 132
3.　何が問題ですか …… 136
4.　誰が来ますか …… 140
5.　私は辞書を持っています …… 144
6.　メガネは雑誌の下にあります …… 148
7.　私は歯が痛いです …… 152
8.　どこで働いているの …… 156

3

	9. 柔道を教えに来ました	160
	10. もっとタイ語を勉強しますか	164

会話1 動物園にて（父と子の会話） 168
	11. 彼はまだ悶々としています	170
	12. 大学に入ったばかりです	174
	13. 考えすぎです	178
	14. お父さんは車を売りはらった	182
	15. 西洋人の恋人がほしい	186
	16. 部屋の予約をしておかなければなりません	190
	17. 私を忘れないで	194
	18. コーンケンに行ったことがありますか	198
	19. 去年は3回もタイに行きました	202
	20. タイの国歌を歌えます	206

会話2 クリニックにて（医者と患者の会話） 210
	21. お父さんは行かないかも知れません	212
	22. 水を一杯下さい	216
	23. 港へ連れて行って下さい	220
	24. 主人に行かせます	224
	25. 上司に叱られました	228
	26. 先に行きますね	232
	27. もう水浴びをしました	236
	28. バスがぼくの家を通りすぎていった	240
	29. タイで仕事をするのはいいね	244
	30. マンゴスチンを1キロ下さい	248

会話3 寮を探す 252
	31. 手紙を書き終える	254
	32. タイ料理を作るのが好きです	258
	33. 彼は独身だと思ったのに	262
	34. 彼が昨日買った篭を見ましたか	266
	35. この自転車はオートバイと同じくらい高い	270
	36. もし彼女が好きなのなら、素直に言う方がいい	274
	37. あなたはどの鳥が好きですか	278
	38. スーツを何着持っていますか	282
	39. この店のカニはあの店よりも新鮮です	286
	40. どうやって宿舎を探しますか	290

会話4 レストランにて 294

◆ ドリル解答 296
◆ グロッサリー 310

第1章

発音と発音記号

頭出し
1-2

1－1　母音

1　「母音」とは、舌・喉・唇を使うことなく、口の形だけで調えて発する「音」のことです。
基本となる母音は長母音・短母音の別を入れて次の18音です。
発音記号とともに覚えましょう。

1．	a	（日本語のアと同様でもうちょっと明るい感じ）
2．	aa	（1番の長音）
3．	i	（日本語のイより口を横に広げて）
4．	ii	（3番の長音）
5．	ʉ	（イの口でウと言う）
6．	ʉʉ	（5番の長音）
7．	u	（口を前に突き出す感じでウ）
8．	uu	（7番の長音）
9．	e	（日本のエと同様）
10.	ee	（9番の長音）
11.	ɛ	（日本語のアの口をしてエと発音する）
12.	ɛɛ	（11番の長音）
13.	o	（口を突き出し加減でオと言う）
14.	oo	（13番の長音）
15.	ɔ	（口を丸く広げてオと言う）
16.	ɔɔ	（15番の長音）
17.	ə	（日本語のエの口でウと言う）
18.	əə	（17番の長音）

＊外国語の母音を、正確に安定して発音するのは誰にとっても難しいことです。とくにタイ語は母音の数が多いので慎重にくりかえし練習する必要があります。

ドリル 1

次の母音を発音しましょう。

(1) aa　　(2) ɔɔ

(3) uu　　(4) əə

(5) ee　　(6) oo

(7) uu　　(8) ɛɛ

ドリル 2

次の母音を聞き取って、発音記号で書きましょう。

(1) ______　　(2) ______

(3) ______　　(4) ______

(5) ______　　(6) ______

(7) ______　　(8) ______

頭出し
1-3

1－2　複合母音

2 2つまたは3つの母音を、区切ることなく続けて発音するものを「複合母音」と言います。タイ語の複合母音は以下の23音で、いずれも18音の単母音を組み合わせて発音します。
単母音18音とあわせて41母音となります。

19. ai
20. aai
21. ɔi
22. ɔɔi
23. ooi
24. əəi
25. ui
26. iu
27. ao
28. aao
29. eo
30. eeo
31. ɛo
32. ɛɛo
33. ia
34. iaʔ　(33番の母音を短く急に止める音です)
35. iao
36. ʉa
37. ʉaʔ　(36番の母音を短く急に止める音です)
38. ʉai
39. ua
40. uaʔ　(39番の母音を短く急に止める音です)
41. uai

＊最初の母音に重点がかかり、次の母音を添えるように発音します。

＊複合母音の末尾にある[i]を[y]で、[o]を[w]で書き表す辞書・教科書もあります。
＊34、37、40を除いて、複合母音はすべて長母音に分類されます。

ドリル 1

次の複合母音を発音してみましょう。

(1) əəi	(2) uai
(3) ɔɔi	(4) ɛɛo
(5) ao	(6) aai
(7) ua	(8) iu
(9) iao	(10) eo

ドリル 2

次の複合母音を聞き取って発音記号で書いて下さい。

(1) ______	(2) ______
(3) ______	(4) ______
(5) ______	(6) ______
(7) ______	(8) ______
(9) ______	(10) ______

頭出し
1-4

1－3　子音

3　「子音」とは、母音を発声する際に行われる舌・歯・喉・唇の「動き」のことです。子音はそれだけでは音になりませんから、タイ語では母音[ɔɔ]をつけて示します。

単子音、つまりひとつの動きからなる子音は次の21種です。

1. kɔɔ　カ行の無気音です。出来るだけ息を出さないようにする「カ」で、日本語の「ガ」ではありません。日本語の「学会」と言う時の「カ」に似ています。
2. khɔɔ　カ行の有気音です。日本語で「高い」と言う時の「カ」に似てます。少し強めに息を出して下さい。
3. ŋɔɔ　ガ行の鼻音です。ンガーと言う感じですが、ンとガを区切らないように発音して下さい。
4. cɔɔ　チャ行の無気音です。出来るだけ息を出さないように発音します。日本語のジャではありません。
5. chɔɔ　チャ行の有気音です。少し強めに息を出します。日本語で「お茶」と言う時のチャに似ています。
6. dɔɔ　日本語のダ行と同じ音です。
7. tɔɔ　タ行の無気音です。出来るだけ息を出さないように発音します。日本語で「東京」と言う時の「トー」に似ています。
8. thɔɔ　タ行の有気音です。少し強めに息を出します。日本語で「小鳥」と言う時の「ト」に似ています。
9. nɔɔ　日本語のナ行と同じ音です。
10. bɔɔ　日本語のバ行と同じ音です。
11. pɔɔ　パ行の無気音です。出来るだけ息を出さないように発音します。日本語で「パキスタン」と言う時の「パ」に似ています。

12.	phɔɔ	パ行の有気音です。少し強めに息を出します。日本語で「パンチ」と言う時の「パ」に似ています。
13.	fɔɔ	上の前歯を下唇に触れたところから発するファの音です。
14.	mɔɔ	日本語のマ行と同じ音です。
15.	yɔɔ	日本語のヤ行と同じ音ですが、母音[i][ii]と結ぶと舌が平たく上アゴに近づいた状態で発する「イ」となり、「イ」と「ジ」の中間のような音になります。
16.	rɔɔ	舌をふるわせて発するラ行の音です。
17.	lɔɔ	舌先を上アゴ前方寄りにくっつけた状態から発するラ行の音です。日本語のラ行に似ています。
18.	wɔɔ	唇を前へ出した状態から、開きながら発するワ行の音です。母音の[u][ua]と結んだ時には[u]と[wu]、[ua]と[wua]との差を意識して発音して下さい。
19.	sɔɔ	日本語のサ行と同じ音ですが母音[i][ii]と結ぶと、「スィ」となります。「シ」ではありません。
20.	hɔɔ	日本語のハ行と同じ音です。
21.	ʔɔɔ	母音を単独で発音する直前に一瞬喉がひきしぼられる動きがあります。この動きを記号[ʔ]で表していますが、あまり意識しないで母音をそのまま発音すれば良いのです。記号もふつう省略されます。

　タイ語の子音は、日本語で区別されていないものが区別されて使われているものもあり、少しとまどいますが、おおむね日本人にとって発音しやすいものばかりです。

ドリル 1

子音に注意して、次の発音記号を読みましょう。

(1) ŋaa	(2) kaa
(3) choo	(4) thee
(5) khʉʉ	(6) fuu
(7) taa	(8) ɛɛ
(9) rɔɔ	(10) pii

ドリル 2

次の音をききとって、発音記号で書きましょう。

(1) ______	(2) ______
(3) ______	(4) ______
(5) ______	(6) ______
(7) ______	(8) ______
(9) ______	(10) ______

ドリル 3

子音に注意して、次の発音記号を読みましょう。

(1) mia	(2) pao
(3) reo	(4) ŋua
(5) nəəi	(6) wua
(7) laao	(8) ruai
(9) thai	(10) dooi

ドリル 4

次の音を聞きとって、発音記号で書きましょう。

(1) ─────　　(2) ─────
(3) ─────　　(4) ─────
(5) ─────　　(6) ─────
(7) ─────　　(8) ─────
(9) ─────　　(10) ─────

頭出し
1-5

1－4　複合子音

2種類の子音を連続して行うものを「複合子音」と呼んでいます。タイ語には以下の11種の複合子音があります。3種類の子音を連続する複合子音はありません。

1. krɔɔ
2. klɔɔ
3. khrɔɔ
4. khlɔɔ
5. trɔɔ
6. prɔɔ
7. plɔɔ
8. phrɔɔ
9. phlɔɔ
10. kwɔɔ
11. khwɔɔ

＊複合子音の練習は、子音をひとつずつ練習して、その後複合子音として発音します。ゆっくりと、正確に発音してみて下さい。

＊ひとつの母音を核にして、その前後に子音がついたものを、発音の一単位として「音節」と呼んでいます。

ドリル 1

次の発音記号を読みましょう。

（1）plaa
（2）khruu
（3）traa
（4）khwaai
（5）khrai
（6）klua
（7）prii
（8）phrɛɛo
（9）phluu
（10）kwaa

ドリル 2

発音を聞きとって、発音記号で書きましょう。

(1) ──────　　(2) ──────
(3) ──────　　(4) ──────
(5) ──────　　(6) ──────
(7) ──────　　(8) ──────
(9) ──────　　(10) ──────

頭出し
1-6

1－5　声調

5 タイ語の音節には、それぞれ決まった音の高低がついており、その高低の型を「声調」と言います。
声調には次の５種があります。長母音についても、短母音についても、安定して正確な調子を保てるように練習して下さい。

第１声	a a	平らな調子で。
第２声	à a	低い調子で平らに。高から低への移行ではありません。
第３声	â a	高から低へ移行します。日本語で「ああ、そうですか」と言う時の「ああ」に似ています。
第４声	á a	高から更に高く声を張ります。日本語で「ウッソー、ホントー」と言う時の「トー」に似ています。
第５声	ǎ a	低から更に低く移行し、ふたたび中位の高さまでもち上げます。日本語の「へええ、すごいですね」と言う時の「へええ」に似ています。

＊声調が異なると、まったく別の語となります。次の例を聞いて下さい。

第１声	khaa	茅
第２声	khàa	しょうが
第３声	khâa	殺す/価値/奴隷
第４声	kháa	商う
第５声	khǎa	脚

＊タイ語の音節は、母音・子音・声調からなる立体的な音節であり、基本的にそれだけでひとつの語として意味を持っています。

ドリル 1

次の発音記号を読みましょう。

(1) puu
(2) yâa
(3) khɔ̂ɔ
(4) khɔɔ
(5) yàa
(6) pùu
(7) khɔ̌ɔ
(8) mɛ́ɛ
(9) hɔ̌ɔ
(10) sɯ́ɯ

ドリル 2

次の音節を聞き取って、発音記号で書きましょう。

(1) ______
(2) ______
(3) ______
(4) ______
(5) ______
(6) ______
(7) ______
(8) ______
(9) ______
(10) ______

頭出し
1-7

1－6　末子音

6 母音を発声した後に行われる喉・舌・唇の動きを「末子音」と言います。タイ語における末子音は次の７種で、２群に分けられます。

母音［a］につけて読んでみます。

（A群）

1. ［ŋ］　舌の奥が上がり、息が鼻へ抜ける「ン」です。
「あんか」の「か」を言わないで、「あん」で止める感じです。
2. ［n］　舌先が口の天井につき、息が止まる「ン」です。
「あんた」の「た」を言わないで、「あん」で止める感じです。
3. ［m］　唇が閉じて、息が止まる「ン」です。
「あんま」の「ま」を言わないで、「あん」で止める感じです。

（B群）

4. ［k］　舌の奥が上がり、息がそこで止まります。
「パック」の「ク」を言わないで、「パッ」で止める感じです。
5. ［t］　舌先が口の天井につき、息がそこで止まります。
「パット」の「ト」を言わないで、「パッ」で止める感じです。
6. ［p］　口が閉じて、息がそこで止まります。
「パップ」の「プ」を言わないで、「パッ」で止める感じです。
7. ［ʔ］　喉が引き絞られて、息がそこで止まります。
「アッ！」と言うときの感じです。タイ語の短母音には原則的にこの子音がついてきますが、普通は省略して書きません。

＊２つ以上の末子音が重なって行われることはありません。

＊長母音またはA群の末子音で終わる音節を「平音節」、短母音またはB群の末子音で終わる音節を「促音節」と言います。この区別は音声表記上たいせつな役割をしますのでよく理解しておいて下さい。
＊母音［ia］はその後に末子音［ŋ］［n］が来ると、イエに近い発音になります。

wiaŋ　　rian　　sǐaŋ　　khǐan

ドリル 1

次の発音記号にしたがって、発音してみましょう。

(1) nʉ̀ŋ
(2) sɔ̌ɔŋ
(3) sǎam
(4) sìi
(5) hâa
(6) hòk
(7) cèt
(8) pɛ̀ɛt
(9) kâo
(10) sìp

ドリル 2

次の音節を聞き取って、発音記号で書きましょう。

(1) ______
(2) ______
(3) ______
(4) ______
(5) ______
(6) ______
(7) ______
(8) ______
(9) ______
(10) ______

＊短母音が、多音節語の最終音節以外の場所に来るときは[ʔ]は行われない傾向が強まります。次の例を見て下さい。

thahǎan　　sanǎam　　talàat

ドリル 3

次の多音節語を発音してみましょう。

(1) kruŋ-thêep
(2) su-khǔm-wít
(3) sǐi-lom
(4) prà-tuu-náam
(5) hǔa-lam-phooŋ
(6) sa-yǎam
(7) pha-yaa-thai
(8) mɔ̌ɔ-chít
(9) èek-ka-mai
(10) baaŋ-lam-phuu

ドリル 4

次の音節を聞き取って、発音記号で書きましょう。

(1) ———
(2) ———
(3) ———
(4) ———
(5) ———
(6) ———
(7) ———
(8) ———
(9) ———
(10) ———

第2章

タイ語の書き方

> 頭出し
> 1-8

2−1　子音・複合子音の文字

7　タイ語は42字の子音字に母音記号、声調記号やその他の記号をつけ表記します。ここでは子音字から学んでいきましょう。

1) タイ文字の形

　　タイ文字は13世紀に、モーン語やカンボジア語の字を基に創られたといわれ、インド文字の流れをくんでいます。それぞれの文字の高さや横幅、丸の方向に気をつけて練習しましょう。

2) 配　列

　　タイ文字はインド文字の配列にならった音声学的配列になっています。一見難しく思えますが、同じようにインド語の配列に起源を持つ日本語の五十音図とはよく似ています。k（カ行）の後にch（サ行）t（タ行）n（ナ行）ときて、p（ハ行）m（マ行）y（ヤ行）r・l（ラ行）w（ワ行）と続くことに注目して下さい。ラオス語、カンボジア語、ビルマ語などインド系の文字を使っている言語の字はすべてこの配列になっています。

3) 名　称

　　子音字にはそれぞれ呼び名があります。日本語で「朝日のア」というようなもので、例えば「kɔɔ-kài（鶏）」（鶏のコー）や「khɔ̌ɔ-khài（卵）」（卵のコー）のように「何々の○○」と呼ぶのです。覚えましょう。

4) グループ

　　子音字は低子音字、中子音字、高子音字の3グループに分けられます。この別は声調を表記する際にとても大切です。本章中、および附属表では、低子音字を茶、中子音字を緑、高子音字を赤で色分けして示しました。文字の属するグループを確実に覚えて下さい。

5) 同音字

　　タイ語にはある音を表す字が1字しかない音もあり、6種もの字がある音もあります。インド語で別の音を表していた字が、タイ語に入って

きて音の別がなくなったものです。同音字が多数あっても、どの単語にはどの字を使うということはきちんと決まっています。そのつど覚えていきましょう。

子音の文字

すべて、丸のある字は丸から書きはじめ、ない字は矢印から書きはじめます。

1 k（カ行）の字

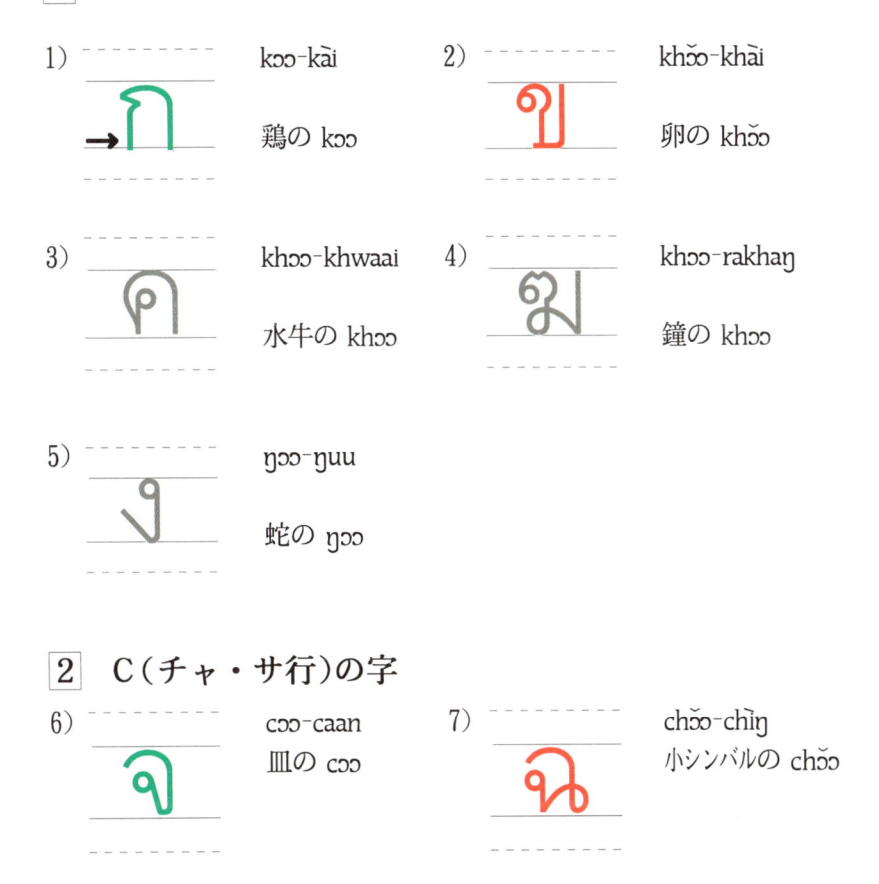

1） ก　kɔɔ-kài　鶏の kɔɔ

2） ข　khɔ̌ɔ-khài　卵の khɔ̌ɔ

3） ค　khɔɔ-khwaai　水牛の khɔɔ

4） ฆ　khɔɔ-rakhaŋ　鐘の khɔɔ

5） ง　ŋɔɔ-ŋuu　蛇の ŋɔɔ

2 C（チャ・サ行）の字

6） จ　cɔɔ-caan　皿の cɔɔ

7） ฉ　chɔ̌ɔ-chìŋ　小シンバルの chɔ̌ɔ

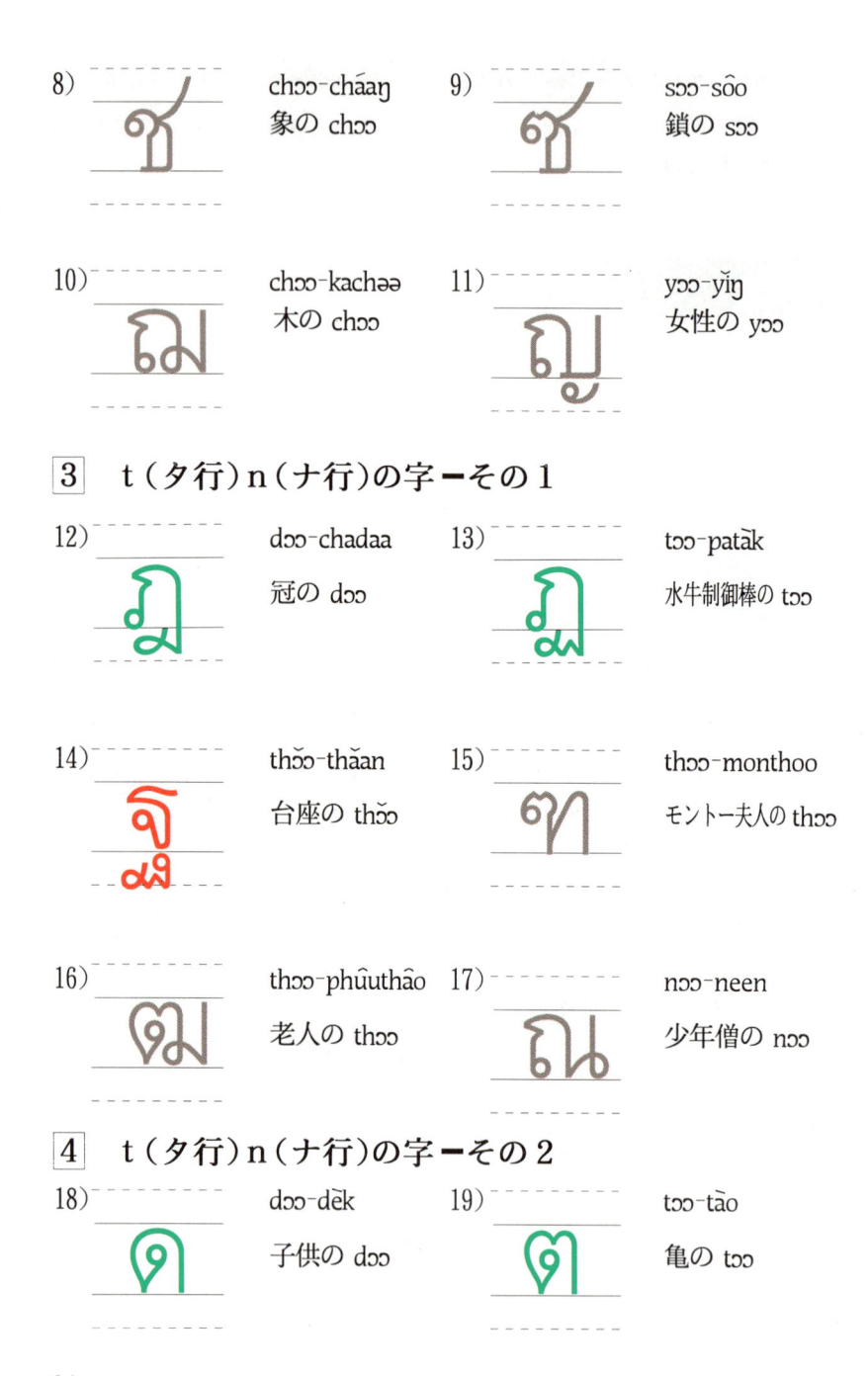

8) ช
choo-cháaŋ
象の choo

9) ซ
soo-sôo
鎖の soo

10) ฌ
choo-kachəə
木の choo

11) ญ
yoo-yǐŋ
女性の yoo

3 t（タ行）n（ナ行）の字ーその 1

12) ฎ
doo-chadaa
冠の doo

13) ฏ
too-patàk
水牛制御棒の too

14) ฐ
thǒo-thǎan
台座の thǒo

15) ฑ
thoo-monthoo
モントー夫人の thoo

16) ฒ
thoo-phûuthâo
老人の thoo

17) ณ
noo-neen
少年僧の noo

4 t（タ行）n（ナ行）の字ーその 2

18) ด
doo-dèk
子供の doo

19) ต
too-tào
亀の too

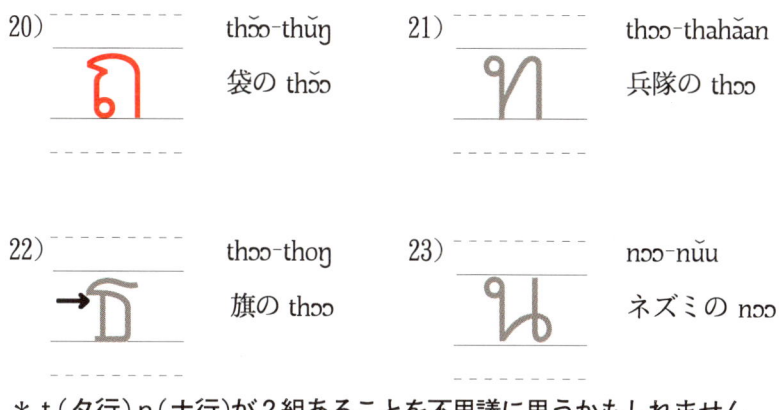

20) ถ

thǒɔ-thǔŋ

袋の thǒɔ

21) ท

thɔɔ-thahǎan

兵隊の thɔɔ

22) ธ

thɔɔ-thoŋ

旗の thɔɔ

23) น

nɔɔ-nǔu

ネズミの nɔɔ

＊ t（タ行）n（ナ行）が２組あることを不思議に思うかもしれません。これは本来のインド語では舌の使い方で、タ行が２種類あるために、字も２組あるのです。タイ語ではまったく同じ音になります。

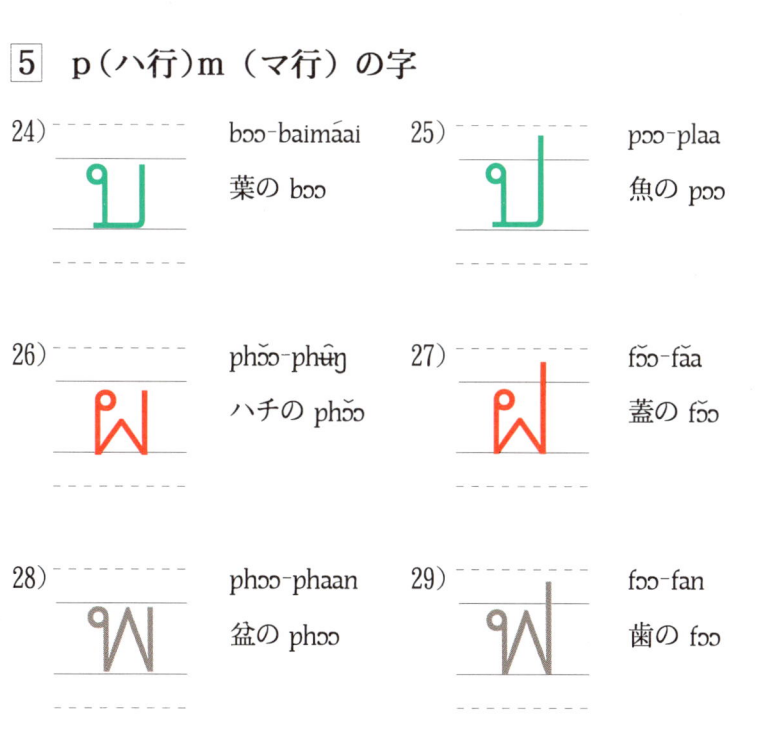

5 p（ハ行）m（マ行）の字

24) บ

bɔɔ-baimáai

葉の bɔɔ

25) ป

pɔɔ-plaa

魚の pɔɔ

26) ผ

phǒɔ-phʉ̂ŋ

ハチの phǒɔ

27) ฝ

fǒɔ-fǎa

蓋の fǒɔ

28) พ

phɔɔ-phaan

盆の phɔɔ

29) ฟ

fɔɔ-fan

歯の fɔɔ

30) ภ

phɔɔ-sǎmphao

ジャンク舟の phɔɔ

31) ม

mɔɔ-máa

馬の mɔɔ

6 y・r・l・w（ヤ行・ラ行・ワ行）の字

32) ย

yɔɔ-yák

鬼の yɔɔ

33) ร

rɔɔ-rʉa

舟の rɔɔ

34) ล

lɔɔ-liŋ

猿の lɔɔ

35) ว

wɔɔ-wɛ̌ɛn

指輪の wɔɔ

7 s 系列の字

36) ศ

sɔ̌ɔ-sǎalaa

小亭の sɔ̌ɔ

37) ษ

sɔ̌ɔ-rʉʉsǐi

行者の sɔ̌ɔ

38) ส

sɔ̌ɔ-sʉ̌a

虎の sɔ̌ɔ

8 その他

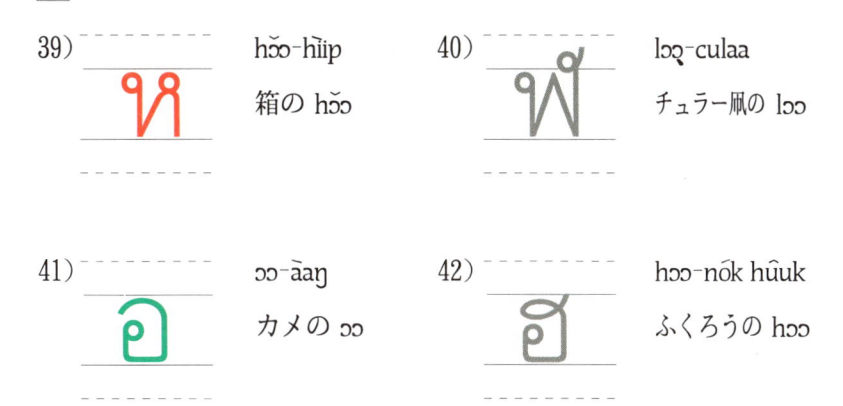

39） ห

hɔ̌ɔ-hìip

箱の hɔ̌ɔ

40） ฬ

lɔɔ-culaa

チュラー冠の lɔɔ

41） อ

ɔɔ-àaŋ

カメの ɔɔ

42） ฮ

hɔɔ-nók hûuk

ふくろうの hɔɔ

＊9）、11）などは分類上疑問が残るかもしれませんが、今のところは例外として考えておいて下さい。

＊41）は子音としての音はなく、これにつけられた母音字だけを発音するものです。

複合子音の文字

複合子音は子音字を並べて書くことで表記します。その組み合わせは16種。発音は次の通りです。

なお、子音字としてのグループは最初の字に従います。

（中子音字）　　　（高子音字）　　　（低子音字）

กร krɔɔ　　　ขร khrɔ̌ɔ　　　คร khrɔɔ

กล klɔɔ　　　ขล khlɔ̌ɔ　　　คล khlɔɔ

ปร prɔɔ　　　　　　　　　พร/ภร phrɔɔ

ปล plɔɔ　　　ผล phlɔ̌ɔ　　　พล phlɔɔ

ตร trɔɔ

กว kwɔɔ　　　ขว khwɔ̌ɔ　　　คว khwɔɔ

これ以外の組み合わせになる複合子音はありません。
しっかり覚えましょう。

ドリル 1

テープをきいて、42字の子音字を書き取りましょう。

2－2　母音・複合母音の記号

8 タイ語の母音は、母音記号を子音字につけることで表します。母音記号は子音字の前・後・上・下につきますから、その位置には特に注意して下さい。

母音記号とその発音とは、ほぼ1対1で対応しています。母音記号には、いくつかの部分の組み合わせでできているものが多いのですが、部分部分を気にせず、組み合わせられた全体を1つの記号と考えることが肝要です。

＊例えば、[เอียว]の母音記号は เ と ◌ี と ย と ว の4つの部分からできていますが、それぞれの部分に意味や音があるのではなく、[เ-ียว]で1つの記号として[iao]という音を表すのです。

単母音の記号

9 単母音記号は次の18種です。

＊母音記号は子音字なしには表記できません。そこで、ここでは便宜的に、子音字 อ につけて説明していきます。อ にはそのものの音がなく、そこに付いた母音記号のみを発音するという字なのです。下の表の黒い部分が母音記号です。

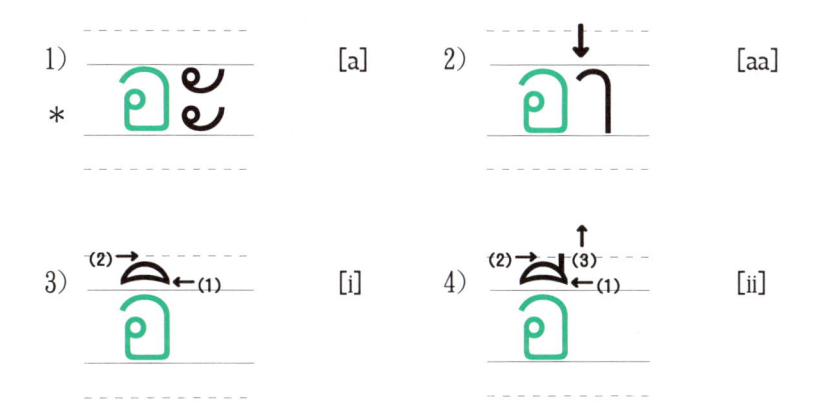

1) อะ　　[a]

2) อา　　[aa]

3) อิ　　[i]

4) อี　　[ii]

5) อ [ɯ]

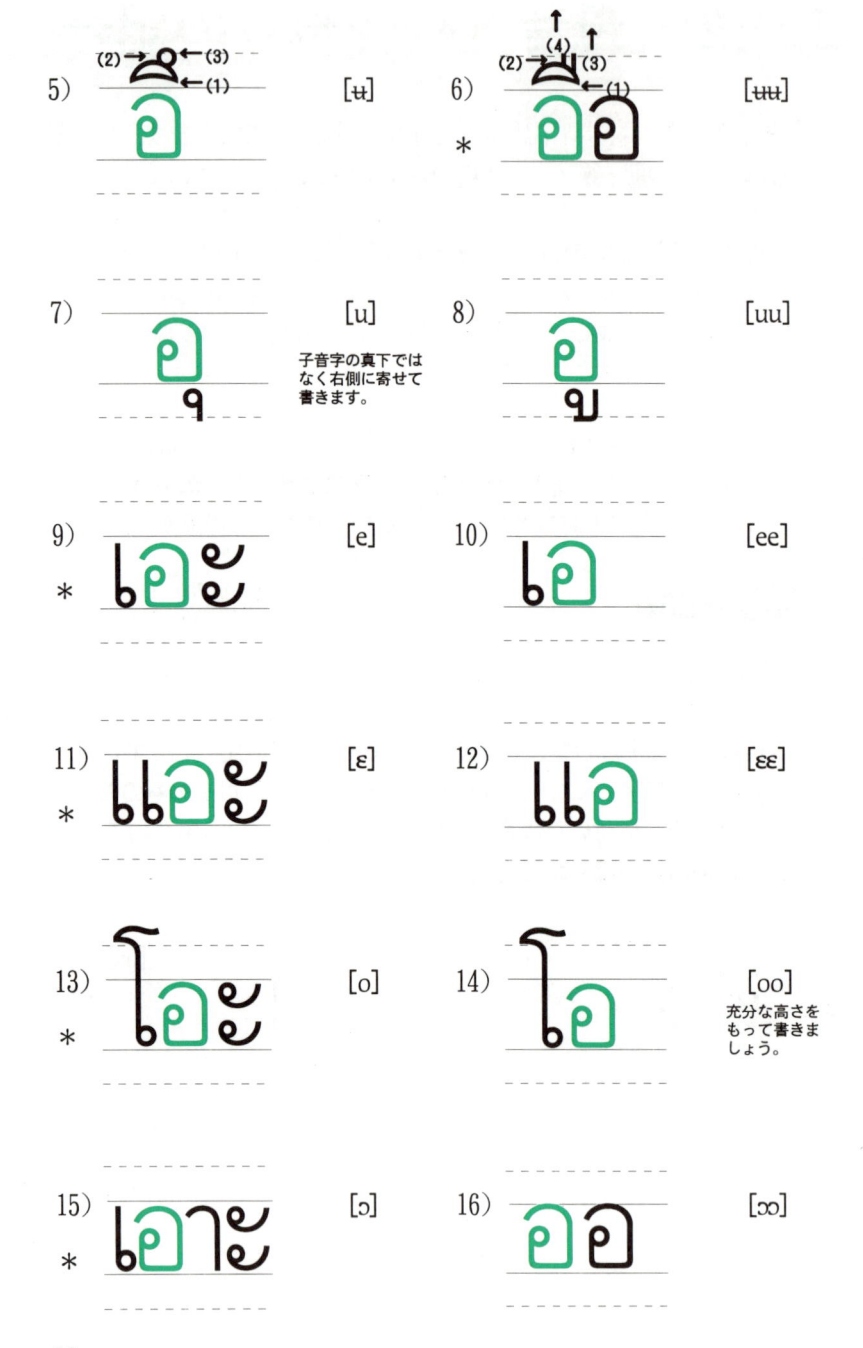

6) อือ [ɯɯ]
*

7) อุ [u]
子音字の真下ではなく右側に寄せて書きます。

8) อู [uu]

9) เอะ [e]
*

10) เอ [ee]

11) แอะ [ɛ]
*

12) แอ [ɛɛ]

13) โอะ [o]
*

14) โอ [oo]
充分な高さをもって書きましょう。

15) เอาะ [ɔ]
*

16) ออ [ɔɔ]

17)
* เออะ [ə]

18)
* เออ [əə]

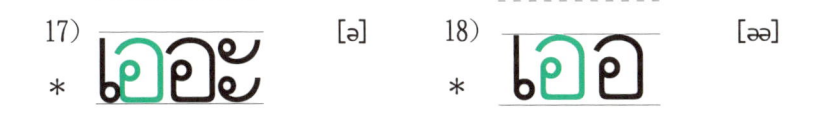

＊印をつけた母音記号は、後に末子音がつくと形が変ります。（16 参照）

6)、16)、17)、18)に用いられている อ は、あくまで母音記号の一部です。子音字の อ と混同しないためには、母音記号を確実に覚えておく必要があります。

ドリル 1

発音記号になおしましょう。

1) รอ　2) มา　3) ปู

4) คือ　5) เกาะ　6) ดู

ドリル 2

タイ文字で書いてみましょう。子音字がいくつか考えられる場合は、カッコ内の字を使って下さい。

1)taa (tɔɔ-tàu)　2)ŋuu　3)chaa (chɔɔ-cháaŋ)

4)mii　5)yaa (yɔɔ-yák)　6)naa (nɔɔ-nǔu)

複合母音の記号

10 複合母音を表す記号は次の23種（又は25種）です。

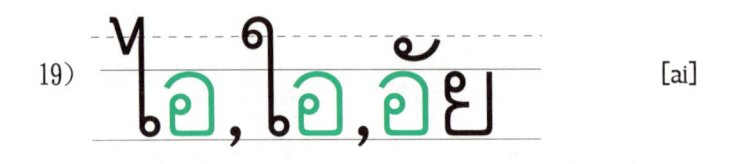

19） ไอ, ใอ, อัย [ai]

＊複合母音の中でこの[ai]だけが、３種類の記号をもっています。ある単語にどの記号を使うかは、はっきりと決まっていますから、単語を覚えるときには注意が必要です。

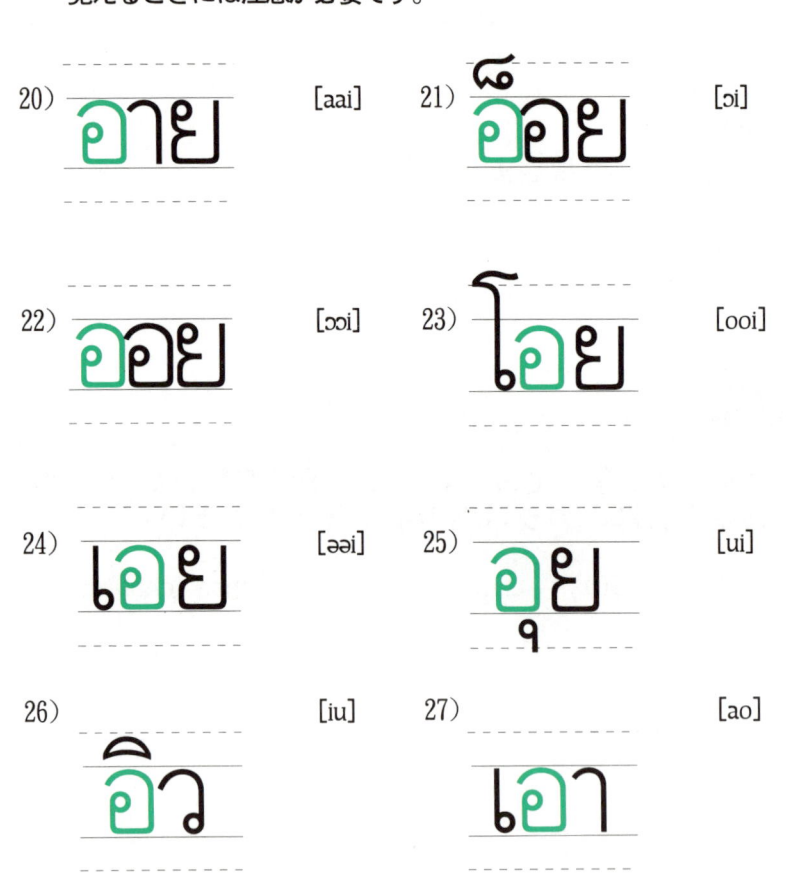

20） อาย [aai]

21） อ็อย [ɔi]

22） ออย [ɔɔi]

23） โอย [ooi]

24） เอย [əəi]

25） อุย [ui]

26） อิว [iu]

27） เอา [ao]

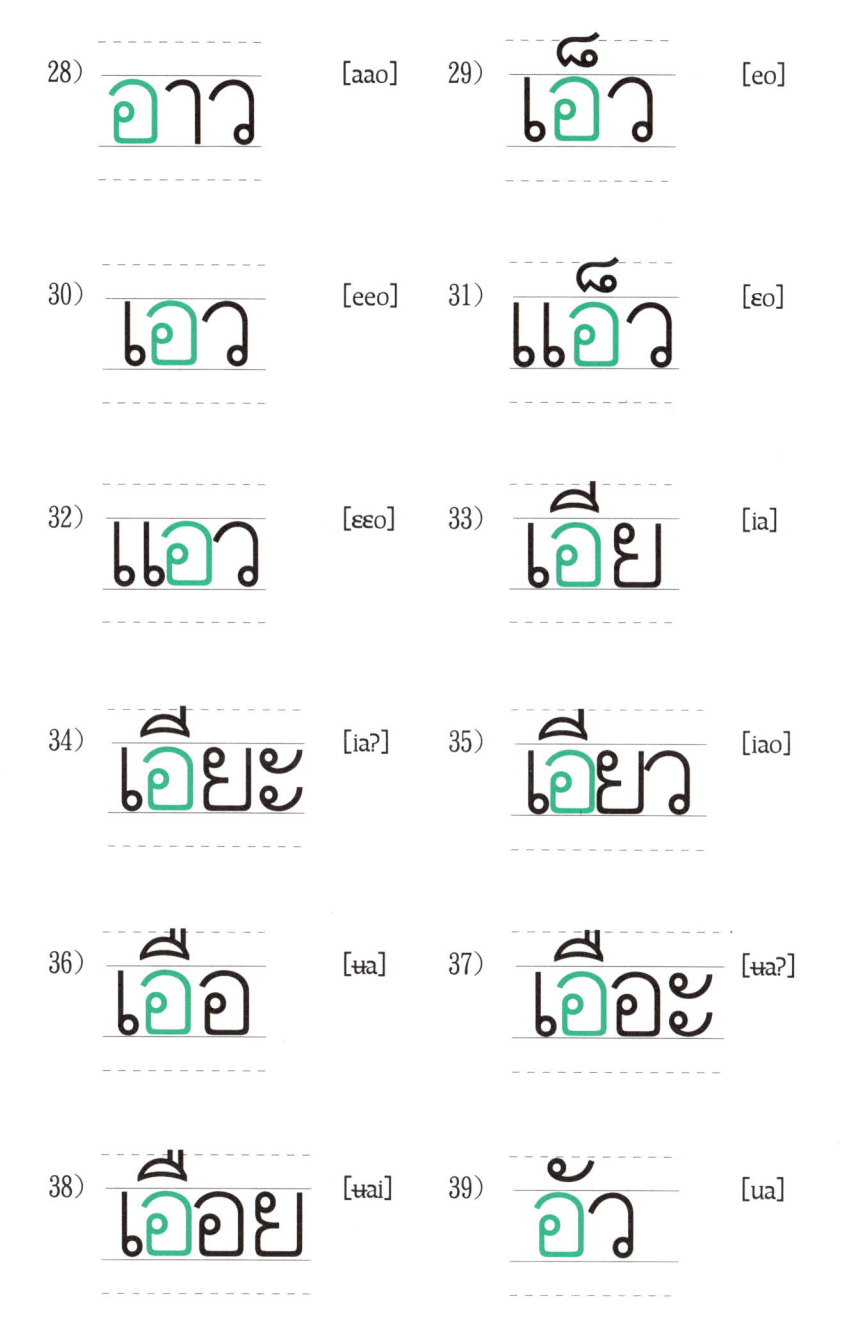

28) อาว [aao]

29) เอ็ว [eo]

30) เอว [eeo]

31) แอ็ว [ɛo]

32) แอว [ɛɛo]

33) เอีย [ia]

34) เอียะ [iaʔ]

35) เอียว [iao]

36) เอือ [ʉa]

37) เอือะ [ʉaʔ]

38) เอือย [ʉai]

39) อัว [ua]

40) อัวะ [uaʔ]　41) อวย [uai]

＊複合母音記号に使われている อ,ว,ย は子音字と同形ですが、あくまで母音記号の一部です。組み合わせてひとつの記号として働きます。

＊39)[ua] は、末子音が後ろに付くと形が変ります。（16参照）

ドリル 3

次のタイ文字を発音記号になおしてみましょう。

1) ดาว　2) ลอย　3) เร็ว
4) เนย　5) แมว　6) เตา
7) ยาย　8) เอว　9) เกา

ドリル 4

次の発音記号をタイ文字で書きましょう。

1) wua　2) ruai　3) dooi (dɔɔ-dèk)
4) mia　5) ŋao　6) ciao

11 複合子音に母音記号がつく時には、複合子音をあたかも１字のように扱います。子音字の前につく母音記号 เ,แ,โなどは最初の子音字の前にきます。子音字の上下につく記号[ี]や[ื]などの位置は、複合子音の２番目の字の上です。

＜例＞ แพรว [phrɛɛo]　ไตร [trai]　แผล็ว [phlĕo]

ドリル 5

次のタイ文字を発音記号で書きましょう。

1) ควาย　2) ปลา　3) พระ

4) เกลือ　5) ครู　6) ครัว

12 母音記号のついていない子音字が、その１字だけで一音節をつくっている場合、そこには母音 [a]が内在しています。

＜例＞ ณ [ná]　ชนะ [chaná]　ขโมย [khamooi]

ドリル 6

次の単語を発音記号で書きましょう。

1) สบาย　2) ชฎา　3) ชรา

4) สดุดี　5) ทนาย　6) พญาไท

2－3　末子音の表記

13 末子音は、子音字と母音記号の後に、子音字を続けて書くことで表記します。タイ語の末子音は［ŋ, n, m, k, t, p］の6種ですが、それを表す子音字は32字あります。子音字は、末子音字として働くときと、音節頭や音節中に置かれたときとは発音がかなり変わってきます。

開音節の末子音

1) 末子音［ŋ］を表す子音字は次の1字だけです。

(1) ──── ง　　〈例〉
　　　［── ŋ］　　ทาง　　［thaaŋ］　　道
　　　　　　　　　เมือง　　［mɯaŋ］　　国、町
　　　　　　　　　ลิง　　　［liŋ］　　　猿

2) 末子音［n］を表す子音字は次の6字です。

(1) ──── น　　〈例〉
　　　［── n］　　นอน　　［nɔɔn］　　寝る
　　　　　　　　　กิน　　　［kin］　　　食べる
　　　　　　　　　งาน　　　［ŋaan］　　仕事

＊最も一般的な末子音［n］の表記がこの น を使ったものです。その他の字は、主に外来語の表記に用います。

(2) ──── ณ　　〈例〉
　　　［── n］　　คุณ　　　［khun］　　あなた
　　　　　　　　　โบราณ　　［booraan］　古い

(3) ─── ญ　　〈例〉
　　［── n］　　　บุญ　　［bun］　　ご利益、徳

(4) ─── ร　　〈例〉
　　［── n］　　　การ　　［kaan］（造語成分）〜すること
　　　　　　　　　เณร　　［neen］　　少年僧

＊รの字の読み方は少し複雑です。30、31 も参照してください。

(5) ─── ล　　〈例〉
　　［── n］　　　ตาล　　［taan］　　砂糖ヤシ
　　　　　　　　　ศาล　　［sǎan］　　裁判所

(6) ─── ฬ　　〈例〉
　　［── n］　　　ปลาวาฬ［plaawaan］くじら

3) 末子音［m］を表す子音字は次の1字だけです。

(1) ─── ม　　〈例〉
　　［── m］　　　ยาม　　［yaam］　　夜警、時刻
　　　　　　　　　ผอม　　［phɔ̌ɔm］　やせた
　　　　　　　　　ชาม　　［chaam］　鉢、どんぶり

ドリル 1

次のタイ文字を発音記号になおしましょう。声調は気にしないでください。

1) ถาม　　　　2) ลาน　　　　3) เอียง
4) นาง　　　　5) หอม　　　　6) แบน

37

開音節の末子音（k, t, p）

＊末子音[k·p·t]には必ず声調の変化が伴いますが、今はまだ気にしないで下さい。

4)末子音[k]を表す子音字は次の４字です。

(1) ——— ก　〈例〉

[—— k]

เรียก	[rîak]	呼ぶ
จาก	[càak]	～から
มาก	[mâak]	とても

＊最も一般的な末子音[k]の表記です。
他の３字はインド語からの外来語の表記に用います。

(2) ——— ข　〈例〉

[—— k]

เลข	[lêek]	数
สุข	[sùk]	幸せな

(3) ——— ค　〈例〉

[—— k]

ภาค	[phâak]	地方・部分
โรค	[rôok]	病

(4) ——— ฆ　〈例〉

[—— k]

เมฆ	[mêek]	雲

5)末子音[t]を表す子音字は次の15字があります。

(1) ——— ด　〈例〉

[—— t]

วาด	[wâat]	描く
คิด	[khít]	考える
แดด	[dὲεt]	日ざし

＊最も一般的な末子音[t]の表記です。まずこの表記を覚えてください。
他の字は外来語の表記に用います。

(2) ——— จ　〈例〉

[—— t]

อาจ	[àat]	もしかすると
เกียจ	[kìat]	嫌う、憎む

(3) ―― ช　　　〈例〉
　　　[―― t]　　　ราช　　[râat]　　（造語成分の）王
　　　　　　　　＊ บวช　　[bùat]　　出家する
(4) ―― ฎ　　　〈例〉
　　　[―― t]　　＊ กฎ　　　[kòt]　　　法・規則
(5) ―― ฏ　　　〈例〉
　　　[―― t]　　＊ ปรากฏ　[praakòt]　明白となる
(6) ―― ฐ　　　〈例〉
　　　[―― t]　　　อิฐ　　　[ìt]　　　　レンガ
(7) ―― ฑ　　　〈例〉
　　　[―― t]　　　ครุฑ　　[khrút]　　ガルーダ
(8) ―― ฒ　　　〈例〉
　　　[―― t]　　　語中に用いられます
(9) ―― ต　　　〈例〉
　　　[―― t]　　　ชีวิต　　[chiiwít]　生命
　　　　　　　　　　ทูต　　　[thûut]　　使者
(10) ―― ถ　　　〈例〉
　　　[―― t]　　＊ รถ　　　[rót]　　　車
(11) ―― ท　　　〈例〉
　　　[―― t]　　　บาท　　[bàat]　　バート（金・重さの単位）
　　　　　　　　　　ประเภท[praphêet]種類
(12) ―― ธ　　　〈例〉
　　　[―― t]　　　โกรธ　　[kròot]　　怒る
　　　　　　　　　　อาวุธ　　[aawút]　　武器

(13) ——ศ　〈例〉

[—— t]

อากาศ [aakàat] 空気・天気

ประเทศ [prathêet] 国

(14) ——ษ　〈例〉

[—— t]

บุรุษ [burùt] 人・男性

โทษ [thôot] 罰

(15) ——ส　〈例〉

[—— t]

โอกาส [ookàat] 機会

ทาส [thâat] 奴隷

＊(3)(4)(5)(10)で＊をつけた語の表記は、15、16も参照して下さい。

6）末子音[p]を表す子音字は次の５字があります。

(1) ——บ　〈例〉

[—— p]

จูบ [cùup] キスをする

ลาบ [lâap] ラープ

เงียบ [ŋîap] 静かな

＊最も一般的な末子音[p]の表記です。まずこの表記を覚えてください。
(2)～(5)は外来語の表現に用います。

(2) ——ป　〈例〉

[—— p]

รูป [rûup] 写真・絵

ทูป [thûup] 線香

(3) ——พ　〈例〉

[—— p]

ภาพ [phâap] 絵・写真

เทพ [thêep] 天人

(4) ——ภ　〈例〉

[—— p]

ลาภ [lâap] 福・幸せ

โลภ [lôop] 貧欲

(5) ——ฟ　　〈例〉

[—— p]　　英語からの外来語に使われます

ドリル 2

次のタイ文字を発音記号になおしましょう。声調は気にしないで下さい。

1) หาด　　2) แตก　　3) ปีด

4) ลุก　　5) อาบ　　6) แคบ

14 2字ないし3字の末子音字が表記されていても、発音するのは最初の1字のみで、他は黙字です。

＜例＞ อาจารย์ [aacaan]　　ศาสตร์ [sàat]

15 子音字が母音記号を伴わないで末子音字を伴う場合、子音字と末子音字の間には母音[o]が内在します。

＜例＞

ลง [loŋ] おりる	คน [khon] 人	กลม [klom] 丸い
นก [nók] 鳥	มด [mót] 蟻	ครบ [khróp] そろう

ドリル 3

次のタイ文字を読みましょう。声調は気にしないで下さい。

1) จด　　2) ตก　　3) กบ

4) ปน　　5) ผง　　6) คม

16 母音記号のうち、次の９種は末子音字がつくと次のように形を変えます。ここに末子音字をXで表し、子音字 อ に母音記号をつけて示します。

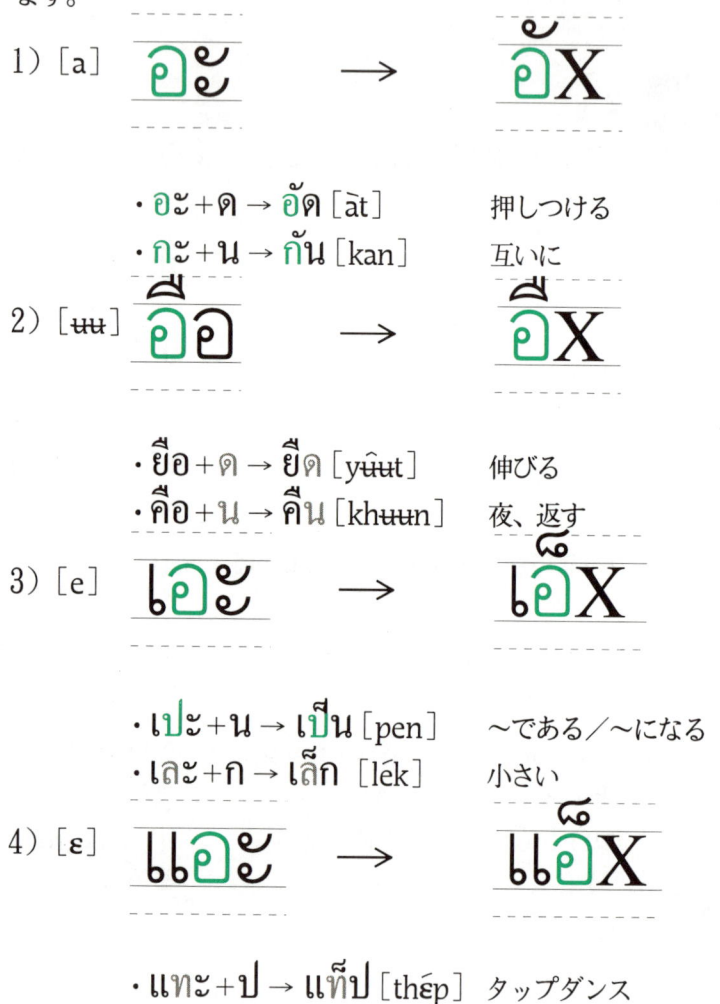

1）［a］ อะ → อัX

・อะ＋ด → อัด［àt］ 押しつける
・กะ＋น → กัน［kan］ 互いに

2）［ɯɯ］ อือ → อืX

・ยือ＋ด → ยืด［yɯ̂ɯt］ 伸びる
・คือ＋น → คืน［khɯɯn］ 夜、返す

3）［e］ เอะ → เอ็X

・เปะ＋น → เป็น［pen］ ～である／～になる
・เละ＋ก → เล็ก［lék］ 小さい

4）［ɛ］ แอะ → แอ็X

・แทะ＋ป → แท็ป［thɛ́p］ タップダンス

＊［e］［ɛ］は声調記号がつくと更に形が変わり、上の ็ がなくなります。（**20** 参照）注意して下さい。

5）［o］　โอะ　→　อX

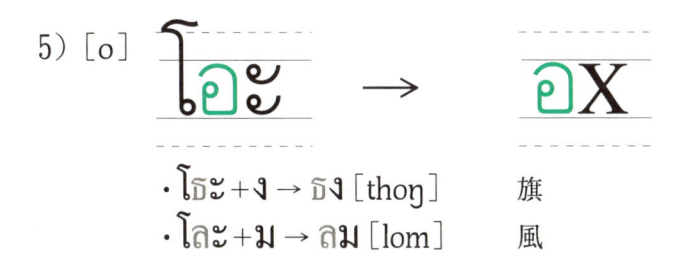

・โธะ＋ง → ธง［thoŋ］　旗
・โละ＋ม → ลม［lom］　風

＊母音記号［o］は後ろに末子音字が続くと音だけ残して姿を消します。つまり、子音字と末子音だけ書かれてあり、母音記号を伴わない場合、そこには母音［o］が内在しているのです。（ 15 参照）

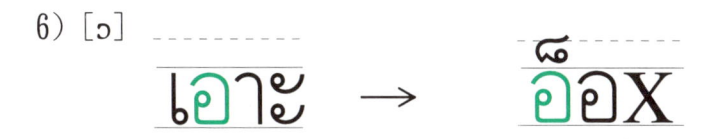

6）［ɔ］　เอาะ　→　อ็อX

＊声調記号がつくと更に形が変わり、 ็ がなくなりますから注意して下さい。（ 20 参照）

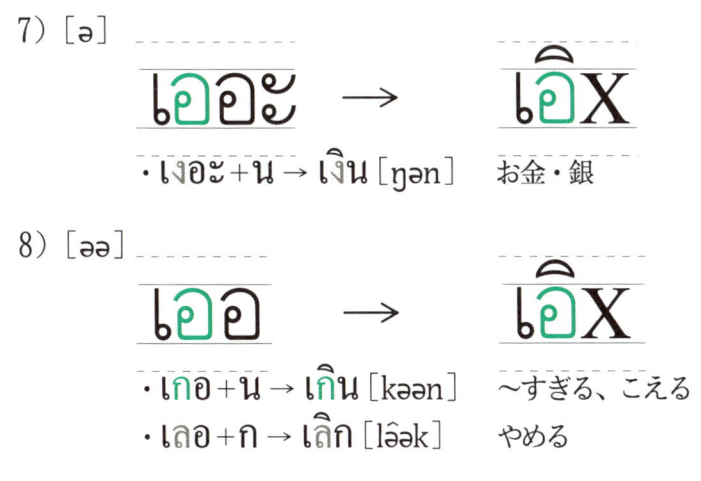

7）［ə］　เออะ　→　เอิX

・เงอะ＋น → เงิน［ŋən］　お金・銀

8）［əə］　เออ　→　เอิX

・เกอ＋น → เกิน［kəən］　～すぎる、こえる
・เลอ＋ก → เลิก［lə̂ək］　やめる

＊［ə］と［əə］は末子音字が後につづくと、同じ形になります。表記上は区別できないので注意が必要です。

9 ）[ua]　อัว　→　อวX

・ขัว＋ด → ขวด [khuàt]　ビン

・พัว＋ง → พวง [phuaŋ]　房、束

ドリル 4

次のタイ文字を発音記号にしてみましょう。

1）เดิน　　2）สวด　　3）มืด

4）เจ็บ　　5）เซ็น　　6）เห็น

17 母音記号と末子音字の結びついた記号 [am]

〈例〉

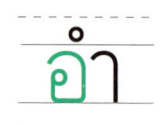

อำ

ทำ　[tham]　為す

นำ　[nam]　導く

รำ　[ram]　踊る

18 母音記号なしに１文字で１音節を作っている子音字は、音声上は母音[a]を含んでいます（12）が、表記上は次の子音字と結びついた複合子音字のように扱われます（11）。つまり、เ,แ,โ など子音字の前につく母音記号は最初の子音字の前に、子音字の上下につく母音記号や声調記号は後の母音字の上下に書かれます。

〈例〉

แสดง　[sadɛɛŋ]　表す　　เผอิญ　[phaʔəən]　偶然

แมลง　[malɛɛŋ]　昆虫　　เจริญ　[carəən]　繁栄

2－4　声調の表記

19 音節の声調表記は次の３つの点から決められます。

1）子音字のクラス
2）声調記号
3）平音節なのか、促音節なのか。

つまり、

1)同じ声調記号がついていても、高子音字と中子音字と低子音字とでは表す声調が異なります。
ですから、42字の子音字がそれぞれどのクラスの字であるか、完全に覚えておく必要があります。

2)声調記号は次の４種類です。名称とともに覚えましょう。例として音節กา[kaa]に付けて示します。

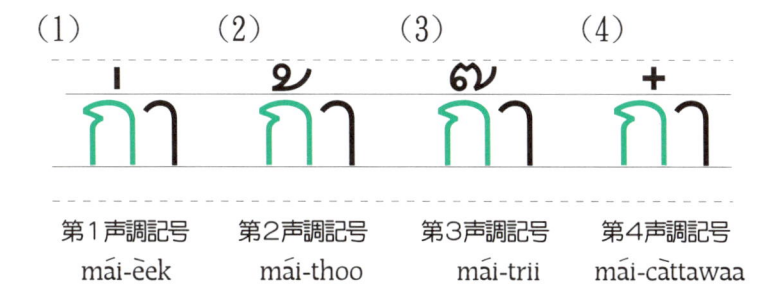

(1)	(2)	(3)	(4)
ก่า	ก้า	ก๊า	ก๋า
第１声調記号	第２声調記号	第３声調記号	第４声調記号
mái-èek	mâi-thoo	mái-trii	mái-càttawaa

＊èek、thoo、trii、càttawaaは文語的な「第１」「第２」「第３」「第４」を表す言葉です。序列階級を表す時によく使われます。

3)平音節とは[ŋ][n][m]又は長母音で終わる音節であり、促音節とは[k][t][p]又は短母音で終わる音節であることはすでに学んだとおりです（6）。声調記号は原則的に平音節のみに付くのですが、促音節につくこともあり、その場合は次表に示す声調記号の指示にしたがって発音します。

声調表記のルールを表にすると次のようになります。

	平音節	促音節		◌่	◌้	◌๊	◌๋
高子音字	ˇ	＼		＼	＾		
中子音字	—	＼		＼	＾	／	ˇ
低子音字	—	短母音を伴う場合	長母音を伴う場合	＾	／		
		／	＾				

＊๊、๋ は中子音字にのみ付きます。

20 声調記号に伴い母音記号の変化がおこります

母音記号[e] [ɛ] [ɔ]の末子音字をともなう形には子音字の上に ็ の記号がかかれていますが、声調記号がつく場合、これらの ็ は消えます。それぞれ[ee] [ɛɛ] [ɔɔ]の母音記号と同じ形になりますから、まちがえないよう注意が必要です。

・เล็น ＋ ่ → เล่น [lên] 遊ぶ

・แต็ง ＋ ่ → แต่ง [tɛ̀ŋ] 飾る

・ต็อง ＋ ้ → ต้อง [tɔ̂ŋ] ～しなければならない

21 高子音字の声調表記は次の通りです。

1. 高子音字の平音節 → ˇ

・ขอ [khɔ̌ɔ] 乞う　・แถม [thɛ̌ɛm] おまけにつける

・หา [hǎa] さがす　・ผล [phǒn] 実、結果

・แสง [sɛ̌ɛŋ] 光　・หัว [hǔa] 頭

2. 高子音字の促音節 → ＼

・เขต [khèet] 範囲　・ถูก [thùuk] 正しい、安い

・ฝึก [fʉ̀k] 練習する　・แสบ [sɛ̀ɛp] ひりひりする
・ศพ [sòp] 死体　・โหด [hòot] 残忍な

3. 高子音字＋第1声調記号　→　＼

・ข่า [khàa] 生姜　・ฉี่ [chìi] おしっこする
・ผ่าน [phàan] 過ぎる　・สื่อ [sʉ̀ʉ] 報道する
・ไผ่ [phài] 竹　・แห่ [hɛ̀ɛ] パレードする

4. 高子音字＋第2声調記号　→　＾

・เข้ม [khêm] 濃い　・แห้ง [hɛ̂ɛŋ] 乾いた
・ถ้วย [thûai] 茶碗　・ข้าง [khâaŋ] ～の側
・ผ้า [phâa] 布　・เสื้อ [sʉ̂a] 服

ドリル 1

次のタイ語を発音記号になおしてみましょう。

1) ไข้　2) หาง　3) ข้าว
4) เผา　5) แข่ง　6) สี่
7) สุก　8) เขียว　9) ส่ง

22 中子音字の声調表記は次の通りです。

1. 中子音字の平音節　→　―

・ตา [taa] 目　・ปี [pii] 年

・กลอง [klɔɔŋ] 太鼓　・อม [om] 口の中に含む
・กิน [kin] 食べる　・บัว [bua] 蓮

2. 中子音字の促音節 →

・ดับ [dàp] 消える、消す　・อวด [uàt] 自慢する
・กบ [kòp] 蛙　・แบบ [bɛ̀ɛp] 型、タイプ
・เป็ด [pèt] あひる　・ตัด [tàt] 切る

3. 中子音字+第1声調記号 →

・ด่า [dàa] ののしる　・กี่ [kìi] 幾つ
・เปล่า [plào] 空の　・เดี่ยว [dìao] 単独の
・อ่าน [àan] 読む　・แบ่ง [bɛ̀ŋ] 分ける

4. 中子音字+第2声調記号 →

・บ้าน [bâan] 家　・ด้าย [dâai] 糸
・เปรี้ยว [prîao] 酸っぱい　・แก้ [kɛ̂ɛ] 解く
・อ้อย [ɔ̂ɔi] さとうきび　・ด้วย [dûai] (前)~とともに、~で

5. 中子音字+第3声調記号 →

・เจ๊ง [céŋ] 倒産する　・เจ๊ [cée] ねえさん
・โป๊ [póo] 裸の　・เจ๊ก [cék] 中国人

6. 中子音字+第4声調記号　→　ˇ

- ก๋ง [kǒŋ]　(中国人の) おじいさん
- จ๋า [cǎa]　(親しい人へ)～ですよ
- ตุ๋น [tǔn]　蒸し物
- ปุ๋ย [pǔi]　肥料

ドリル 2

次のタイ文字を発音記号で書いてみましょう。

1) เด็ก	2) เก๋	3) แป้ง
4) โต๊ะ	5) อ่าง	6) แก่
7) ปวด	8) แปล	9) เดือด

23 低子音字の声調表記は次の通りです。

1. 低子音字の平音節　→　—

- ยา [yaa]　薬
- คลอง [khlɔɔŋ]　運河
- รวย [ruai]　金持ちの
- ไทย [thai]　タイの
- พาน [phaan]　お盆
- เณร [neen]　少年僧

2. 短母音を伴う低子音字の促音節 →　ˊ

- คิด [khít]　考える
- พบ [phóp]　会う
- เล็บ [lép]　爪
- รัก [rák]　愛する
- นก [nók]　鳥
- มุก [múk]　真珠貝

3. 長母音を伴う低子音字の促音節 → ^

- ลาบ [lâap] ラープ
- วาด [wâat] 描く
- ชอบ [chɔ̂ɔp] 好く
- เมฆ [mêek] 雲
- พูด [phûut] 話す
- มาก [mâak] とても

4. 低子音字+第1声調記号 → ^

- แม่ [mɛ̂ɛ] お母さん
- นี่ [nîi] これ
- เคร่ง [khrêŋ] きびしい
- พ่อ [phɔ̂ɔ] お父さん
- ง่าย [ŋâai] 簡単な
- ไม่ [mâi] ～でない

5. 低子音字+第2声調記号 → ˊ

- รู้ [rúu] 知っている
- ใช้ [chái] 使う
- ไม้ [mái] 木
- แพ้ [phɛ́ɛ] 負ける
- ท้อง [thɔ́ɔŋ] 腹
- เนื้อ [nʉ́a] 肉

ドリル 3

次のタイ語を発音記号になおし、発音してみましょう。

1) น้ำ　2) ท่า　3) ทาง

4) แลก　5) ฟ้า　6) รถ

7) ร้อง　8) นั่ง　9) เรียน

♪♪♪ごくろうさま。♪♪♪

これでタイ語の表記法の大きな幹は完成しました。　**もう一息です！**

2－5　ホーナムとオーナム

24 声調表記の表にしたがうと、低子音字はどんな声調記号をつけても、第２声［＼］や第５声［﹀］を表記することができません。そこで、低子音字の前に高子音字のห［hɔ̌ɔ］を添えることによって、その低子音字を臨時の高子音字として扱うことにしています。

＊低子音字に添えるห［hɔ̌ɔ］は本来の子音字としての音を失って、低子音字を高子音字化するための単なる記号として働きます。

＊このようなห［hɔ̌ɔ］をนำ［nam］（導く）という言葉をつけて、ห-นำ［hɔ̌ɔ-nam］（ホーナム：導きのホー）と呼んでいます。
ホーナムを使う単語の数は大変多いのですが、ホーナムがつく低子音字は次の８字に限られています。

1）ง［ŋɔɔ］　2）ญ［yɔɔ］　3）น［nɔɔ］　4）ม［mɔɔ］

5）ย［yɔɔ］　6）ร［rɔɔ］　7）ล［lɔɔ］　8）ว［wɔɔ］

＊ホーナムと次の低子音字は、表記上複合子音字のように扱われます（11参照）。子音字の前につく母音記号は、ホーナムの前に、子音字の上下につく母音記号は、本来の低子音字の上下につきます。

1. ホーナムを用いた高子音字化（平音節）の例

1）หมา［mǎa］　犬　　2）หนัง［nǎŋ］　皮

3）แหวน［wɛ̌ɛn］　指輪　　4）เหลือ［lɯ̌a］　余り

2. ホーナムを用いた高子音字化（促音節）の例

1）หลอก［lɔ̀ɔk］　だます　　2）หนัก［nàk］　重い

3）หนวด［nùat］　ひげ　　4）เหล็ก［lèk］　鉄

＊ホーナムを用いて高子音字化した低子音字に、更に声調記号をつけることもできます。声調記号の位置は本来の低子音字の上です。

3. ホーナム／第1声調記号の例

　　1) หนึ่ง [nɯ̀ŋ]　1　　　2) หย่า [yàa]　　離婚する

　　3) หล่อ [lɔ̀ɔ]　ハンサムな　4) เหนื่อย [nɯ̀ai] 疲れる

4. ホーナム／第2声調記号の例

　　1) หน้า [nâa]　顔　　　2) หม้อ [mɔ̂ɔ]　　ナベ

　　3) เหล้า [lâo]　酒　　　4) ไหม้ [mâi]　　燃える

ドリル 1

次の語を発音記号で書いてみましょう。

1) หนู　　　2) หมี่　　　3) หมี

4) เหงื่อ　　5) ใหญ่　　　6) หญ้า

25 ホーナムと同様に、中子音字 อ [ɔɔ] を低子音字にそえることで、中子音字化する語もあり、これを อ-นำ [ɔɔ-nam]（オーナム：導きのオー）と呼んでいます。

＊オーナムを用いる語は次の4語だけです。

　　1) อย่า [yàa]　～するな　　2) อยู่ [yùu]　～にいる、ある

　　3) อย่าง [yàaŋ] ～のような　4) อยาก [yàak] ～したい

2−6　（中・高子音字＋低子音）の発音

26　1語が、母音記号を伴わない独立した1字の高子音字又は中子音字よりなる音節(1)と低子音字ではじまる音節(2)の2音節を含む場合、音節(1)は声調を失い、音節(2)を高子音字又は中子音字に変化させます。

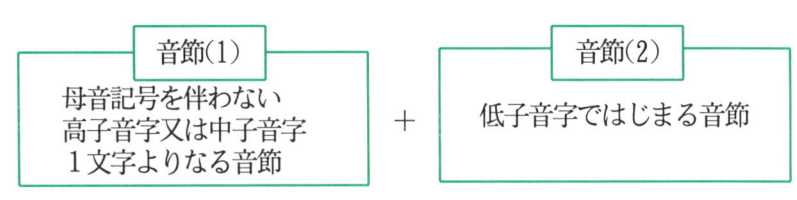

```
┌─ 音節(1) ─────┐            ┌─ 音節(2) ─────┐
│ 母音記号を伴わない │            │              │
│ 高子音字又は中子音字│    ＋      │ 低子音字ではじまる音節 │
│ 1文字よりなる音節  │            │              │
└──────────┘            └──────────┘
```

→声調を失う　　　　　　　→音節(1)の影響を受け、高子音
→母音は[a]（**12**参照）　　　字又は中子音字に変化する

＊この現象は、クメール語などの単語がタイ語に取り入れられるときに、もともとの複合子音が2音節に分かれたために起こるものです。2つの子音字は表記上あたかも複合子音字のように扱われます。母音記号や声調記号の位置は、複合子音（**11**）と同じですから注意して下さい。（**18**も参照）

〈例1〉音節（1）が高子音字である場合

สนาม
(1) (2)

　(1)母音[a]がつき、高子音字としての声調を失い[sa]となる。
　(2)低子音字のままなら[naam]であるが、音節(1)からの影響で高子音字として発音し、[nǎam]となる。

(1)＋(2)→両音節あわせて[sanǎam]：広場

・ผนัง[pha•nǎŋ] 壁　　　・ขยัน[kha•yǎn] 勤勉な

・ถนอม[tha•nɔ̌ɔm]大切にする　・เขมร[kha•měen]カンボジア

・สยาม[sa•yǎam] シャム　・เสมอ[sa•mə̌ə]いつも、等しい

＊音節（2）に声調記号がついた場合も、高子音字として発音します。

・ขมิ้น[kha•mîn] ウコン　・สง่า[sa•ŋàa] 堂々とした

〈例2〉音節（1）が中子音字である場合

ตลาด
（1）（2）

（1）母音[a]がつき、中子音字としての声調を失う。

（2）低子音字のままなら長母音を伴う促音節で[lâat]であるが、音節（1）からの影響で中子音字として発音する。促音節で[làat]。

（1）+（2）→両音節あわせて[talàat]：市場

・ตลอด[ta•lɔ̀ɔt] ずっと　・ตลก[ta•lòk]おもしろい、コメディアン

・จมูก[ca•mùuk] 鼻　・อนาถ[a•nàat] 哀れむ

・เอนก[a•nèek] 多くの　・เตลิด[ta•lə̀ət]散り散りになった

＊音節（2）に声調記号がついた場合は、中子音字として発音します。

・อร่อย[a•rɔ̀i] おいしい・องุ่น[a•ŋùn] ブドウ

ドリル 1

次のタイ文字を発音記号になおしてみましょう。

（1）ขนม　（2）ถนน　（3）ขยาย

（4）สมัย　（5）แสลง　（6）เขม่า

＊例外もあります。

・สภา[sa•phaa] 議会 ・เผชิญ[pha•chəən] 直面する

・สมาคม[sa•maa•khom] 協会

2－7　再読文字

27 多音節からなる語の、前音節に末子音がある場合、前音節を読んだ後にその末子音字を独立の子音字として読み、その後に次音節を読むことがあります。つまりその２音節を３音節に発音するわけで、これを末子音字の再読といいます。

例をあげてみましょう。

พัทยา　（バンコクの東南２時間のところにある国際的観光地パッタヤー）
(1)(2)(3)

(1)前音節を発音します。[phát]
(2)前音節の末子音ทを改めて独立の子音字として発音します。
　母音は[a]がつきます。（12）
　声調は失われます。[tha]
(3)次音節を発音します。[yaa]

(1)＋(2)＋(3)あわせて[phát-tha-yaa]です。

〈例〉

・ราชการ[râat•cha•kaan]公務　・กิจการ[kìt•ca•kaan]ビジネス

・วัสดุ[wát•sadù]　材料　・ปรกติ[pròk•ka•tì]　平常

・โบราณคดี[boo•raan•na•kha•dii]　考古学

＊すべての多音節語で末子音字の再読がおこるわけではなく、再読しない方が一般的です。次の例を見て下さい。

・ผักชี[phàk•chii]パックチー　・ผลงาน[phǒn•ŋaan]業績

*末子音字の再読がおこるのは、傾向から言えば、インド語からの借用語を含む抽象語が多いのですが、基本的には習慣的なものです。覚えましょう。

ドリル 1

次の語を発音記号で書きましょう。

1) ผลไม้   2) รัฐบาล   3) สุขภาพ

4) รัชกาล   5) ศิลปะ   6) สกปรก

7) พัฒนา   8) อยุธยา   9) ศาสนา

*2音節からなる語の、第2音節が複合子音ตร[tr-]ではじまる場合、ตร[tr-]が第1音節の末子音[t]としても発音されることがあります。

〈例〉

・มาตรฐาน [mâat•tra•thǎan]　標準

・มาตรการ [mâat•tra•kaan]　方法・手順

*同様のことが、複合子音กร[kr-]についても起こることがあります。

・จักรยาน [càk•kra•yaan]　自転車

・จักรวาล [càk•kra•waan]　宇宙

2－8　注意すべき読み方

28 รを含む子音字の組み合わせには、次のように例外的な発音となるものがありますので、注意して覚えておいて下さい。

＊子音字の前に置かれる母音記号は、複合子音字と同様に最初の字の前に置きます。子音字の上下に書かれる母音記号や声調記号は２番目の文字の上下に来ます。子音字のクラスは前の字のクラスにしたがいます。

1．จร[c-]　　・จริง[ciŋ]　真の

＊この読み方は、この語１語だけしかありませんが、頻出語です。

2．ทร[s-]

・ทราย[saai] 砂　　・ทราบ[sâap]存じている

・ไทร[sai] ガジュマル　　・พุทรา[phút-saa]イヌナツメ

＊末子音字として発音するときは[t]です。

3．ศร[s-]

・ศรี[sǐi]（接頭語）聖なる　　・เศร้าโศก[sâo-sòok]悲しい

4．สร[s-]

・สระ[sà]池、洗髪する　　・สร้าง[sâaŋ]建てる

＊สรを２音節に読む語も少なくありません。（26を参照）

・สระ[sarà]母音　　・สรุป[sarùp]要約する

5. ซร[s-]　　　・ไซร้[sái]　まさに

＊これらはいずれもカンボジア語や梵語の単語が、タイ語に借り入れられる時に、発音はタイ語風になったものの、原語のつづりを残しているために生じた例外的な読み方です。

ドリル 1

次の語を発音記号になおしましょう。

1) กระทรวง　2) อินทรี　3) ฉะเชิงเทรา

4) ศรัทธา　5) ทรุดโทรม　6) เศรษฐี

7) แสร้ง　8) ปราศรัย　9) สร้อย

29 母音記号を伴わず、単独で１音節となる子音字にも次の例外的な発音があります。

1. บ[bɔɔ]

・บริจาค[bɔɔricàak] 寄付する・บริษัท[bɔɔrisàt]　会社

2. ก็[kɔ̂ɔ]または[kɔ̂] ～もまた

＊この語１語だけしかありませんが、頻出かつ重要です。

30 รが母音や末子音を表すことがあります。

1. 子音字＋母音記号＋ร[n]

・ทหาร[thahǎan] 兵隊　・อาคาร[aakhaan] 建物

・ อาหาร[aahǎan] 食事　・ วารสาร[waarasǎan] 雑誌

＊母音記号の後の末子音字 ร が[n]であることは既に末子音の項で学びました。（13）

2. 子音字＋ร[ɔɔn]

＊子音字が母音記号を伴わずに末子音字 ร につづくと、本来内在していた母音[o]（15）はなくなり、[ɔɔn]という発音になります。

・ ละคร[lakhɔɔn] 芝居　・ ถาวร[thǎawɔɔn] 永遠の

・ อวยพร[uaiphɔɔn] 祝福　・ ลูกศร[lûuksɔ̌ɔn] 矢印

3. จ、ท、ธ、ม が母音記号を伴わず、単独で1音節となっており、次音節が ร ではじまる場合、第1音節に母音[ɔɔ]が内在することがあります。

・ จระเข้[cɔɔrakhêe] わに

・ ทรมาน[thɔɔramaan] 苦しませる、苦しみ

・ ธรณี[thɔɔranii] 大地　・ มรกต[mɔɔrakòt] エメラルド

＊次音節が ร 以外の字で始まる場合、第1音節の母音は[a]です。（12）

31 รร が一対で、母音や末子音を表すことがあります。

＊รร を[rɔɔ-hǎn]と呼び、あたかも1つの字のように扱います。

1. 子音＋รร＋末子音字　[a]

・ ธรรม[tham] 法　・ กรรม[kam] 行為、業

・ พรรค[phák] グループ

2. 子音+รร [an]

- บรรเลง[banleeŋ] 演奏する ・ จัดสรร[càtsǎn] パーティー
- บรรดา[bandaa] すべての ・ กรรไกร[kankrai] 鋏

ドリル 2

次のタイ語を発音記号で書いてみましょう。

1) สมควร　2) ราษฎร　3) ธรรมดา

4) พรรยา　5) บริการ　6) อังคาร

32 外来語は原語のつづりを残しているため、書かれていても発音しない字(黙字)が存在します。

＊黙字には黙字記号(35 参照)がつくことが多いのですが、つかない黙字もまたあります。特に規則はありません。

- เพชร[phét] ダイヤモンド ・ มิตร[mít] 友人
- สามารถ[sǎamâat] 能力がある

＊最後の音節についた母音記号だけを読まない語もあります。これらの語では、次に音節がきて、末子音字を再読する時には(27)、黙字であった母音記号も復活して発音します。

- ญาติ[yâat] 親せき ・ ชาติ[châat] 民族、生まれ
- เหตุ[hèet] 原因

33 声調表記のルールにはずれた語も存在します。

- ยุโรป[yuròop] ヨーロッパ
- ประโยค[prayòok] 文
- ประวัติ[prawàt] 歴史
- สิริ[sirì] （接頭語）吉祥の

＊低子音字の促音節を第２声に発音する語です。

- ไม้บรรทัด[mái banthát] 定規

  ดอกไม้[dɔ̀ɔk máai] 花

- น้ำตก[nám tòk] 滝

  ว่ายน้ำ[wâai náam] 水泳する

＊同じ音節（語）でも、複合音節語の前音節におかれた時と、後音節におかれた時とで、母音の長短を違えることがあります。
一般に、音節は、後音節におかれると長めに発音します。

2－9　いろいろの記号

34 子音と母音の音を合わせもつ次の字の発音は注意が必要です。

ฤ

この１字で[ri][rɯ][rəə][rɯɯ]の発音となります。どう発音するかはその語により決まっています。ひとつひとつ覚えましょう。

＊この字の名称は[rɔɔ-rɯɯ]、辞書上の配列は ร と ล の間です。

1. [ri]と発音する場合

・ ฤทธิ์[rít] 力、効力

2. [rɯ]と発音する場合

・ ฤดู[rɯduu] 季節

・ ประพฤติ[praphrɯ́t] 行い、ふるまい

3. [rəə]と発音する場合

・ ฤกษ์[rə̂ək] 吉祥時

＊ฤๅ という字もあり、[rɯɯ]と発音します。

・ ฤๅษี[rɯɯsǐi] 修行者、仙人

＊กฤ、(คฤ)、ตฤ、ปฤ、พฤの形で２重子音字にもなります。

・กฤษฎีกา [krìtsadiikaa] 掟、勅令局

・พฤติกรรม [phrʉ́ttikam] 行動

35 黙字記号 ์ [kaaraŋ]がついた字は読みません。

・สัตว์ [sàt] 動物　・รถยนต์ [rótyon] 自動車

・อาจารย์ [aacaan] （大学の）先生、師匠

・สหกรณ์ [sahǎkɔɔn] 協同組合

＊黙字記号がついていない黙字もありますから（32）注意して下さい。

36 長い単語の後半部を省略するのに、以下省略記号 ฯ [pai-yaan-nɔ́ɔi] を使います。省略された部分は発音しないのが普通です。

・กรุงเทพฯ [kruŋ thêep (mahǎa nakhɔɔn)] バンコク

・โปรดเกล้าฯ [pròot klâo (pròot kra mɔ̀m)]
畏れ多くも～あそばす（国王陛下について使用する）

37 強調のために同じ語をくりかえすときに、反復記号 ๆ [yamók]を使います。語をくりかえして発音します。

・สวยๆ [sǔai sǔai] とても美しい

・ดีๆ [dii dii] とてもよい

38 例をあげて「～などなど」という時に大略記号 ฯลฯ [pai-yaan-yài] を使います。発音しないか、[lɛ́ ʉ̀ʉn ʉ̀ʉn] 又は [pen tôn]と読みます。

・ดินสอ ปากกา ยางลบ สมุด ฯลฯ

[dinsɔ̌ɔ pàakkaa yaaŋlóp samùt lɛ́ ʉ̀ʉn ʉ̀ʉn]

鉛筆、ペン、消しゴム、ノート　などなど

・ข้าวมันไก่, ข้าวขาหมู, ข้าวหมูแดง, ฯลฯ

[khâaomankài, khâaokhǎamǔu, khâaomǔudɛɛŋ pen tôn]

鳥めし、豚脚めし、焼豚めし　などなど

39 タイ語の数字は次のとおりです。

๑	๒	๓	๔	๕	๖	๗	๘	๙	๐
1	2	3	4	5	6	7	8	9	0

第3章
文の組立て方と
　　基本の表現

3－1　タイ語の単語

タイ語は語形変化やテニヲハをつけることで意味をつくるのでなく、単語を並べて、その並べ方によって文意をつくっていく言語です。いかなる語も、人称や単数の複数などで形が変化することはありません。

40 タイ語の音節は基本的に固有の意味を持っており、それだけでひとつの単語となります。生活に密着した単語の多くが単純な１音節からなる単語です。

ตา　目 [taa]	ปาก　口 [paàk]	ฟ้า　空 [fáa]
หัว　頭 [hǔa]	ผม　頭髪 [phǒm]	ลม　風 [lom]

41 梵語やカンボジア語などに起源をもつ外来語は、もともと複数の音節からなるものが少なくありません。この場合、ひとつひとつの音節には固有の意味はありません。

ถนน [thanǒn] 道　　　　องุ่น [aŋùn] ブドウ

ประเพณี [prapheenii] 慣習　　　　อาหาร [aahǎan] 食事

42 意味を持つ音節（語）を複数組み合わせて、新しい単語をつくります。ちょうど、漢字を組み合わせて熟語をつくるのに似ています。

（1）主たる意味を持つ語を後ろについた語が修飾して名詞をつくるのが基本的な形です。

・ชา（茶）＋ เขียว（緑）　→　ชาเขียว（緑茶）
[chaa]　　[khǐao]　　　　[chaakhǐao]

・ตู้（箱）＋ เย็น（つめたい） → ตู้เย็น（冷蔵庫）
[tûu] [yen] [tûuyen]

・ไข่（卵）＋ เค็ม（塩辛い） → ไข่เค็ม（塩漬け卵）
[khài] [khem] [khàikhem]

・น้ำ（水）＋ แข็ง（堅い） → น้ำแข็ง（氷）
[náam] [khɛ̌ŋ] [námkhɛ̌ŋ]

＊น้ำ は単独や語末に置かれた場合長音[náam]と発音されますが、熟語の語頭に置かれると短音[nám]と発音されます。

（２）名詞の意味を持つ音節同士が複数結びついた単語でも、後ろの語が前の語を修飾して名詞をつくるという原則は同じです。

・เงิน（お金）＋ เดือน（月） → เงินเดือน（月給）
[ŋən] [dɨan] [ŋəndɨan]

・แม่（母）＋ น้ำ（水） → แม่น้ำ（川）
[mɛ̂ɛ] [náam] [mɛ̂ɛnáam]

・น้ำ（水）＋ ตา（目） → น้ำตา（涙）
[náam] [taa] [námtaa]

（３）固有名詞も、最初に主たる意味を持つ語がおかれ、その後に固有の名称を続けます。

・เมือง（国）＋ ไทย（タイ） → เมืองไทย（タイ国）
[mɨaŋ] [thai] [mɨaŋthai]

・ถ้ำ（洞窟）+ เชียงดาว（チェンダーオ）
[thâm] [chiaŋdaao]

→ ถ้ำเชียงดาว（チェンダーオ洞窟）
[thâm chiaŋdaao]

・คลอง（運河）+ แสนแสบ（セーンセープ）
[khlɔɔŋ] [sɛ̌ɛnsɛ̀ɛp]

→ คลองแสนแสบ（セーンセープ運河）
[khlɔɔŋ sɛ̌ɛnsɛ̀ɛp]

・ถนน（道路）+ พญาไท（パヤータイ）
[thanǒn] [phayaathai]

→ ถนนพญาไท（パヤータイ路）
[thanǒn phayaathai]

（４）多音節よりなる外来語も、他の語と結びついて新しい単語をつくっていく時は、単音節語と同様に、後ろの語が前の語を修飾するという原則にしたがいます。

・ตำรวจ（警察）+ จราจร（交通）
[tamrùat] [caraacɔɔn]

→ ตำรวจจราจร（交通警察）
[tamrùat caraacɔɔn]

・ปัญหา（問題）+ สังคม（社会）
[panhǎa] [sǎŋkhom]

→ ปัญหาสังคม（社会問題）
[panhǎa sǎŋkhom]

（5）3語以上からなる熟語も、後ろから修飾語を重ねていくという原則にしたがってつくられています。

・ข้าว（飯）＋ ผัด（炒める）＋ กุ้ง（エビ）
[khâao] [phàt] [kûŋ]

→ ข้าวผัดกุ้ง（エビ炒飯）
[khâao phàt kûŋ]

・น้ำ（水）＋ ส้ม（オレンジ）＋ คั้น（しぼる）
[náam] [sôm] [khán]

→ น้ำส้มคั้น（フレッシュオレンジジュース）
[nám sôm khán]

43 意味の近い語を重ねてつくる単語もあります。

ผู้คน [phûu khon] 人　ภูเขา [phuu khǎo] 山

เผยแพร่ [phǎəi phrɛ̂ɛ] 広める、広まる

ต้นไม้ [tôn máai] 樹木　เสียหาย [sǐa hǎai] 損害を受ける

44 独立した単語として用いられることはないが、他の語と結びつくことによって単語を造る音節を「造語成分」と呼んでいます。造語成分に後ろから修飾を加えて単語を作るのが基本の形です。

・โรง [rooŋ]（大きな建物）

＋ แรม [rɛɛm]（夜）→ โรงแรม [rooŋ rɛɛm]（ホテル）

＋ ละคร [lakhɔɔn]（芝居）→ โรงละคร [rooŋ lakhɔɔn]（劇場）

・ผู้ [phûu]（人）

　＋ ชาย [chaai]（男の）　→ ผู้ชาย [phûu chaai]（男性）

　＋ ใหญ่ [yài]（大きい）　→ ผู้ใหญ่ [phûu yài]（大人）

・เครื่อง [khrɨ̂aŋ]（機能を備えたモノ）

　＋ เขียน [khǐan]（書く）→ เครื่องเขียน [khrɨ̂aŋ khǐan]（文房具）

　＋ มือ [mɨɨ]（手）　→ เครื่องมือ [khrɨ̂aŋ mɨɨ]（道具）

　＋ ดนตรี [dontrii]（音楽）→ เครื่องดนตรี [khrɨ̂aŋ dontrii]（楽器）

＊造語成分は本来ばく然とした意味を持つ名詞です。

45 接頭辞、接尾辞として用いられる造語成分もあります。

・พระ- [phrá]（聖なる）	พระสงฆ์	[phrá sǒŋ]	僧
	พระราชินี	[phrá raachinii]	王妃
	พระจันทร์	[phrá can]	月
・มหา- [mahǎa]（大きな）	มหาวิทยาลัย	[mahǎa wítthayaalai]	大学
	มหาบัณฑิต	[mahǎa bandìt]	修士
・-กร [kɔɔn]（～する人）	กรรมกร	[kammakɔɔn]	労務者
	จิตรกร	[cìttrakɔɔn]	画家
	นิติกร	[nítìkɔɔn]	法律家

・-ศาสตร์ [sàat]（～学）　นิติศาสตร์ [nítìsàat]　法学
วิทยาศาสตร์ [wítthayaasàat] 科学
ประวัติศาสตร์ [prawàttisàat] 歴史学

＊すべて外来語起源です。

46 名詞に単純な形容詞がついて、ひとつの形容詞となる語もあります。

・หัว（頭） + ดี（よい） → หัวดี（かしこい）
[hŭa]　[dii]　[hŭa dii]

・โชค（運） + ร้าย（悪い） → โชคร้าย（運が悪い）
[chôok]　[ráai]　[chôok ráai]

・หาง（尾） + ยาว（長い） → หางยาว（尾長な）
[hăaŋ]　[yaao]　[hăaŋ yaao]

・ขา（脚） + สั้น（短い） → ขาสั้น（脚短な）
[khăa]　[sân]　[khăa sân]

47 動詞の前に造語成分 การ[kaan] をつけることで名詞化（～するコト）し、動詞・形容詞の前に造語成分 ความ[khwaam] をつけることで、概念化します。

・การ + ตาย（死ぬ） → การตาย（死ぬこと）
[kaan]　[taai]　[kaan taai]

・ความ + ตาย（死ぬ） → ความตาย（死）
[khwaam]　[taai]　[khwaam taai]

- การ ＋ คิด（考える） → การคิด（考えること）
  [kaan]　　[khít]　　　　　[kaan khít]

- ความ ＋ คิด（考える） → ความคิด（考え）
  [khwaam]　[khít]　　　　　[khwaam khít]

- ความ ＋ สวย（美しい） → ความสวย（美）
  [khwaam]　[sǔai]　　　　　[khwaam sǔai]

- ความ ＋ ดี（よい） → ความดี（善）
  [khwaam]　[dii]　　　　　[khwaam dii]

48 動詞の前に น่า[nâa] をつけることで、形容詞化（〜スベキ、〜シタクナルヨウナ）します。

- น่า[nâa] ＋ รัก[rák]（愛する） → น่ารัก[nâa rák]（かわいい）

- น่า[nâa] ＋ กิน[kin]（食べる） → น่ากิน[nâa kin]（おいしそう）

- น่า[nâa] ＋ ชม[chom]（ほめる） → น่าชม[nâa chom]（賞むべき）

＊ **47**、**48** を図にすると次のようになります。

```
            概念                        ความรัก        ความน่ารัก
       ความ ↗ ↖ ความ-                   愛              かわいらしさ
                                            ↖    ◯    ↗
 名    動  →  形                         ↑         ↑
 詞 ←  詞     容                       การรัก ← รัก  →  น่ารัก
 การ      น่า- 詞                      愛するコト 愛する   かわいい
```

＊ただし、การ[kaan] を名詞につけると「〜に関すること」の意味になります。

การ ทหาร [kaan thahǎan] 軍事

การ ต่างประเทศ [kaan tàaŋprathêet] 外交

การ เมือง [kaan mʉaŋ] 政治

49 タイ語の性質上、ある語がひとつの単語なのか、複数の単語が集まっているものなのか、厳密に区別できない場合がありますが、文中では、ひと固まりの意味として扱われるので実際上の問題は生じません。

例）「社会問題」←→「社会の問題」
「電話番号」←→「電話の番号」

3－2　タイ文の成り立ち

タイ語は、単語を「並べる」ことで意味をつくっていくことばです。ですから並べ方の原則を学ぶとともに、ひとつひとつの単語がどこにおかれる単語なのか、語の性質に気を配って覚えていく必要があります。

50 タイ文は主部と述部よりなり、主部が述部に先立つのが原則です。以下の文の、おおまかな構造に注目して下さい。

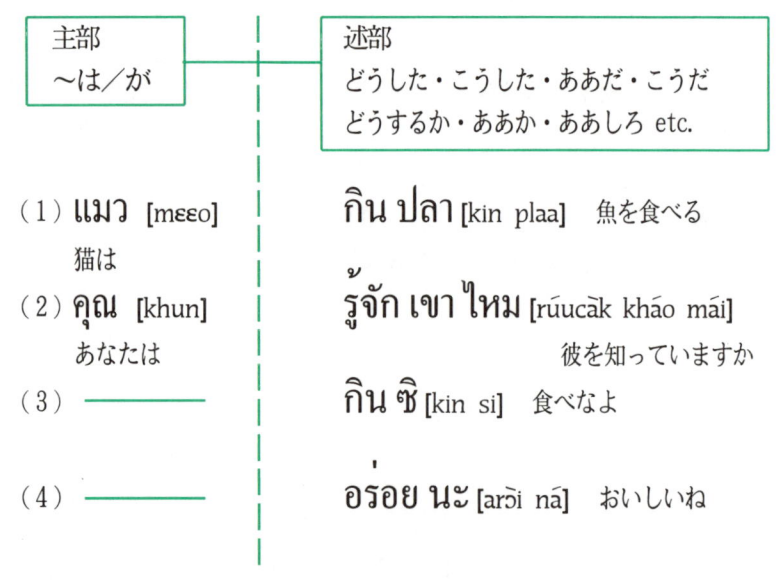

主部 ～は／が	述部 どうした・こうした・ああだ・こうだ どうするか・ああか・ああしろ etc.
（1）แมว [mɛɛo] 猫は	กิน ปลา [kin plaa]　魚を食べる
（2）คุณ [khun] あなたは	รู้จัก เขา ไหม [rúucàk kháo mái] 彼を知っていますか
（3）――――	กิน ซิ [kin si]　食べなよ
（4）――――	อร่อย นะ [arɔ̀i ná]　おいしいね

発話行為である以上、文は必ず主題と陳述の両方を備えています。主題を表現する部分を「主部」、陳述を表現する部分を「述部」とよびます。

第３文についても世界中の人間一般に対して「食べなよ」と言ったのではなく、特定の対話者に「あなたは食べなよ」と言ったのです。

第４文にしても、世間一般あまねく「おいしい！」のではなく、ある特定の物がおいしいのです。第３文、第４文では本来存在する主語が省略されているだけです。

主題は必ずしも動作の主体と一致しません。次の文を見て下さい。

（5）**หญ้า ชนิด นี้** | **กิน ได้** [yâa chanít níi kin dâi]
　　　この種の草は　　　食べられます

日本語に言う複文も、そのままの形で通じます。

（6）**นาฬิกา ผม** | **สี** | **ไม่ สวย** [naalikaa phǒm sǐi mâi sǔai]
　　　私の時計は　　色が　きれいじゃない

51 主部の中心「主語」となるのは名詞、述部の中心「述語」となるのは動詞又は形容詞です。

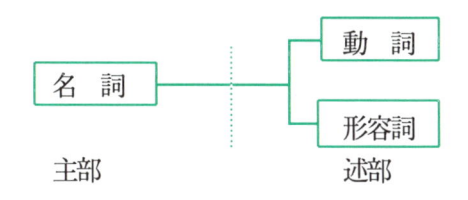

```
              ┌─ 動　詞
 名　詞 ─────┤
              └─ 形容詞
  主部           述部
```

＊この名詞・動詞・形容詞をそれ以外の語が修飾して、文を広げていくわけです。

52 タイ語では、修飾は後ろからするのが原則です。

```
被修飾語 ← 修飾語
```

＊単語をつくる際の原則（**42**）と同じです。ただし、前から修飾する語もありますから語の性質に注意して下さい。

53 条件、時、場所など、文の前提・舞台設定をする話は、前提部として主部－述語に先立っておかれることが普通です。

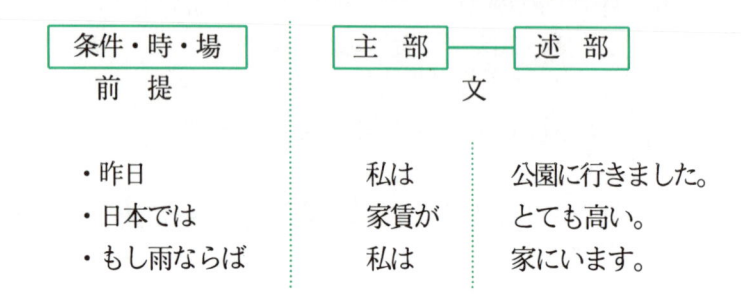

条件・時・場 前　提	主　部 ― 述　部 文	
・昨日	私は	公園に行きました。
・日本では	家賃が	とても高い。
・もし雨ならば	私は	家にいます。

＊時・場所などは、述部に修飾語として組み込まれることもできます。

主　部	述　部
・私は	昨日公園に行きました。
・家賃が	日本ではとても高い。

54 タイ文では、省略しても理解できる部分は省略するのが自然です。それぞれの場面で省略できる場合、できない場合について学ぶ必要がありますが、おおむね日本語の感覚とよく似かよっています。

3－3　名詞をめぐって

名詞は文の主語となったり、動詞と結んで述部を作ったり、また前置詞と結んで他の語を修飾したりと、さまざまに働きます。ここでは名詞を中心とした意味の広がりを学びます。

55 名詞と名詞が結んでいる場合、後ろの名詞が前の名詞を修飾します。

[名詞1]―[名詞2]　　　　[名詞2] の [名詞1]

（例）

・เขา ควาย　[khǎo khwaai]　水牛の角

・บ้าน ยาย　[bâan yaai]　祖母の家

・หนังสือ ภาษาไทย　[nǎŋsɯ̌ɯ phasǎa thai]　タイ語の本

＊ **42** で学んだことと基本的に同じです。

56 3語以上の名詞が結んでいる場合も、後ろの語が前の語を修飾します。

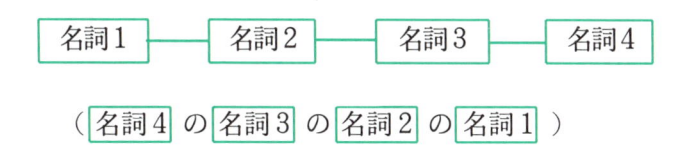

[名詞1]―[名詞2]―[名詞3]―[名詞4]

（[名詞4] の [名詞3] の [名詞2] の [名詞1]）

（例）

・ปลาย เขา ควาย บ้าน ผม
[plaai khǎo khwaai bâan phǒm]

「私の家の水牛の角の先っぽ」

＊あまり単純にたくさんの名詞を並べると、間違いではありませんがわかりにくい悪文になります。日本語で（〜の〜の〜の〜の・・・）と続けるのと同じです。

57 タイ語の名詞は、直接自分に名詞以外の修飾語が加えられることを嫌います。そこで類別詞という一種の代名詞を自分の代理としてたてて、それに修飾語を受けさせることになります。

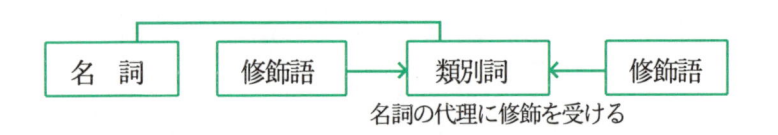

名　詞
修飾語
類別詞
修飾語
名詞の代理に修飾を受ける

＊類別詞は名詞の形状・性質によっておおよそ決定しますが、想像のつかないものも少なくありません。ある名詞がどの類別詞を使うのか、しっかり覚えておく必要があります。

＊次に代表的な類別詞をあげておきます。これ以外にもたくさんあるのででてきた時に覚えていきましょう。

・ใบ [bai]
カード類、コップ

・คัน [khan]
車両、傘

・คน [khon]
人

・ตัว [tua]
動物、衣類、机、椅子

・คู่ [khûu]
対になったもの、靴

・ผืน [phʉ̌ʉn]
じゅうたん、布

・เครื่อง [khrʉ̂aŋ]
機械類

・เล่ม [lêm]
本、刃物

- อัน [an]
  小さなもの一般

- หลัง [lǎŋ]
  家

- แห่ง [hɛ̀ŋ]
  場所

- สาย [sǎai]
  川、道路、路線

- ขวด [khùat]
  ビン

- ลำ [lam]
  船、飛行機

*慣習的に類別詞が特に決まっていない名詞には、同じ名詞を類別詞として用いますが、実際の文では省略されることがほとんどです。

- วัด [wát] 寺院
- ตำแหน่ง [tamnɛ̀ŋ] 地位、ポスト

*代名詞には類別詞がたちません。つまり代名詞は他の語によって修飾されないのです。

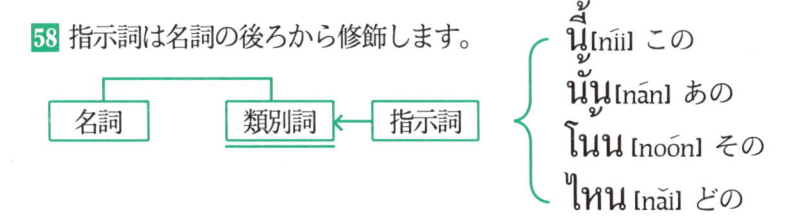

58 指示詞は名詞の後ろから修飾します。

名詞 ← 類別詞 ← 指示詞

- นี้ [níi] この
- นั้น [nán] あの
- โน่น [noón] その
- ไหน [nǎi] どの

- รถยนต์ คัน นี้
  [rótyon] [khan] [níi]
  この自動車

- แม่บ้าน คน นั้น
  [mɛ̂ɛbaân] [khon] [nán]
  あの主婦

- งู ตัว ไหน
  [ŋuu] [tua] [nǎi]
  どのヘビ

＊指示詞を受ける類別詞は省略可能ですが、人間の類別詞 คน [khon]
と動物の類別詞 ตัว [tua]については省略しないのが普通です。

59 形容詞・動詞は名詞の後ろから接続詞 ที่ [thîi]を介して修飾します。

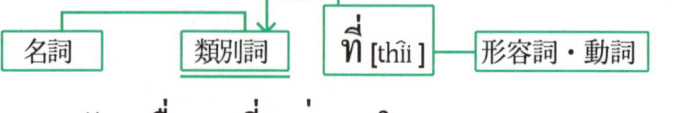

```
名詞 ── 類別詞 ── ที่ [thîi] ── 形容詞・動詞
```

- หนัง เรื่อง ที่ น่า สนใจ　　おもしろそうな話しの映画
  [nǎŋ　rɯ̂aŋ　thîi　nâa sǒncai]

＊形容詞・動詞を受ける類別詞も ที่ [thîi]も省略可能です。

＊これは文が名詞を修飾することと同じです。**95** も参照のこと。

- โรงเรียน แห่ง แรก　　最初の学校
  [rooŋrian hɛ̀ŋ rɛ̂ɛk]

60 数詞は類別詞の前から修飾します。

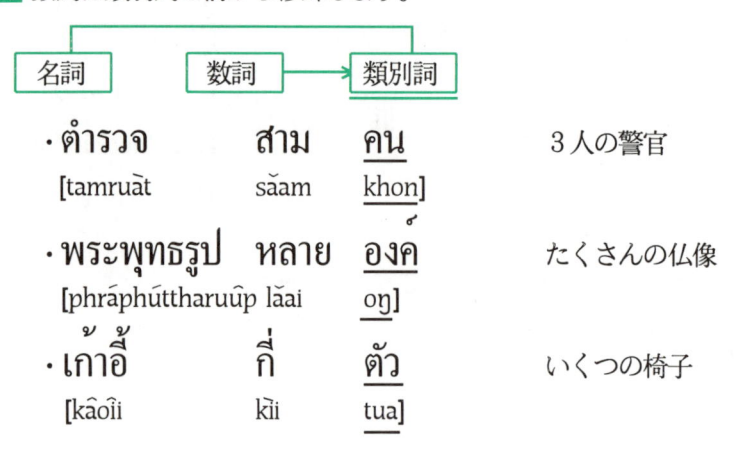

```
名詞 ── 数詞 ── 類別詞
```

- ตำรวจ　　สาม　　คน　　　3人の警官
  [tamrùat　sǎam　khon]

- พระพุทธรูป หลาย องค์　　たくさんの仏像
  [phráphúttharûup lǎai　oŋ]

- เก้าอี้　　กี่　　ตัว　　　いくつの椅子
  [kâoîi　kìi　tua]

＊数詞を受ける類別詞は単位としての側面も持っており、省略することはできません。

61 指示詞と数詞が同じ名詞を修飾する場合、類別詞を共有できます。

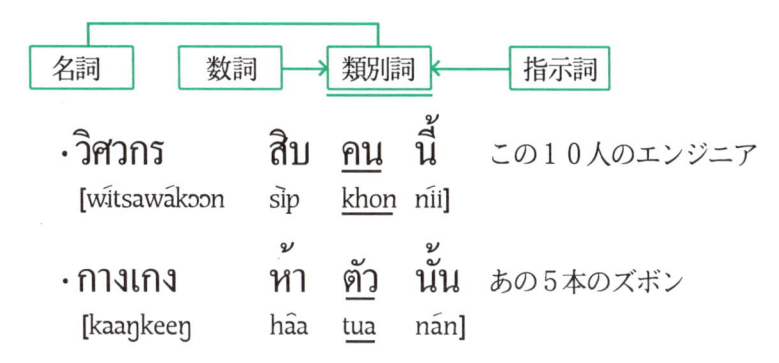

名詞
数詞
類別詞
指示詞

・วิศวกร　สิบ　คน　นี้　この１０人のエンジニア
[wítsawákɔɔn　sìp　khon　níi]

・กางเกง　ห้า　ตัว　นั้น　あの５本のズボン
[kaaŋkeeŋ　hâa　tua　nán]

＊単位を表す語が数詞と結んで、名詞を修飾している場合には指示詞の前の類別詞を省略することができます。

・ผ้า　สาม　เมตร　นี้　この３メートルの布
[phâa　sǎam　méet　níi]

・ที่ดิน　ร้อย　ไร่　นั้น　あの１００ライの土地
[thîi din　rɔ́ɔi　râi　nán]

62 指示詞と形容詞が同じ名詞を修飾する場合、類別詞を共有することはできません。指示詞は常に後方におかれます。

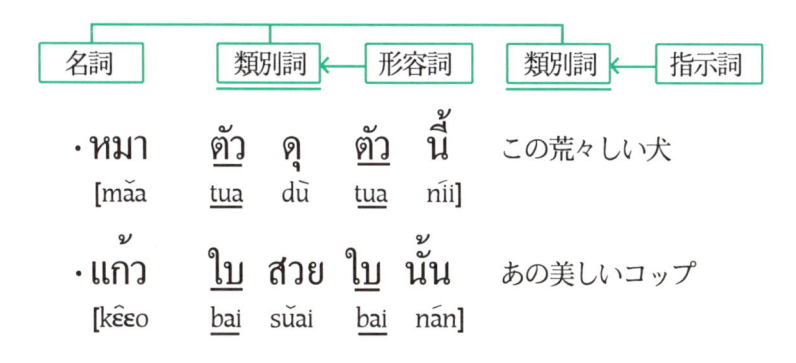

名詞
類別詞
形容詞
類別詞
指示詞

・หมา　ตัว　ดุ　ตัว　นี้　この荒々しい犬
[mǎa　tua　dù　tua　níi]

・แก้ว　ใบ　สวย　ใบ　นั้น　あの美しいコップ
[kɛ̂ɛo　bai　sǔai　bai　nán]

＊類別詞は省略可能ですが、両方とも省略してしますと少しわかりにくい気がします。また類別詞 คน・ตัว が指示詞を受けているときには省略しないのが普通です。（58 参照）

63 数詞・指示詞と形容詞が同じ名詞を修飾する場合、教詞・指示詞は常に後方におかれます。

名詞
類別詞
形容詞
数詞
類別詞
指示詞

・ครู คน ใหม่ สอง คน นั้น　あの２人の新しい先生
[khruu khon mài sɔ̌ɔŋ khon nán]

・ถุงเท้า คู่ ใหม่ สอง คู่ นี้　この２足の新しい靴下
[thǔŋtháao khûu mài sɔ̌ɔŋ khûu níi]

＊形容詞を受ける類別詞は省略可能。数詞を受ける類別詞は省略できません。（60 参照）

64 文脈上すでに話題に出た名詞については、代名詞を用いるか、修飾語を伴う場合には類別詞で代替するのが普通です。

＊日本語でも、すでに話題にあがっている名詞は、「白いの」「新しいやつ」などといい、名詞そのものを繰り返しませんが、よく似ています。

65 名詞は前置詞と結んで前置詞句をつくり、他の語を修飾します。（87 以下参照）

・บน รถเมล์ [bon rótmee]　バスの上で（の）

・โดย รถไฟ [dooi rótfai]　鉄道で

・ใต้ โต๊ะ [tâi tó]　机の下で（の）

＊前置詞句が名詞を修飾する場合、類別詞を介することなく名詞に直接修飾します。

・มหาวิทยาลัย <u>บน ภูเขา</u> <u>山の上</u>の大学
[mahǎawítthayaalai <u>bon phuukhǎo</u>]

・บ้าน <u>ริม แม่น้ำ</u> <u>川沿い</u>の家
[bâan <u>rim mɛ̂ɛnáam</u>]

3－4　動詞をめぐって

　動詞は述部の中心となります。動詞は、後ろの名詞との結びつき方で自動詞と他動詞に分けられるほか、他の動詞と結びつく際には、その動作が意志により行われる動きなのか、また自発的におこる動きなのかも大切なポイントになります。

66 動詞は1語で述部を作ります。

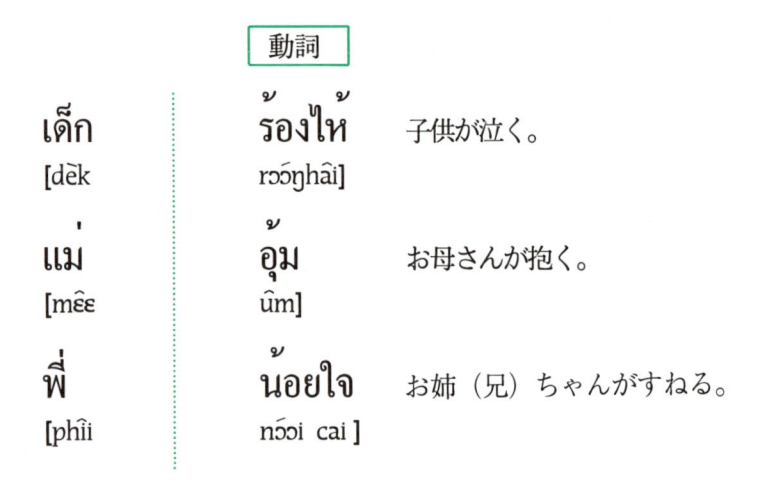

	動詞	
เด็ก [dèk]	ร้องไห้ [rɔ́ɔŋhâi]	子供が泣く。
แม่ [mɛ̂ɛ]	อุ้ม [ûm]	お母さんが抱く。
พี่ [phîi]	น้อยใจ [nɔ́ɔi cai]	お姉（兄）ちゃんがすねる。

＊動詞はそれだけで命令の意味をもって使えます。命令かどうかは文脈や口調によって決まります。

67 動詞が名詞を目的語として取る場合、名詞は後置されます。このように、名詞を目的語に取る動詞を他動詞といいます。

動詞 ━━ 名詞

・เล่า นิทาน　[lâo níthaan]　　お話を語る

・เช็ด เท้า　[chét tháao]　足をふく

・เคารพ ครู　[khaoróp khruu]　先生を尊敬する

＊動詞が後ろの名詞と結び付いた場合、この結合は非常に強く、あたかも１単語のようなひとつの意味単位となります。これを「動詞句」と呼びます。動詞と名詞の強い結合は、タイ語の述部の大きな特徴です。

68 目的語をとらない動詞にあっては、場所（〜に）・手段（〜で）・対象（〜に）の関係にある名詞と結び付きます。このような動詞を自動詞と呼び、名詞は後置されます。この結合も動詞句に準じて扱います。

動詞 ＝ 場所／手段の名詞

นั่ง [nâŋ]　เก้าอี้ [kâoîi]　椅子に座る

ไป [pai]　รถไฟ [rótfai]　鉄道で行く

มา [maa]　เมืองไทย [mʉaŋthai]　タイに来る

＊他動詞が場所や手段の名詞と結合することはありません。自動詞なのか、他動詞なのかに注意して覚えましょう。

＊自動詞の中には非意志的で自然にそうなるという意味を持つ動詞があります。こうした動詞を「自発動詞」と呼びます。自発動詞は通常名詞と結び付くことはありません。
次の例を見て下さい。

・มะละกอ สุก　パパイヤが熟す。
[malakɔɔ sùk]

・ถ่าน <u>หมด</u>　　電池が<u>なくなる</u>。
[thàan <u>mòt</u>]

69 コピュラ動詞は、主語の属性を表す名詞や、主語を言いかえた名詞と結びつきます。

・ผม เป็น ทหาร [phǒm pen thahǎan]　　私は兵隊です。

・ฉัน เป็น กระต่าย [chán pen kratàai]　　ぼくはウサギです。

・นายกฯ เมืองไทย คือ ใคร [naayók mɯaŋthai khɯɯ khrai]
タイの首相とは誰ですか？

＊コピュラ動詞はそのものの性質属性を表す เป็น[pen] と、言い換えた同一のものを表す คือ[khɯɯ] の２語です。

70 存在を表す文「～がある」は、例外的に 述語 ― 主語 の順となります。

・มี เงิน [mii ŋən]　　お金がある。

・มี ภูเขา [mii phuukhǎo]　　山がある。

＊存在を表す動詞は มี[mii] １語です。

71 動詞が目的語を２語取る場合

動詞 ＝ 直接目的語 ＝ 間接目的語

・ให้ เงิน เพื่อน　　友だちにお金をあげる。
[hâi ŋən phɯ̂an]

・สอน ภาษาญี่ปุ่น เขา　彼に日本語を教える。
[sɔ̌ɔn phasǎayîipùn kháo]

72 形容詞は、動詞の後ろに置かれて、その容態を表します。

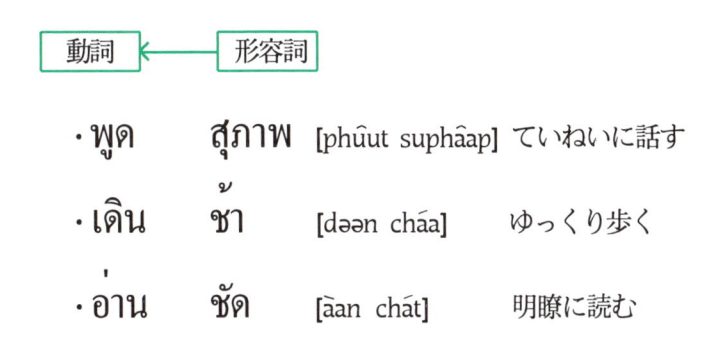

動詞 ← 形容詞

・พูด สุภาพ [phûut suphâap] ていねいに話す

・เดิน ช้า [dəən cháa] ゆっくり歩く

・อ่าน ชัด [àan chát] 明瞭に読む

＊タイ語の形容詞は、英語でいう副詞の働きももっているわけです。

73 程度を表す助詞も、動詞を後方から修飾します。

動詞 ← 程度を表す語

・รัก นิดหน่อย [rák nítnɔ̀i] ちょっと愛している

・มา บ่อย [maa bɔ̀i] よく来る

・เกลียด มาก [klìat mâak] とてもきらい

＊程度を表す助詞は形容詞と似ていますが、文の述語にはなりません。

74 動詞が名詞と結んでいる場合（動詞句）も、すべて修飾語はその後ろからかかるのが原則です。

動詞 ＝ 名詞 ← 形容詞 ／ 程度を表す語

・กิน ข้าว เร็ว　早くご飯を食べる
[kin khâao reo]

・เล่น กีฬา เก่ง　スポーツをするのがうまい
[lên kiilaa kèŋ]

・นั่ง รถ นาน มาก　とても長いこと車に乗る
[nâŋ rót naan mâak]

75 動詞が２語続けて用いられる場合、意味は前の動詞から後ろの動詞へと流れます。後ろの動詞が前の動詞を修飾するのではありません。

1．動詞のみ２語つらなる場合

動詞１
動詞２

（１して、２する）

・หมา นั่ง หาว [mǎa nâŋ hǎao]　犬が座ってあくびする。

・ลูก คุกเข่า ไหว้ [lûuk khúkkhào wâi]
子供がひざまずいて合掌礼をする。

2．動詞１が動詞句である場合

動詞１
名詞
動詞２

・ปู่ ถอด แว่น นอน　祖父が眼鏡を取って寝た。
[pùu thɔ̀ɔt wɛ̂n nɔɔn]

・น้องสาว ซื้อ ขนม กิน　妹がお菓子を買って食べる。
[nɔ́ɔŋsǎao sɯ́ɯ khanǒm kin]

＊このように目的語を共有する２語の動詞が並ぶ際に、初心の人は

・ซื้อ กิน ขนม　　買ってお菓子を食べる　✕
[sɯ́ɯ kin khanǒm]

のように後の動詞に目的語をつけて言いがちです。不自然な感じを受けます。

３．動詞２が動詞句である場合

動詞１
動詞２
名詞

・นักเรียน นั่ง เรียน ภาษาไทย　生徒が座ってタイ語を学ぶ。
[nákrian nâŋ rian phasǎathai]

・ฉัน นอน ดู โทรทัศน์　私は寝ころんで、テレビを見る。
[chán nɔɔn duu thoorathát]

＊動詞１は自動詞で、動詞２と目的語を共有していないことに注目して下さい。

４．動詞１、２ともに動詞句である場合

動詞１
名詞
動詞２
名詞

・ผม ซื้อ ตั๋ว ขึ้น รถไฟ　ぼくは切符を買って鉄道に乗った。
[phǒm sɯ́ɯ tǔa khɯ̂n rótfai]

・พระ ทำ น้ำมนต์ พรม ลูกศิษย์　僧は聖水を作り弟子にふりかけた。
[phrá tham námmon phrom lûuksìt]

76 他動詞１が目的語をとり、その後に自発動詞２が連なる場合、動詞１の目的語が動詞２の動作主となります。

動詞１（他動詞）＝目的語Ａ　動詞２（自発動詞）
（Ａを１したところ、Ａが２になった）

・เขา เตะ ประตู พัง　彼は扉をけって（扉が）こわれた。
[khǎo tèʔ pratuu phaŋ]

・ผม กิน อาหาร หมด　私はご飯を食べて（ご飯が）なくなった。
[phǒm kin aahǎan mòt]

・เด็กแดง ขยี้ หนังสือ ขาด　赤ちゃんが本をゴシゴシやって（本が）やぶれた。
[dèkdɛɛŋ khayîi nǎŋsɯ̌ɯ khàat]

＊動詞１が自動詞で、その後に自発動詞２が連なる場合、75の原則にしたがいますが、語によっては、動詞２が動詞１の結果を表し、完了・可能表現をなすことがあります。

77 動詞 ไป [pai]（行く）、มา [maa]（来る）は次に置かれる動詞（句）と結んで、（〜しに行く）、（〜しに来る）という意味になります。

ไป [pai] / มา [maa] ― 動詞（句）

・ไป ทิ้ง ขยะ　ゴミを捨てに行く
[pai thíŋ khayà]

・มา เรียน ประวัติศาสตร์ 歴史を学びに来る
[maa rian prawàttìsàat]

＊通常の動詞２語が結ぶ場合（75）とは、意味の流れが逆なことに注意して下さい。

＊ไป [pai] ／ มา [maa] と次の動詞（句）との結合はたいへん強く、ไป ／ มา ＋名詞の結合（68）より優先されます。ไป ／ มา に結合していた場所を表す名詞は、前置詞と結んで後方より修飾します（89）。

・ไป เมืองไทย ＋ เรียน　　タイに行く ＋ 学ぶ
[pai mɯaŋthai] ＋ [rian]

・ไป เรียน ที่ เมืองไทย　　タイに学びに行く
[pai rian thîi mɯaŋthai]

78 動詞（句）を目的語にとる動詞があります。

動詞 ═ 動詞（句）

・ชอบ เขียน จดหมาย　　手紙を書くのを好む
[chɔ̂ɔp khǐan còtmǎai]

・สอน พูด ภาษาอังกฤษ　　英語を話すことを教える
[sɔ̌ɔn phûut phasǎa aŋkrìt]

・เรียน ขับ รถ　　車を運転することを習う
[rian khàp rót]

＊これ全体で大きな動詞句として扱います。

79 動詞（句）の前に未然、継続、推量などを表す助動詞を置いて意味を広げます。

助動詞 → 動詞(句)

・จะ ไป เมืองไทย タイに行く（まだ行っていない） → 未然
[cà pai mʉaŋthai]

・ต้อง ไป เมืองไทย タイに行かなければならない → 義務
[tɔ̂ŋ pai mʉaŋthai]

・อาจ ไป เมืองไทย タイに行くかもしれない → 可能性
[aàt pai mʉaŋthai]

＊助動詞には動詞に起源を持ち主に義務・推量・実現などの「法」（話者の気分）を表すものと、もともと修飾語で主に未然・継続などの「相」（その動作が行われる際のあり様）を表すものとがあり、原則的に否定語の置かれる位置が異なります。注意して覚えましょう。

＊上にあげた以外の代表的な助動詞は次の通りです。

・ควร	[khuan]	～すべきである	・เกือบ	[kʉ̀ap]	あやうく～
・ได้	[dâi]	～した、できた	・ยัง	[yaŋ]	まだ～
・อย่า	[yàa]	～するな	・กำลัง	[kamlaŋ]	～している
・อยาก	[yàak]	～したい	・คง	[khoŋ]	おそらく～
			・อุตส่าห์	[ūtsàa]	わざわざ～

80 可能を表す助動詞は、意味がかかる部分の後ろに置かれます。

・ต่อ วีซ่า ได้　　ビザを延長できる　　→ 可能
[tɔ̀ɔ wiisâa dâi]

・พาย เรือ เป็น　　舟を漕げる　　→ 能力
[phaai rʉa pen]

・เดิน 20 ช.ม. ไหว　　２０時間歩ける　　→ 耐久
[dəən yîisìp chûamooŋ wǎi]

81 動詞は後に続く形容詞と結んで、受け身の意味を持って使われることがあります。

・หนังสือ เล่ม นี้ เขียน ดี มาก　　この本はとてもよく書かれています。
[nǎŋsʉ̌ʉ lêm níi khǐan dii mâak]

・บ้าน หลัง นี้ สร้าง สวย มาก　　この家はとてもきれいに建てられています。
[bâan lǎŋ níi sâaŋ sǔai mâak]

・รถ คัน นี้ ขับ ง่าย　　この車は、運転しやすい。
[rót khan níi khàp ŋâai]

＊タイ語の主語は陳述の主題となる語であって、英語のように必ずしも動詞の主体を意味しません。この点、日本語とよく似ています。

3－5　形容詞をめぐって

タイ語の形容詞は動詞と同様述部の中心となりますが、動詞から修飾されたり、複数の形容詞が結び付いたりすることはありません。

82 形容詞は単独で述部となります。

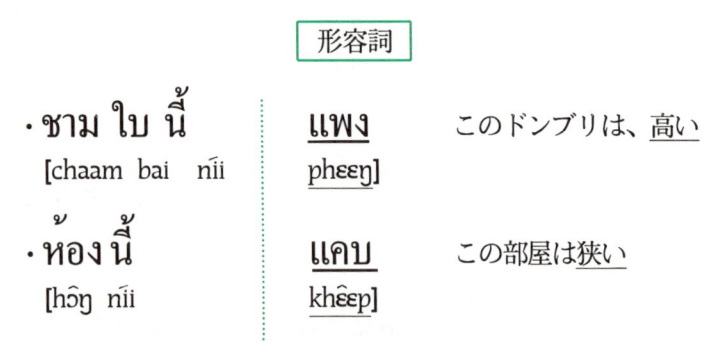

	形容詞	
・ชาม ใบ นี้ [chaam bai níi	แพง phɛɛŋ]	このドンブリは、高い
・ห้อง นี้ [hɔ̂ŋ níi	แคบ khɛ̂ɛp]	この部屋は狭い

83 程度を表す助詞は形容詞の後ろに置かれます。

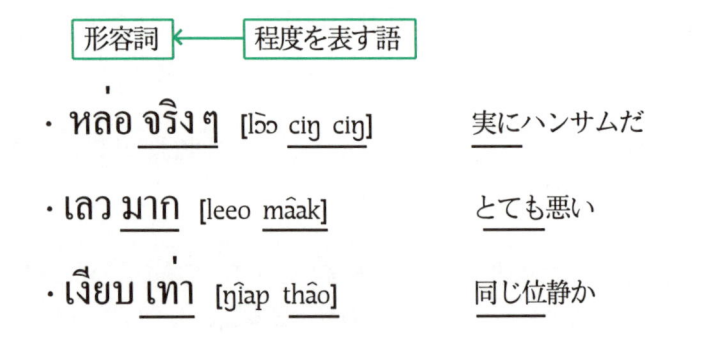

形容詞 ← 程度を表す語

・หล่อ จริง ๆ [lɔ̀ɔ ciŋ ciŋ]　　実にハンサムだ

・เลว มาก [leeo mâak]　　とても悪い

・เงียบ เท่า [ŋîap thâo]　　同じ位静か

84 形容詞の比較は、前置詞 กว่า [kwàa]「～よりも」に導かれる前置詞句を使って表されます。

形容詞 ← กว่า前置詞句

・ สูง กว่า หลังคา [sǔuŋ kwàa lǎŋkhaa]　屋根より高い

・ เล็ก กว่า มด [lék kwàa mót]　蟻より小さい

85 形容詞の最上級は、定型化した前置詞句 ที่สุด [thîisùt]（最も）を使って表されます。

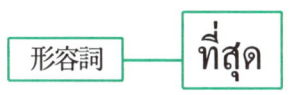

形容詞 ― ที่สุด

・ หนา ที่สุด [nǎa thîisùt]　最も厚い

・ ยาก ที่สุด [yâak thîisùt]　最も難しい

＊ที่ [thîi] は前置詞（～において）、สุด [sùt] は名詞（極）という意味です

86 形容詞の前に、助動詞を置いて意味を広げることができます。

・ คุณ แม่ ดิฉัน ยัง สวย　私の母は、まだ美しい。
[khun mɛ̂ɛ dichán yaŋ sǔai]

・ เงาะ ลูก นี้ ต้อง หวาน　このランブータンは、甘いにちがいない。
[ŋɔ́ lûuk níi tɔ̂ŋ wǎan]

・ รถ คัน นี้ อาจ ช้า　この車は、遅いかもしれない。
[rót khan níi àat cháa]

・ ผม อยาก รวย　ぼくは金持ちになりたい。
[phǒm yàak ruai]

＊上の文のように、タイ語の形容詞は「～になる」「～である」という状態を表す一種の自動詞としての働きも含んでいます。

3－6　前置詞を使った句

87 前置詞は名詞や動詞・形容詞の前に置かれ、位置・時間・手段などを表す修飾の単位（句）を作ります。

前置詞	―	名詞／動詞・形容詞

＊前置詞は名詞と結び付くのが基本ですが、動詞・形容詞と結ぶ用法をもつ前置詞もありますから注意が必要です。

1．名詞と結び付いた前置詞句の例

・ของ　คุณแม่　お母さんの
[khɔ̌ɔŋ　khunmɛ̂ɛ]

・ใน　ห้องครัว　台所の中に
[nai　hɔ̂ŋkhrua]

・ตาม　ทางหลวง　国道に沿って
[taam　thaaŋluǎŋ]

・ตั้งแต่　เช้า　朝から
[tâŋtɛɛ̀　cháao]

2．動詞・形容詞と結びついた前置詞句の例

・เพื่อ　อยู่　生きるために
[phʉ̂a　yùu]

・สำหรับ เล่น 遊ぶために
[sămràp lên]

・โดย เร็ว 速きによって（すばやく）
[dooi reo]

＊動詞が句となっていても同様です。全体で前置詞句となります。

・เพื่อ เลี้ยง ครอบครัว 家族を養うために
[phʉ̂a liáŋ khrɔ̂ɔp khrua]

88 文を結ぶ接続詞の用法を兼ねそなえた前置詞もあります。句としての使い方とかわりありません。

・ตั้งแต่ ผม เกิด 私が生まれて以来
[tâŋtɛ̀ɛ phŏm kə̀ət]

89 前置詞句は名詞を修飾します。その際、類別詞を介することなく名詞の後から直接修飾を加えます。

・บ้าน ริม แม่น้ำ 川沿いの家
[bâan rim mɛ̂ɛnáam]

・หนังสือ เกี่ยวกับ ประวัติศาสตร์ 歴史に関する本
[năŋsʉ̌ʉ kiàokàp prawàttisaàt]

・มหาวิทยาลัย ที่ อเมริกา アメリカの大学
[mahăawítthayaalai thîi ameerikaa]

90 前置詞句は動詞・動詞句を修飾します。

・นอน ตั้งแต่ หัวค่ำ　　宵の口から眠る
[nɔɔn　tâŋtɛ̀ɛ　hǔakhâm]

・ทำงาน เพื่อ สังคม　　社会のために働く
[thamŋaan phʉ̂a　sǎŋkhom]

・เย็บ เสื้อ ให้ ลูก　　子供のために服を縫う
[yép　sʉ̂a　hâi　lûuk]

＊前置詞をつかって、自動詞と後ろに結ばれている名詞の関係を表すことも可能です。

・นั่ง บน เก้าอี้　　椅子に座る
[nâŋ　bon　kâoîi]

91 前置詞句は形容詞を修飾します。

・สวย กว่า เมีย ผม　　ぼくの女房よりきれいだ
[suǎi　kwàa　mia　phǒm]

92 前置詞句は、文の前に独立して置かれ、文の前提部となります。

・ที่ญี่ปุ่น　ค่าใช้จ่าย สูง　日本では生活費が高い。
[thîi　yîipùn　khâacháicaài　sǔuŋ]

・หน้า โรงพยาบาล　มี หอพัก นางพยาบาล
[nâa　rooŋphayabaan　mii　hɔ̌ɔphák　naaŋphayaabaan]
病院の前に、看護婦の寮があります。

＊存在を表すมี[mii]については **70** 参照。

3－7　さまざまな接続・否定・疑問の表現

93 語と語／文と文は、接続詞を中に介して並列的に結ばれます。

＊กับ [kàp] は語と語を結び、และ [lɛ́] は語と語又は文と文とを結びます。

・คุณแดง กับ คุณนก　デーンさんとノックさん
[khun dɛɛŋ kàp khun nók]

・คุณแดง อ่าน และ คุณนก ฟัง　デーンさんは読み、ノックさんは聞く。
[khun dɛɛŋ àan lɛ́ khun nók faŋ]

＊แต่ [tɛ̀ɛ]、หรือ [rʉ̌ʉ] は語、文ともに結ぶことができます。

・โง่ แต่ ขยัน　頭が悪い　しかし勤勉だ
[ŋôo tɛ̀ɛ khayǎn]

・ชา หรือ กาแฟ　お茶か　あるいはコーヒー
[chaa rʉ̌ʉ kaafɛɛ]

94 条件・時間・譲歩などを表す文は、接続詞に導かれて主文に連なります。

・ถ้า คุณ เลี้ยง หมา ผม ก็ เลี้ยง　もしもあなたが犬を飼うのなら私も飼います
[thâa khun líaŋ mǎa phǒm kɔ̂ɔ líaŋ]

・แม้ ฝน ตก หนัก เขา ก็ ต้อง ไป　たとえ雨が強く降っても、彼は行かねばなりません
[mɛ́ɛ fǒn tòk nàk kháo kɔ̂ɔ tɔ̂ŋ pai]

＊ก็ [kɔ̂ɔ] は条件や譲歩の意味に呼応して主文の述部の先頭に置かれ、“条件、譲歩に連なる主文である”ということを示す標識として働きます。

・เพราะ ไม่ อยาก ทำงาน ดิฉัน เลย เรียน ต่อ
[phrɔ́ mâi yàak thamŋaan dichán ləəi rian tɔ̀ɔ]
仕事をしたくないから、私は進学します。

・เวลา เขา มา ผม กิน ข้าว อยู่ 彼が来た時、ぼくは
[weelaa kháo maa phǒm kin khâao yùu] 食事をしていた

95 文が名詞を修飾する場合、関係接続詞 ที่ [thîi] 、ซึ่ง [sɯ̂ŋ] がそれを導きます。

・หนังสือ ที่ พ่อ เขียน 父の書いた本
[nǎŋsɯ̌ɯ thîi phɔ̂ɔ khiǎn]

＊ที่ [thîi] 、ซึ่ง [sɯ̂ŋ] で導かれる修飾の前では、類別詞が省略されるのがふつうです。

・หนังสือ ซึ่ง เขียน โดย นาย บุญเลิศ ブンルート氏に
[nǎŋsɯ̌ɯ sɯ̂ŋ khiǎn dooi naai bunlə̂ət] よって書かれた本

＊ที่ [thîi] より ซึ่ง [sɯ̂ŋ] の方がいくぶん文語的な堅い感じです

96 引用部分は接続詞 ว่า [wâa] によって導かれます。

・คุณ พูด ว่า เขา รัก ผม あなたは、彼女が私を
[khun phûut wâa kháo rák phǒm] 愛していると言う。

・คิด ว่า เขา ชอบ ธรรมชาติ 彼女は自然が好きだろうと思う。
[khít wâa kháo chɔ̂ɔp thammachâat]

・นี่ เรียก ว่า อะไร　　これは何という名ですか？
[nîi rîak wâa arai]

97 感情の理由は接続詞 ที่ [thîi] によって導かれます。

・ขอบ คุณ ที่ มา เยี่ยม เรา　　私たちを訪問して下さったことを感謝します。
[khɔ̀ɔp khun thîi maa yîam rao]

・เสียใจ ที่ คุณ โกรธ　　あなたが怒ったので、悲しい。
[sǐacai thîi khun kròot]

98 語の前に助詞 ไม่ [mâi] を置いて、否定を表します。

・ผม ไม่ ดู โทรทัศน์　　私はテレビを見ません。
[phǒm mâi duu thoorathát]

・ดิฉัน ไม่ เคย เลี้ยง สัตว์　　私は動物を飼ったことがない。
[dichán mâi khəəi líaŋ sàt]

・คุณ ยาย ทาน ข้าว ไม่ น้อย　　お祖母さんは、少なからず食べる。
[khun yaai thaan khâao mâi nɔ́ɔi]

99 コピュラ動詞の否定は ไม่ ใช่ [mâi châi] で表します。

・ผู้ชาย คน นั้น ไม่ ใช่ ครู　　あの男は先生ではない。
[phûuchaai khon nán mâi châi khruu]

100 文末に助詞 ไหม [mái] を置くことで、疑問を表します。

・คุณ หิว น้ำ ไหม　　あなたは喉が乾きましたか？
[khun hǐu náam mái]

・น้องสาวเขาตัวสูงไหม　彼の妹は背が高いですか
[nɔ́ɔŋ sǎao kháo tua sǔuŋ mái]

＊コピュラ動詞文は、ไหม をつけて疑問文にはできません。

101 ไหม 以外にも次のような文末表現で疑問を表すことができます。

・―หรือเปล่า　～かどうか
[～ rɯ́ plàao]

＊เปล่าを省略して、หรือ [rɯ̌ɯ] のみでもよく使います。
コピュラ動詞文の疑問にも使えます。

・―หรือยัง　もう～かどうか
[～ rɯ́ yaŋ]

・―แล้วหรือยัง　もう～かどうか
[～ lɛ́ɛo rɯ́ yaŋ]

＊หรือ は [rɯ́] と軽く発音することが多いです。

・―ใช่ไหม　～なんでしょう？
[～ châi mái]

3－8　応答挨拶の言葉

応答や挨拶の言葉は、他の言語と同じように定型化したものが多く、通常の文とは異なります。例文では省略してありますが、それぞれの末尾にていねい語（103）をつけて言うようにして下さい。

102 応答の言葉は男性と女性とで異なります。

・ครับ [khráp]　　はい　＊男性用です。
ครับผม [khrápphǒm] はもっと丁寧で元気が良い感じです

・ค่ะ [khâ]　　はい　＊女性用です。

103 口語では文末に応答の語を置いて「です」「ます」調のていねいな表現にします。

— ครับ [khráp] ＊男性用です。

— ค่ะ [khâ]　＊女性用です。疑問文の末尾と助詞 นะ[ná] の後では คะ[khá]となります。

＊丁寧に話をするのはタイ社会ではとても大切なことです。初心のうちはたとえ物乞いの人に対しても ครับ / ค่ะ をつけて言い切るようにしましょう。以下の挨拶の言葉にも、すべて ครับ / ค่ะ をつけてください。

＊この丁寧語を หางเสียง [haǎŋsiǎŋ]（声の尾）といいます。

104 人に会った時の挨拶には次のようなものがあります。

1. **สวัสดี** [sawàtdii] こんにちは。

＊現代タイ語の基本的な挨拶です。もともと、ラジオ放送用に考案された言葉ですが、今では時間を問わず使える万能語です。ไหว้ [wâi]（合掌礼）をしながら言いましょう。答えは同様に สวัสดี です。

2. **สบายดี หรือ** [sabaaidii rʉ̌ʉ] 元気ですか？

＊สบาย は心身共にのびのびしている状態で、タイ人の理想のひとつです。ดี は強調、หรือ は質問の言葉（ **101** ）です。答えは สบายดี [sabaaidii]（元気です）となります。

3. **ไป ไหน มา** [pai nǎi maa] どこに行って来ましたか？

＊最も基本的な庶民レベルの挨拶です。本気で質問しているわけではありません。親しい人同志の挨拶なので、ふつうは丁寧語はいらないでしょう。

105 日常的な挨拶語には次のようなものがあります。

1. **ขอบ คุณ** [khɔ̀ɔp khun] ありがとう。

＊口語では自動詞（感謝する）としても使います

ขอบ คุณ เขา [khɔ̀ɔp khun khǎo] 彼に感謝する。

2. **ขอ โทษ** [khɔ̌ɔ thôot] ごめんなさい。

＊タイ人はあまり謝るのか好きではありませんが、これも口語では自動詞「謝る」として使います。

ขอโทษ เขา [khɔ̌ɔ thôot kháo]　　彼にあやまる。

＊ขอบคุณ も ขอโทษ も、その理由は接続詞 ที่ [thîi] によって導きます（ 97 ）。

3. ไม่เป็นไร [mâi pen rai]　　何でもありません。

＊「ありがとう」「ごめんなさい」と言われたときの答えです。きびしい状況を受け入れる心の広さを表す語でタイ社会のキーワードのひとつです。

4. เชิญ　[chəən]　　どうぞ。

＊本来「招く」の意味の動詞で、席や食べ物をすすめる時に使います。

106 別れる時の挨拶には次のようなものがあります。

1. ขอลาก่อน [khɔ̌ɔ laa kɔ̀ɔn]　　お先に失礼します。

＊ขอตัวก่อน [khɔ̌ɔ tua kɔ̀ɔn] と言っても同じで、目上への丁寧な言い方です。親しい間ならば ไปก่อนนะ [pai kɔ̀ɔn ná] や สวัสดี [sawàt dii] でも充分です。ไปแล้วนะ [pai lɛ́ɛo ná] もよく使います。

2. โชคดี [chôok dii]　　御運がよろしいように。

＊相手の幸運を祈る祝福のことばです。同等・目下に対して言うことが多いようです。ขอลาก่อน [khɔ̌ɔ laa kɔ̀ɔn] と言われたときの答えとしても使います。

3. พบกันใหม่นะ [phóp kan mài ná] また会いましょう。

＊同等の相手に対して使います。

3－9　名前、人称代名詞、親族の呼び方

107 タイ人の名前には、名と姓の他に呼び名があり、親しい人との会話では呼び名を使うのがふつうです。

＊呼び名（ชื่อเล่น [chʉ̂ʉ lên]）は生まれた時に、名付けられるもので、友達同士がつけあう日本のあだ名とは別のものです。
＊姓は公式な場面で名（ชื่อ [chʉ̂ʉ]）とともに用います。会話で出てくることはありません。名を先に、姓を後におきます。

108 敬称は、第２人称の คุณ [khun]、/ ท่าน [thân] を名の前に置きます。呼び名につけてもかまいません。

・พัชนี [phátchanii]　→　คุณ พัชนี [khun phátchanii]
（パッチャニーさん）

・รุ่งโรจน์ [rûŋrôot]　→　ท่าน รุ่งโรจน์ [thân rûŋrôot]
（ルンロート様）

・อู๊ [ú]　→　คุณ อู๊ [khun ú]
（ウさん）

109 人称代名詞は多様ですが、代表的なものをあげると次のとおりです。
1．第１人称

・ผม [phǒm]　私（男性）＊男性が広く一般的に使える丁寧な１人称です。

・ดิฉัน [dichán]　わたくし（女性）＊堅くて公式な感じの女性の１人称です。
＊女性の場合は、自分の呼び名を１人称としてもおかしくありません。

・หนู [nǔu]　あたし（女）

＊女児が大人に対して、また女性が年長の人や目上の人に対して使います。

・ฉัน [chǎn]

＊親しい同等・目下に対する１人称です。第３声で発音します。

・เรา [rao]　私たち（男女ともに）

２．第２人称

・คุณ [khun]　一般的に広く使える２人称ですが、目上の人には使えません。

＊親しい同等・目下に対しては呼び名で呼びます。

・ท่าน [thân]　目上に使います。短音に発音します。

＊目上をどう呼ぶかは難しいところです。ふつう役職で呼んだり、親しい仲なら年齢に応じた親族呼称を用いますが、自分との関係の上に呼び方が決まる点は日本語とよく似ています。役職の上に ท่าน [thân] をつけることも少なくありません。

・ท่าน อธิบดี [thân athíbɔɔdii]　局長様

・ฯพณฯ ท่าน นายกฯ [phaná thân naayók] 総理大臣閣下

＊ฯพณฯ ท่าน [phaná thân]は更に丁寧な表現です。文章語です。

3．第3人称

・เขา [kháo] 一般的に広く使えますが、目上の人にはちょっと抵抗があります。

・ท่าน [thân] 目上に対して使います。2人称と同じです。

・แก [kεε] たいへん親しい仲の人について使います。

110 親族の呼び方は次のとおりです。

1．同世代

・年長の兄弟 ＊พี่ [phîi]
兄 พี่ชาย [phîi chaai]
姉 พี่สาว [phîi saǎo]

・年下の兄弟 น้อง [nɔ́ɔŋ]
弟 น้องชาย [nɔ́ɔŋ chaai]
妹 น้องสาว [nɔ́ɔŋ saǎo]

・いとこ ลูกพี่ลูกน้อง [lûuk phîi lûuk nɔ́ɔŋ]

2．上の世代

父 พ่อ [phɔ̂ɔ] 母 แม่ [mɛ̂ε]

＊父の兄 ลุง [luŋ] ＊母の兄 ลุง [luŋ]

＊父の弟 อา [aa] ＊母の弟 น้า [náa]

＊父の姉 ป้า [pâa] ＊母の姉 ป้า [pâa]

＊父の妹　อา [aa]　　＊母の妹　น้า [náa]

父の父　ปู่ [pùu]　　＊母の父　ตา [taa]

父の母　ย่า [yâa]　　＊母の母　ยาย [yaai]

3．下の世代

子供　ลูก [lûuk]　─┬─ 息子　ลูก ชาย [lûuk chaai]
　　　　　　　　　 └─ 娘　ลูก สาว [lûuk saǎo]

孫　หลาน [laǎn]　　姪／甥　หลาน [laǎn]

3．結婚を媒体として

夫　สามี [sǎamii]　　娘の夫　ลูก เขย [lûuk khə̌əi]

妻　ภรรยา [phanrayaa]　　息子の妻　ลูก สะใภ้ [lûuk saphái]

姉の夫　พี่ เขย [phîi khə̌əi]
妹の夫　น้อง เขย [nɔ́ɔŋ khə̌əi]

兄の妻　พี่ สะใภ้ [phîi saphái]
弟の妻　น้อง สะใภ้ [nɔ́ɔŋ saphái]

＊印をつけた語は同年代の非血縁者に対しても、親しみのこもった呼び名として使われます。

- พี่ แดง [phîi dɛɛŋ]　　　（先輩などの）デーンさん

- ลุง ขาว [luŋ khǎao]　　　カーオさんおじさん

- ยาย ระเบียบ [yaai rabìap]　ラビアップばあさん

3－10　数字と数の数えかた

111 タイ語の数は次のとおりです。少しの例外を除いて、日本語と同じ順序で読めばいいのです。

0　ศูนย์ [sǔun]	8　แปด [pɛ̀ɛt]	30　สาม สิบ [sǎam sìp]
1　หนึ่ง [nʉ̀ŋ]	9　เก้า [kâo]	40　สี่ สิบ [sìi sìp]
2　สอง [sɔ̌ɔŋ]	10　สิบ [sìp]	100　ร้อย [rɔ́ɔi]
3　สาม [sǎam]	11　สิบเอ็ด [sìp èt]	200　สอง ร้อย [sɔ̌ɔŋ rɔ́ɔi]
4　สี่ [sìi]	12　สิบ สอง [sìp sɔ̌ɔŋ]	1000　พัน [phan]
5　ห้า [hâa]	13　สิบ สาม [sìp sǎam]	1万　หมื่น [mʉ̀ʉn]
6　หก [hòk]	20　ยี่ สิบ [yîi sìp]	10万　แสน [sɛ̌ɛn]
7　เจ็ด [cèt]	21　ยี่ สิบ เอ็ด [yîi sìp èt]	100万　ล้าน [láan]

＊下一桁の１を เอ็ด [èt]、20を ยี่ สิบ [yîi sìp] と読むことに注意してください。下一桁の９は [kâao] と長音で読みます。

＊100、1000、1万、10万、100万が数の先頭に来た場合、概数を言う時には単に [rɔ́ɔi] [phan] ・・・ と言い、1 [nʉ̀ŋ] をつけません。ただし事務的な必要によっては [nʉ̀ŋ rɔ́ɔi]、[nʉ̀ŋ phan] ・・・と 1 をつけて読みます。数の中途ではすべて 1 をつけます。

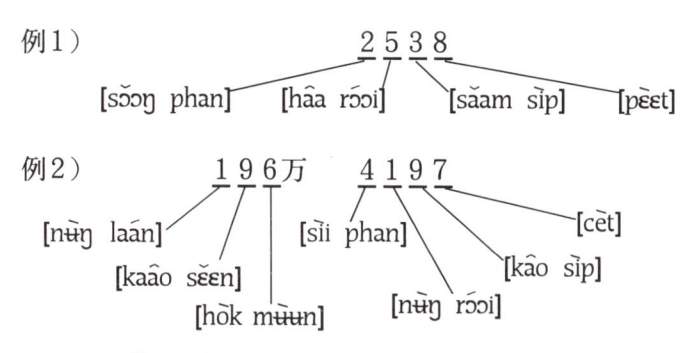

例1） 2538

[sɔ̌ɔŋ phan] [hâa rɔ́ɔi] [sǎam sìp] [pὲεt]

例2） 196万 4197

[nʉ̀ŋ laán] [kaâo sɛ̌ɛn] [hòk mʉ̀ʉn] [sìi phan] [nʉ̀ŋ rɔ́ɔi] [kâo sìp] [cèt]

＊100を ร้อย หนึ่ง [rɔ́ɔi nʉ̀ŋ]、1000を พัน หนึ่ง [phan nʉŋ]、1000を หมื่น หนึ่ง [mʉ̀ʉn nʉŋ] と言うこともよくあります。

112 序数は数詞の前に ที่ [thîi] をつけて表します。

ที่ หนึ่ง [thîi nʉ̀ŋ] 第１の　　ที่ สอง [thîi sɔ̌ɔŋ] 第２の

例） รางวัล <u>ที่ สาม</u> [raaŋwan <u>thîi sǎam</u>]　<u>第３</u>等賞

<u>ปี ที่ สี่</u> [pii <u>thîi sìi</u>]　<u>第４</u>年次

＊序数は他の語を後ろから修飾します。

113 単位は数詞に後置されます。

3 กิโล [sǎam kiloo]　3キロ（重さ、距離）

10 องศา [sìp oŋsǎa]　10度　（角度、温度）

例） น้ำพริก 2 ขีด [námphrík sɔ̌ɔŋ khìit]　2キートのナムプリック
（1キート＝100g）

เงิน 3000 บาท [ŋən sǎam phan bàat]　3000バートのお金

＊数詞が類別詞を介して名詞を修飾する形（60 参照）では、類別詞が単位の働きをもしているわけです。

เรือ 3 ลำ [rʉa sǎam lam]　舟3隻

นักเรียน 5 คน [nákrian hâa khon]　生徒5人

3 ─11　暦の表現

114 暦の表現の順序は次のとおりです。

曜日	วันที่ [wanthîi] 日付	เดือน [dʉan] 月	ปี [pii] 年

＊「曜日」にあたるタイ語はありません

115 曜日はタイ語 วัน [wan] 「日」に、月・火星・水星・・・を表す梵語をつけて次のように表します。

- วันจันทร์ [wan can]　月曜日
- วันอังคาร [wan aŋkhaan]　火曜日
- วันพุธ [wan phút]　水曜日
- วันพฤหัสบดี [wan pharʉ́hàtsabɔɔdii]　木曜日
  ＊通常は [wan pharʉ́hàt] と短くつめて呼びます
- วันศุกร์ [wan sùk]　金曜日
- วันเสาร์ [wan sǎo]　土曜日
- วันอาทิตย์ [wan ʾaathít]　日曜日

＊何曜日かをたずねるのは名詞「何」อะไร [arai] を用いて、วันอะไร [wan arai] と言います。

116 日付は序数詞を用いて表します。

วัน [wan]	＋	ที่ [thîi] 数詞

・วันที่ 3 [wan thîi sǎam]　　3日

・วันที่ 11 [wan thîi sìp èt]　　11日

＊曜日と日付をつけていう場合は、曜日の後に直接序数を連ね、วัน [wan] を繰り返して言いません。

・วันจันทร์ที่ 3 [wan can thîi sǎam]　　3日月曜日

＊何日かをたずねるには数量をたずねる助詞 เท่าไร [thâorai]（いかほど）を用いて、วันที่เท่าไร [wan thîi thâorai] と言います。

117 月名は次のとおりです。いずれも星座の鰐・水瓶・魚・ヒツジ・・・を表す梵語を使っています。

1月 มกราคม [mókkaraakhom]	7月 กรกฎาคม [karakadaakhom]
2月 กุมภาพันธ์ [kumphaaphan]	8月 สิงหาคม [sǐŋhǎakhom]
3月 มีนาคม [miinaakhom]	9月 กันยายน [kanyaayon]
4月 เมษายน [meesǎayon]	10月 ตุลาคม [tùlaakhom]
5月 พฤษภาคม [phrʉ́tsaphaakhom]	11月 พฤศจิกายน [phrʉ́tsacìkaayon]
6月 มิถุนายน [míthunaayon]	12月 ธันวาคม [thanwaakhom]

＊大の月は คม [khom]、小の月は ยน [yon] で終わることに注目してください。
＊何月かをたずねるのには、名詞 อะไร [arai]「何」を用いて、เดือนอะไร [dʉan arai] と言います。

118 年は次のように表現します。

ปี [pii] — 数詞

・ปี 2499 [pii sɔ̌ɔŋ phan sìi rɔ́ɔi kâo sìp kâao] 2499年

・ปี 2600 [pii sɔ̌ɔŋ phan hòk rɔ́ɔi] 2600年

＊暦法を添えて言うこともあります。

・ปี พ.ศ. 2505 [pii phɔɔ.sɔ̌ɔ. sɔ̌ɔŋ phan hâa rɔ́ɔi hâa] 仏暦2505年

・ปี ค.ศ. 1962 [pii khɔɔ.sɔ̌ɔ. nɯ̀ŋ phan kâo rɔ́ɔi hòk sìp sɔ̌ɔŋ] 西暦1962年

พ.ศ. [phɔ̌ɔ.sɔ̌ɔ.] は仏暦で西暦に543年を足した年になります。タイでの日常生活はすべてこの仏暦で行われています。
ค.ศ. [khɔɔ.sɔ̌ɔ.] は西暦。พ.ศ.や ค.ศ. がついた場合、ปี [pii] は省略可能です。

・พ.ศ. 2525 [phɔɔ.sɔ̌ɔ. sɔ̌ɔŋ phan hâa rɔ́ɔi yîi sìp hâa] 仏暦2525年

＊何年かをたずねるのは、数量をたずねる助詞 เท่าไร [thâorai] を用いて、

ปี ที่ เท่าไร [pii thîi thâorai]
ปี พ.ศ. เท่าไร [pii phɔɔ.sɔ̌ɔ. thâorai] と言います。

＊また、名詞 อะไร [arai] を用いて

ปี อะไร [pii arai] 何の年

とたずねると、十二支のえとをたずねることになります。

119 現在・過去・未来の呼び方

1．日付

一昨日	昨日	今日	明日	明後日
เมื่อวานซืนนี้	เมื่อวานนี้	วันนี้	พรุ่งนี้	วันมะรืนนี้
[mʉ̂awaansʉʉnníi]	[mʉ̂awaanníi]	[wanníi]	[phrûŋníi]	[wanmarʉʉnníi]

～日前(今から) ～วันก่อนนี้ [～wankɔ̀ɔnníi]	～日後(今から) อีก～วัน [ʔìik～wan]

～日前	前日	その日	翌日	～日後
～วันก่อนนั้น	วันก่อนนั้น	วันนั้น	วันรุ่งขึ้น	～วันหลังจากนั้น
[～wankɔ̀ɔnnán]	[wankɔ̀ɔnnán]	[wannán]	[wanrʉ̂ŋkhʉ̂n]	[wanlǎŋcàaknán]

2．週・月・年

先週	今週	来週
อาทิตย์ที่แล้ว	อาทิตย์นี้	อาทิตย์หน้า
[aathít thîi lɛ́ɛo]	[aathít níi]	[aathít nâa]
先月	今月	来月
เดือนที่แล้ว	เดือนนี้	เดือนหน้า
[dʉan thîi lɛ́ɛo]	[dʉan níi]	[dʉan nâa]
去年	今年	来年
ปีที่แล้ว	ปีนี้	ปีหน้า
[pii thîi lɛ́ɛo]	[pii níi]	[pii nâa]

3．～日(月・週・年)前／～日(月・週・年)後

2 ปี ก่อน	[sɔ̌ɔŋ pii kɔ̀ɔn]	2年前
10 วัน ก่อน	[sìp wan kɔ̀ɔn]	10日前
อีก 4 อาทิตย์	[ìik sìi aathít]	4週間後(今から)
อีก 5 เดือน	[ìik hâa dʉan]	5ヶ月後(今から)

いずれも年－月－週の読みかえが可能な言い方です。

120 月日の表現をする語句は、それだけで文の前提となり、また修飾の要素として働きます。前置詞と結ぶ必要はありません。

พรุ่งนี้ คุณแดง จะ กลับ บ้าน　明日デーンさんは帰宅します。
[phrûŋ níi khun dɛɛŋ cà klàp bâan]

คุณแดง จะ กลับ บ้าน พรุ่งนี้　デーンさんは明日帰宅します。
[khun dɛɛŋ cà klàp bâan phrûŋ níi]

121 年齢は次のように表現します。

อายุ 数 ปี　[aayú 数 pii]

例） อายุ 31 ปี　[aayú sǎam sìp èt pii]　３１歳

อายุ 100 ปี　[aayú rɔ́ɔi pii]　１００歳

＊ただし、１２歳以下の小児については、ปี [pii] ではなく ขวบ [khuàp] を単位にして算えます。

　　　　　　　อายุ 10 ขวบ [aayú sìp khuàp]　　　１０歳

＊年齢をきくのは、数量をたずねる助詞 เท่าไร [thâorai]を用いて、

　　　　　　　อายุ เท่าไร [aayú thâorai]　　何歳ですか

と表現します。

3 —12　時間の表現

122 タイ語の時刻の言い方はかなり独特です。１日がどのように区分されているのかに注目して覚えましょう。午前、午後ともに１時と７時を起点に数えていきます。

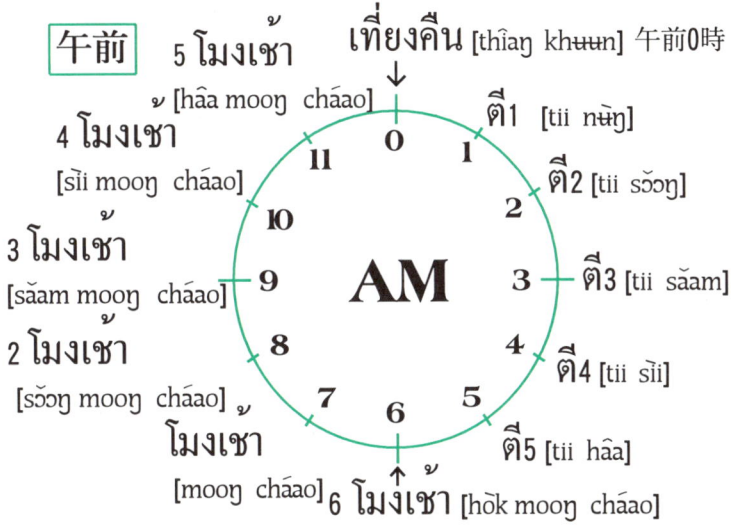

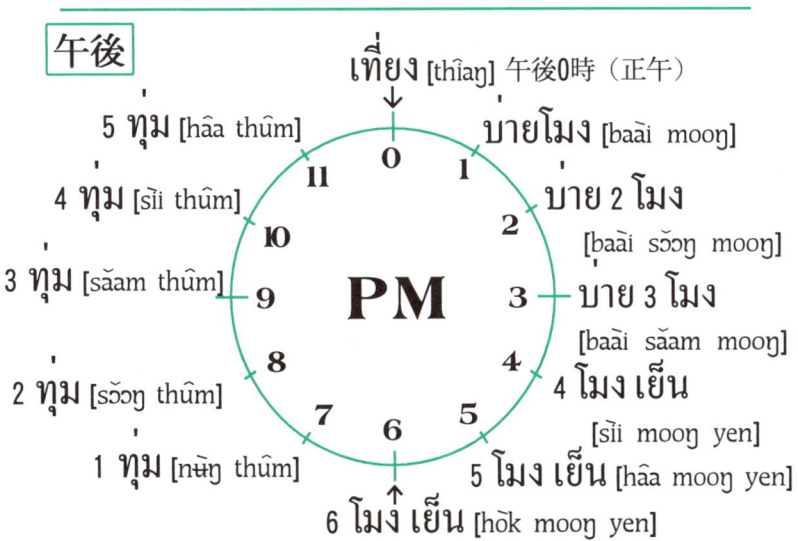

午前

เที่ยงคืน [thîaŋ khɯɯn] 午前0時
ตี1 [tii nɯ̀ŋ]
ตี2 [tii sɔ̌ɔŋ]
ตี3 [tii sǎam]
ตี4 [tii sìi]
ตี5 [tii hâa]
6 โมงเช้า [hòk mooŋ cháao]
โมงเช้า [mooŋ cháao]
2 โมงเช้า [sɔ̌ɔŋ mooŋ cháao]
3 โมงเช้า [sǎam mooŋ cháao]
4 โมงเช้า [sìi mooŋ cháao]
5 โมงเช้า [hâa mooŋ cháao]
AM

午後

เที่ยง [thîaŋ] 午後0時（正午）
บ่ายโมง [bàai mooŋ]
บ่าย 2 โมง [bàai sɔ̌ɔŋ mooŋ]
บ่าย 3 โมง [bàai sǎam mooŋ]
4 โมงเย็น [sìi mooŋ yen]
5 โมงเย็น [hâa mooŋ yen]
6 โมงเย็น [hòk mooŋ yen]
1 ทุ่ม [nɯ̀ŋ thûm]
2 ทุ่ม [sɔ̌ɔŋ thûm]
3 ทุ่ม [sǎam thûm]
4 ทุ่ม [sìi thûm]
5 ทุ่ม [hâa thûm]

1．午前1時～午前5時は、昔、鐘をたたいて（ตี [tii]）知らせていたために、ตี～ [tii～] と表現します。

2．午前6時～午後6時は、昔、銅鑼をたたいて知らせていました。โมง [mooŋ] はその銅鑼の音を意味しています。更にいくつかの区別がされますが、เช้า [cháao] は朝、บ่าย [baài] は午後、เย็น [yen] は夕方という意味です。

＊現代の都市部では午前7時を 7 โมง เช้า [cèt mooŋ cháao]、午前8時を 8 โมง เช้า [phɛ̀ɛt mooŋ cháao]、午前9時を 9 โมง [kâo mooŋ]、午前10時を 10 โมง [sìp mooŋ]、午前11時を 11 โมง [sìp èt mooŋ]と呼ぶ方が一般的になっています。

3．午後7時～午後11時は、昔、太鼓をたたいて知らせていたために、その太鼓の音 ทุ่ม [thûm] を用いて表します。7時を起点に算えます。

＊午後7時は ทุ่ม 1 [thûm nʉ̀ŋ] 又は [thûm nʉ̀ŋ]とも呼びます。

4．午後0時は เที่ยง [thiâŋ]。
午前0時は เที่ยงคืน [thiâŋ khʉʉn]。

＊午前0時を 6 ทุ่ม [hòk thûm]とも呼ぶこともあります。

123 分以下の表現は次のとおりです。

1．－時半　　　－ครึ่ง [khrʉ̂ŋ]

例）・午前5時半　ตี 5 ครึ่ง [tii hâa khrʉ̂ŋ]

・午後２時半　บ่าย 2 โมง ครึ่ง [baài sɔ̌ɔŋ mooŋ khrʉ̂ŋ]

・午後10時半　4 ทุ่ม ครึ่ง [sìi thûm khrʉ̂ŋ]

2．―― 分　―― นาที [naathii]

例）・午前１時10分　ตี 1 10 นาที [tii nʉ̀ŋ sìp naathii]

・午後２時45分　บ่าย 2 โมง 45 นาที
[baài sɔ̌ɔŋ mooŋ sìi sìp hâa naathii]

3．―― 秒　―― วินาที [wínaathii]

例）・午後４時２分10秒　4 โมงเย็น 2 นาที 10 วินาที
[sìi mooŋ yen sɔ̌ɔŋ naathii sìp wínaathii]

124 軍、鉄道などの世界では「時」を24時間制で言うこともあります。単位は นาฬิกา [naalikaa] です。

例）・午後７時50分　19 นาฬิกา 50 นาที
[sìp kâao naalikaa hâa sìp naathii]

125 単位としての「時間」は ชั่วโมง [chûamooŋ]、「分」「秒」はそれぞれ นาที [naathii]、วินาที [wínaathii] です。

例）・３時間20分　3 ชั่วโมง 20 นาที
[sǎam chûamooŋ yîi sìp naathii]

・５時間４分　5 ช.ม. 4 นาที
[hâa chûamooŋ sìi naathii]

＊ช.ม. は ชั่วโมง の省略字です。読む時には [chûamooŋ] と発音します。

126 時刻の表現をする語句は、それだけで他の語を修飾することができます。前置詞と結ぶ必要はありません。

ผม กลับ บ้าน ตี 1　　ぼくは午前1時に帰宅した。
[phǒm klàp bâan tii nʉ̀ŋ]

第4章
タイ語キーワード 40選

1. ナンティダーは歌手です

キーワード

เป็น [pen] ペン

「～である」という意味のコピュラ動詞です。เป็น には他の使い方もありますが、ここではまず、このA เป็น B「AはBである」という用法を学びましょう。

基本文

1．ナンティダーは歌手です。
นันธิดา เป็น นักร้อง
[nanthídaa pen nák rɔ́ɔŋ]
（ナンティダー　ペン　ナックローン）

2．あなたは日本人ですか。
คุณ เป็น คนญี่ปุ่น หรือ
[khun pen khon yîipùn rɯ̌ɯ]
（クン　ペン　コンジープン　ルー）

3．私はタイ人ではありません。
ผม ไม่ ใช่ คนไทย
[phǒm mâi châi khon thai]
（ポム　マイ　チャイ　コンタイ）

単語メモ

นันธิดา [nanthídaa] ········ 「ナンティダー」女性の名前
เป็น [pen] ························ 「～である」という意味のコピュラ動詞。A เป็น B「AはBである」。主語が一般代名詞の時には เป็นは省略されます。
นักร้อง [nák rɔ́ɔŋ] ··········· 「歌手」นัก [nák] は人を表す造語成分。ร้อง[rɔ́ɔŋ] は歌う、叫ぶという意味で、あわせて歌手。
คน [khon] ······················ 「人」～人というのは、คน [khon] の後に国名を続けます。คนญี่ปุ่น 日本人 คนไทย タイ人 คนจีน 中国人など。
ผม, คุณ [phǒm, khun] ····· 人称代名詞「私」「あなた」

ポイント

◇「～ですか」とYes、Noをきく時は、肯定文・否定文ともに文末に<หรือ>または<หรือเปล่า >をつけます。発音は軽く[rɯ́] または [rɯ́ plāo] となることも少なくありません。一般の動詞と異なり<ไหม> [mái] をつける疑問文は不自然な感じがします。

◇「～ではない」と否定する時は、<ใช่>[châi]「然り」に否定の<ไม่>をそえて<ไม่ใช่> [mâi châi] と表現します。

ドリル A

1）次の語に造語成分< นัก> [nák] をつけて、職業名にして発音しましょう。

1．เรียน [rian] 学ぶ（学生）
2．มวย [muai] ボクシング（ボクサー）
3．วิชาการ [wíchaakaan] 学問（学者）
4．เขียน [khǐan] 書く（作家）
5．การเมือง [kaanmɯaŋ] 政治（政治家）
6．ข่าว [khàao] ニュース（ジャーナリスト）

2）下線部を変えて言ってみましょう。

1．<u>ผม</u> เป็น นักศึกษา [<u>phǒm</u> pen nák sɯ̀ksǎa]
→ 彼　→ 私たち

2．คุณ เป็น <u>นักเรียน</u> [khun pen <u>nák rian</u>]
→ ジャーナリスト → 作家

3．นี่ <u>เตียง</u> หรือ [nîi <u>tiaŋ</u> rɯ̌ɯ]
→ 電灯　→ ノート

アドバイス

1)辞書で นัก から始まる語を引いて書き出してみよう。

1)人称代名詞を復習してみよう。

นักศึกษา [nák sɯ̀ksǎa] （大学の）学生

เตียง [tiaŋ] ベット

ไฟ [fai] 電灯

สมุด [samùt] ノート

覚えよう！
ミニ会話

A：คุณ เป็น นักเรียน ใช่ ไหม ครับ
[khun pen nák rian châi mái khráp]
A：あなたは学生ですね？

B：ใช่, ดิฉัน เป็น นักเรียน ค่ะ
[châi, dichán pen nák rian khâ]
B：はい、私は学生です。

A：คุณ เป็น นักมวย หรือ คะ
[khun pen nák muai rɯ̌ɯ khá]
A：あなたはボクサーですか？

B：ไม่ ใช่, ผม เป็น นักการเมือง ครับ
[mâi châi, phǒm pen nák kaanmɯaŋ khráp]
B：いいえ、私は政治家です。

応用編

◇彼も日本人なの？

1．彼も日本人です。 เขา ก็ เป็น คนญี่ปุ่น
[kháo kɔ̂ɔ pen khon yîipùn]

2．これも時計ですか？ นี่ ก็ นาฬิกา หรือ
[nîi kɔ̂ɔ naalikaa rʉ̌ʉ]

ノート 「～もまた・・・」は ก็ [kɔ̂ɔ]又は[kɔ̂]を述部の先頭において表します。主語が一般代名詞「これ」「それ」「あれ」の場合（第２文）เป็น [pen]は省略されます。

◇あの人は日本人ですか、それとも・・・

1．あの人は韓国人ですか、それとも中国人ですか。 คนนั้น เป็น คน เกาหลี หรือ คนจีน
[khon nán pen khon kaolǐi rʉ̌ʉ khon ciin]

2．あれはお茶ですか、それとも薬ですか。 นั่น น้ำชา หรือ ยา
[nân nám chaa rʉ̌ʉ yaa]

ノート 「Aですか、それともBですか」という疑問は、AとBを接続詞 หรือ [rʉ̌ʉ] で結んで表わします。文末には หรือ, หรือ เปล่า [rʉ̌ʉ, rʉ́ plàao] をつけません。

◇あなたは日本人なんでしょう？

1．あなたは日本人なんでしょう？ คุณ เป็น คน ญี่ปุ่น ใช่ ไหม
[khun pen khon yîipùn châi mái]

2．これは野菜なんでしょう？ นี่ ผัก ใช่ ไหม
[nîi phàk châi mái]

ノート 念押しの付加疑問文は、文末に ใช่ ไหม [châi mái] を付加してつくります。

単語メモ

นี่	[nîi]	これ	น้ำชา	[nám chaa]	お茶
นาฬิกา	[naalikaa]	時計	ยา	[yaa]	薬
คนนั้น	[khon nán]	あの人	ผัก	[phàk]	野菜
เกาหลี	[kaolǐi]	韓国			

ドリル B

1）次の文をタイ語に訳して下さい。

1．あの人も日本人の学生です。

2．これは彼の薬ですか。

3．あなたは学者なのですか、それともジャーナリストですか。

2）次の文を念押しの付加疑問文にして下さい。

1．คุณ เป็น นักมวย ไทย

[khun pen nák muai thai]

2．นั่น บ้าน คุณ

[nân bâan khun]

3．เขา ก็ เป็น นักร้อง ญี่ปุ่น

[kháo kɔ̂ɔ pen nák rɔ́ɔŋ yîipùn]

アドバイス

1)「日本人の学生」はタイ語では「日本の学生」となります。

「～の・・・」は名詞を重ねて表します。

2)付加疑問文の答えも普通の疑問文と同様に、Yesなら＜ใช่＞、Noなら＜ไม่ใช่＞となります。

3)บ้าน [bâan] 家

ティータイム　刺　し　身

＜เป็น＞[pen]にはいろいろの用法がありますが、基本的意味のひとつに「生きてそこにいる」ということがあります。それで、＜เป็น＞を２つ重ねて＜เป็น ๆ＞[pen pen]というと「今、現に生きている」という形容詞となり、例えば＜ปลา เป็น ๆ＞[plaa pen pen]ならば、「まだ生きてピンピンしている魚」つまり「おどり」の魚ということになります。それに対して＜ปลา ดิบ＞[plaa dìp]は「生の、まだ焼いたりしていない魚」、つまり「刺し身」です。＜ปลา ดิบ＞はともかく、＜ปลา เป็น ๆ＞を食べられるタイ人は少ないと思います。

頭出し
1-10

2. 主人はドリアンが好きです

キーワード

ชอบ [chɔ̂ɔp] チョープ

「好む」という意味の他動詞です。名詞を目的語にとるほか、動詞（句）を目的語にとって「～するのが好き」とも言えます。また、「よく～する」という表現にも使います。

基本文

1. 主人はドリアンが好きです。
   สามี ชอบ ทุเรียน
   [sǎamii chɔ̂ɔp thúrian]
   （サーミー　チョープ　トゥリアン）

2. あなたはソムタムを食べるのが好きですか。
   คุณ ชอบ ทาน ส้มตำ ไหม
   [khun chɔ̂ɔp thaan sômtam mái]
   （クン　チョープ　ターン　ソムタム　マイ）

3. 私は西洋料理をあまり好きではありません。
   ดิฉัน ไม่ ค่อย ชอบ อาหาร ฝรั่ง
   [dichán mâi khɔ̂i chɔ̂ɔp aahǎan faràŋ]
   （ディチャン　マイコイ　チョープ　アハーン　ファラン）

単語メモ

สามี [sǎamii] ………… 夫、主人
ทุเรียน [thúrian] ………… ドリアン
ส้มตำ [sômtam] ………… パパイヤの千切りで作ったサラダ
ทาน [thaan] ………… 食べる。ทาน [thaan] はていねいな言い方で、กิน [kin] は食べるという意味ですが少しぞんざいな言い方です。
อาหาร ฝรั่ง [aahǎan faràŋ] ………… 西洋料理。ฝรั่ง [faràŋ] は漠然と西洋を意味します。アメリカもオーストラリアもロシアもみな、ฝรั่ง [faràŋ] です。

☞ ポイント

◇<ชอบ>[chɔ̂ɔp]の目的語には、名詞も動詞（句）もきます。
◇<ชอบ>[chɔ̂ɔp]の反意語「きらい」は、<ไม่ ชอบ> [mâi chɔ̂ɔp] です。<เกลียด> [kliàt] はもっと強い憎悪に近い感情を表します。
◇<ไม่ ค่อย> [mâi khɔ̂i] は「あまり～でない」というソフトな否定です。

ドリル A

1) 絵を見て、「私は〜が好きだ」と言って下さい。

A) แมว [mɛɛo]
ネコ

B) ไข่ดาว [khài daao]
目玉焼き

C) ช้าง [cháaŋ]
象

D) กล้วย [klûai]
バナナ

2) 次の文を「あまり好きではありません」という否定文にして下さい。

1. คุณ แม่ ชอบ ดู ละคร
　　　[khun mɛ̂ɛ chɔ̂ɔp duu lakhɔɔn]
2. น้องสาว ชอบ ร้อง เพลง
　　　[nɔ́ɔŋ sǎao chɔ̂ɔp rɔ́ɔŋ phleeŋ]
3. พี่ชาย ชอบ ไป เที่ยว [phîi chaai chɔ̂ɔp pai thîao]

アドバイス

1)「私」は男性と女性と、違った言い方をします。
109参照。

2) คุณแม่ 「母」
น้องสาว 「妹」
พี่ชาย 「兄」

ดู ละคร 「芝居を見る」
ร้อง เพลง 「歌を歌う」
ไป เที่ยว 「遊びに出かける」

覚えよう！ ミニ会話

A : คุณ ชอบ แมวใช่ไหม ครับ
[khun chɔ̂ɔp mɛɛo châi mái khráp]

B : ใช่ ค่ะ, แต่ ไม่ ชอบ เลี้ยง
[châi khâ, tɛ̀ɛ mâi chɔ̂ɔp líaŋ]

A : อ้าว
[âao]

B : ดิฉัน ชอบ ดู แมว ค่ะ
[dichán chɔ̂ɔp duu mɛɛo khâ]

A : あなたはネコがお好きなんでしょう。

B : はい、でも飼うのは嫌いです。

A : おやおや。

B : 私はネコを見るのが好きなんです。

応 用 編

◇Aが好きですか、それともBが好きですか

1．お茶が好きですか、それとも
コーヒーが好きですか。
คุณ ชอบ ชา หรือ กาแฟ
[khun chɔ̂ɔp chaa rʉ̌ʉ kaafɛɛ]

2．あなたの奥さんは、映画を見るのが好きですか、テレビを見るのが好きですか。
ภรรยา คุณ ชอบ ดู หนัง หรือ ดู โทรทัศน์
[phanrayaa khun chɔ̂ɔp duu nǎŋ rʉ̌ʉ duu thoorathát]

3．あなたは本を読むのが好きですか、書くのが好きですか。
คุณ ชอบ อ่าน หนังสือ หรือ เขียน หนังสือ
[khun chɔ̂ɔp aàn nǎŋsʉ̌ʉ rʉ̌ʉ khǐan nǎŋsʉ̌ʉ]

ノート 「Aが好きか、Bが好きか」という選択型の疑問文は、AとBを接続詞 หรือ [rʉ̌ʉ]で結んで表現します。第2文、第3文のようにA、Bが動詞句である場合も同様です。

◇よく～する

1．ウソばっかりついて！　ชอบ โกหก [chɔ̂ɔp koohǒk]

2．口答えばかりする。　ชอบ เถียง [chɔ̂ɔp thiǎŋ]

3．よく転ぶ。　ชอบ หกล้ม [chɔ̂ɔp hǒk lóm]

ノート ชอบ＋動詞（句）には、「よく～する」という意味もあります。この場合は話者から見て、好ましくないことについて言うのが普通です。

単語メモ

กาแฟ [kaafɛɛ] コーヒー　ภรรยา [phanrayaa] 妻（[phanyaa]とも発音します）

โทรทัศน์ [thoorathát] テレビ　อ่าน [aàn] 読む　หนังสือ [nǎŋsʉ̌ʉ] 書物

เขียน [khǐan] 書く　โกหก [koohǒk] ウソをつく　เถียง [thiǎŋ] 口答えする

หนัง [nǎŋ] 映画　หกล้ม [hǒk lóm] ころぶ

ドリル B

1）以下のことをするのが好きかどうかをたずねる文を作って下さい。

1．พูด เล่น　　冗談を言う
[phûut lên]

2．เรียน ภาษาไทย　　タイ語を学ぶ
[rian phasǎa thai]

3．ร้อง เพลง ลูกทุ่ง　　タイ演歌を歌う
[rɔ́ɔŋ phleeŋ lûuk thûŋ]

4．ดู หนัง แขก　　南アジア映画を見る
[duu nǎŋ khɛ̀ɛk]

5．ซื้อ ของ　　買い物をする
[sʉ́ʉ khɔ̌ɔŋ]

2）次の文を日本語に訳して下さい。

1．ผม ชอบ ดนตรี ไทย เช่น ซอ, ปี่, ระนาด ฯลฯ
[phǒm chɔ̂ɔp dontrii thai chên sɔɔ, pìi, ranâat pen tôn]

2．คุณ ชอบ ทาน เหล้าไทย ไหม
[khun chɔ̂ɔp thaan lâo thai mái]

3．สามี ดิฉัน ชอบ คาราโอเกะ มาก
[sǎamii dichán chɔ̂ɔp kaaraaooke mâak]

4．เด็กแดง ชอบ ร้องไห้ กลางคืน
[dèk dɛɛŋ chɔ̂ɔp rɔ́ɔŋhâai klaaŋ khʉʉn]

アドバイス

2)文末におくのはไหมでもหรือเปล่าでも結構です。

3)＜เพลง ลูกทุ่ง＞「タイ演歌」

4)＜แขก＞はビルマから西、トルコまでの人をひっくるめて呼ぶ語です。

1)ดนตรี [dontrii] 音楽

เหล้า [lâo]酒

เช่น [chên]例えば

4)กลางคืน [klaaŋ khʉʉn]夜中。時を表わす語はそれだけで修飾語になります。

เด็กแดง [dèk dɛɛŋ]赤ちゃん

ร้องไห้ [rɔ́ɔŋhâai]泣く

ティータイム

カ ラ オ ケ

最初は日本人相手のバーやクラブにしかなかったカラオケも、今やタイ人のポピュラーな娯楽となっています。もっぱら１室を借り切って、そこで飲食しながら歌うＫＴＶ方式です。個人の家庭ではレーザーカラオケではなく、まだまだビデオが主流ですが、ソフトは安く種類も豊富です。もっとも、ＰＡＬ方式なので日本のテレビでは楽しめませんが。

3. 何が問題ですか

キーワード

อะไร [arai] アライ

「何」「何か」を表す名詞です。主語としても、また動詞の目的語としても用い、他の名詞を後ろから修飾し「何の」という意味で働くなど、使い方は他の名詞と変わりません。

基本文

1．何が問題ですか。
ปัญหา คือ อะไร
[panhǎa khʉʉ arai]
（パンハー　クー　アライ）

2．何を買いますか。
คุณ ซื้อ อะไร
[khun sʉ́ʉ arai]
（クン　スー　アライ）

3．何語を勉強しますか。
คุณ เรียน ภาษา อะไร
[khun rian phasǎa arai]
（クン　リエン　パサー　アライ）

単語メモ

ปัญหา [panhǎa] ……………… 問題
คือ [khʉʉ] ……………………… 繋辞「～である」。A เป็น [pen] Bの場合、BはAのひとつの属性を表すのに対し、A คือ Bの場合、BはAを「すなわち～である」と言いかえることになります。
เรียน [rian] …………………… 「学ぶ」 発音 母音[ia]は末子音[ŋ.n.m]が伴う時[ie]に近くなります。
ภาษา [phasǎa] ……………… 「言語」 発音 第1音節は比較的短く発音します。

☞ ポイント

◇「何」を問うときには、名詞<อะไร> [arai] を用いますが、ふつうの文と語順は変わりません。ふつうの文で名詞のあるところに<อะไร>を置けばその名詞を問う疑問文となり、その<อะไร>を答えの名詞に置き換えれば、問いに対する答えになります。

ドリル A

1）次の問いに、与えられた名詞で答えて下さい。

> **アドバイス**
>
> 1)一般代名詞が主語にたつとき、コピュラ動詞は省略されます。

1　นี่ อะไร [nîi arai]
　A) หนังสือพิมพ์　新聞　　B) ขนม　お菓子
　　　[nǎŋsɯ̌ɯphim]　　　　　[khanǒm]
　C) โรงหนัง　映画館　　D) แผนที่　地図
　　　[rooŋ nǎŋ]　　　　　　[phɛ̌ɛnthîi]

2　คุณ ซื้อ อะไร [khun sɯ́ɯ arai]
　A) ปากกา　ペン　　B) ตั๋วรถไฟ　鉄道の切符
　　　[paàkkaa]　　　　　[tǔa rótfai]
　C) เสื้อผ้า　衣服　　D) ดอกไม้　花
　　　[sɯ̂aphâa]　　　　　[dɔ̀ɔk máai]

3　คุณ ชื่อ อะไร [khun chɯ̂ɯ arai]
　A) แดง　　　　　B) นก
　　　[dɛɛŋ]　　　　　[nók]
　C) ไก่　　　　　D) あなたの名前を入れて
　　　[kài]　　　　　　言ってみましょう

> 3)相手の名前をきく表現です。
> ชื่อ [chɯ̂ɯ] は
> 名詞「名」
> 動詞「～という名である」
> ครับ/คะ をつけて話して下さい。

覚えよう！ ミニ会話

A : คุณ ชื่อ อะไร คะ
　[khun chɯ̂ɯ arai khá]
B : ผม ชื่อ ชรินทร์ ครับ
　[phǒm chɯ̂ɯ charin khráp]
A : คุณ ทำ งาน อะไร คะ
　[khun tham ŋaan arai khá]
B : ผม เป็น นักร้อง ครับ
　[phǒm pen nák rɔ́ɔŋ khráp]

A：お名前は何ですか？

B：私はチャリンといいます。

A：何のお仕事をしていますか？

B：ぼくは歌手です。

応 用 編

◇「何～」名詞との結びつき

1. 何人（なにじん）ですか。 เป็น คน อะไร
   [pen khon arai]
2. 何語を話しますか。 พูด ภาษา อะไร
   [phûut phasǎa arai]
3. あなたは何月に来ますか。 คุณ มา เดือน อะไร
   [khun maa dʉan arai]

ノート อะไร [arai]を他の名詞の後ろにおいて、「何（の）～」を問う表現になります。会社や学校などの具体名をきくこともできます。

◇「～が好きです」との結びつき

1. 何をするのが好きですか。 ชอบ ทำ อะไร
   [chɔ̂ɔp tham arai]
2. 何の番組を見るのが好きですか。 ชอบ ดู รายการ อะไร
   [chɔ̂ɔp duu raaikaan arai]

ノート 動詞 ชอบ [chɔ̂ɔp]がอะไร [arai]を含む動詞句を目的語にとる場合も、語順はまったく変わりません。

◇「何も～がない」の表現

1. 何かあるのですか。 มี อะไร หรือ
   [mii arai rʉ̌ʉ]
2. 何も食べません。 ไม่ ทาน อะไร
   [mâi thaan arai]
3. 何をするのもきらいです。 ไม่ ชอบ ทำ อะไร
   [mâi chɔ̂ɔp tham arai]

ノート อะไร [arai]には「何か」という不定的な意味もあります（第1文）。<ไม่> [mâi]と結ぶと、「何も・・・ない」の表現になります。疑問文ではありません。第1文は存在を表す文です。第5課も参照して下さい。

単語メモ

ทำ [tham] する　　รายการ [raaikaan] 番組

ドリル B

1）次の文を อะไร [arai]を使って、「何の～か？」と問う文にして下さい。

1．ตึก นี้ เป็น สำนักงาน
[tʉ̀k níi pen sǎmnák ŋaan]

2．เขา ชอบ ดู หนัง
[kháo chɔ̂ɔp duu nǎŋ]

3．นั่น โรงงาน
[nân rooŋ ŋaan]

4．เขา เป็น ครู ภาษา
[kháo pen khruu phasǎa]

2）次の文をタイ語に訳して下さい。

1．あなたは何カレーが好きですか。

2．あなたのお父さんは何をしていらっしゃいますか。

3．この薬は何の薬ですか。

アドバイス

1)ตึก [tʉ̀k] 建物
類別詞は省略されています。
สำนักงาน
[sǎmnák ŋaan] 事務所

3)โรงงาน
[rɔɔŋ ŋaan] 工場

4)ครู [khruu] 教師

1)カレー　แกง
[kɛɛŋ]
2)ทำงาน อะไร
[tham ŋaan arai]
で職業をきく表現になります。

ティータイム　便利な อะไร

＜อะไร＞は使い方も簡単で、使う機会も多い便利な語です。相手と話していて、聞き落としたときには、＜อะไร ครับ / คะ＞[arai khráp / khá] と言えば聞き返すことができますし、物を指して＜นี่ อะไร＞[nîi arai] と言えば、「これは何？」という意味になります。

頭出し 1-12

4. 誰が来ますか

キーワード

ใคร [khrai]
クライ

「誰」、「誰か」という意味の名詞で、前課で学んだ อะไร「何、何か」と同様使い方は他の名詞と同じです。主語や、動詞の目的語になったり、前置詞と結んで働いたりします。

基本文

1. 誰が来ますか。　　ใคร มา
   [khrai maa]
   (クライ　マー)

2. 彼は誰ですか。　　เขา เป็น ใคร
   [kháo pen khrai]
   (カオ　ペン　クライ)

3. これは誰のですか。　นี่ ของ ใคร
   [nîi khɔ̌ɔŋ khrai]
   (ニー　コーン　クライ)

単語メモ

มา [maa] ……………… 来る
ของ [khɔ̌ɔŋ] …………… 「〜の」前。《AของB》で「BのA」という意味ですが、Aを省略して《ของB》だけで「Bの」という意味で使うのは日本語と似ています。《ของใคร》で「誰の」「もの」という意味の名詞としても使います。

ポイント

◇<ใคร> [khrai] は <อะไร> [arai] と同じように、一般の名詞と同じ位置に置くことで「誰」を問う疑問文を作ることができます。語順は疑問文でない文と変わりありません。「誰の〜」を問うときには、〜にあたる名詞の後にそのまま続けてもよいのですが、前置詞<ของ> [khɔ̌ɔŋ]と結んで〜に後置すると、更に所有の意味が明瞭になります。

ドリル A

1）複合子音と声調に注意して、次の語を発音してみて下さい。

1．ใคร [khrai]　誰／誰か（名）

2．ใคร่ [khrâi]　欲する（動）

3．ไกล [klai]　遠い（形）

4．ใกล้ [klâi]　近い（形）

2）**เขา เป็น ใคร** [kháo pen khrai]という問いに対し、次のことばで答えて下さい。

1．อาจารย์ [aacaan]　（大学の）先生

2．ล่าม [lâam]　通訳

3．เพื่อน ผม [phʉ̂an phǒm]　私の友人

4．ผู้จัดการ [phûu càtkaan]　支配人

アドバイス

2）公式の場面でよく使われる語です。

3）4）初学の人にとってちょっとイジワルな語ですね。母音記号の違いにも注意して下さい。

4）ผู้ [phûu] は造語成分「人」です。辞書で、ผู้ からはじまる語をさがしてみましょう。

覚えよう！
ミニ会話

A：ใคร ครับ
[khrai khráp]
A：誰ですか。

B：สวัสดี ค่ะ　ดิฉัน เกษรี ค่ะ
[sawàt dii khâ　dichán kèetsarii khâ]
B：こんにちは。私ケッサリーです。

A：อ้อ, ครู เกษรี, เชิญ ครับ
[ɔ̂ɔ, khruu kèetsarii, chəən khráp]
A：ああ、ケッサリー先生、どうぞ。

応　用　編

◇動詞の目的語「誰を」

1．あなたは誰を好きなのですか。　คุณ รัก ใคร
[khun rák khrai]

2．誰に怒っているの。　โมโห ใคร
[moohǒo khrai]

3．誰の言うことを聞きますか。　เชื่อ ฟัง ใคร
[chʉ̂a faŋ khrai]

ノート　อะไร [arai] と同様に ใคร も他動詞の目的語として働きます。

◇ ใคร [khrai] と前置詞の結びつき

1．誰と話しますか。　พูด กับ ใคร
[phûut kàp khrai]

2．誰のために働きますか。　ทำงาน เพื่อ ใคร
[tham ŋaan phʉ̂a khrai]

3．あれは誰の本ですか。　นั่น หนังสือ ของ ใคร
[nân nǎŋsʉ̌ʉ khɔ̌ɔŋ khrai]

ノート　前置詞の用法については 87 参照。不定名詞 อะไร [arai]「何、何か」も同様に前置詞と結びます。

◇「誰か」の ใคร [khrai]

1．誰かを好きなのですか。　รัก ใคร หรือเปล่า
[rák khrai rʉ́ plào]

2．誰かと話しますか。　พูด กับ ใคร ไหม
[phûut kàp khrai mái]

3．誰の言うことも聞きません。　ไม่ เชื่อฟัง ใคร
[mâi chʉ̂a faŋ khrai]

ノート　ใคร を疑問の意味で使う時には、ไหม [mái] や หรือเปล่า [rʉ́ plào] を使った疑問文は作れませんが、「誰か」の意味で使う時には可能です。また、否定の ไม่ [mâi] とともに用いると「誰も・・・ない」という表現になるのは อะไร [arai] と同様です。

単語メモ
เชื่อ ฟัง [chʉ̂a faŋ]　言うことを聞く（เชื่อ [chʉ̂a] は「信じる」ฟัง [faŋ]は「聞く」）
รัก [rák]　愛する

ドリル B

1）次の名詞を用いて、「この・・・は誰のですか」という文を作って下さい。類別詞はカッコ中に指示してあります。

1. โต๊ะ [tó]　机（㊀ตัว [tua]）
2. บ้าน [bâan]　家（㊀หลัง [lǎŋ]）
3. รถยนต์ [rótyon]　車（㊀คัน [khan]）
4. กล้องถ่ายรูป [klɔ̂ŋ thàai rûup]　カメラ（㊀กล้อง [klɔ̂ŋ]）
5. หมอน [mɔ̌ɔn]　枕（㊀ใบ [bai]）

2）次の文をタイ語に訳して下さい。

1. あなたは誰と仕事をしますか。
2. あの女性は誰ですか。
3. 誰が私と結婚しますか。

アドバイス

～เป็น ของใคร
「～は誰のですか」

1)名詞に「この」をつける時の方法は58を参照して下さい。

3)「私と」は、
กับ＋ผม / ดิฉัน
です。
แต่งงาน [tɛ̀ŋŋaan]
結婚する

ティータイム

クライ　クライ　－ใคร ๆ－

＜ใคร＞は「誰、誰か」ですが、2回繰り返して＜ใคร ๆ＞[khrai khrai] というと「誰であろうと、皆」の意味になります。述語の前に＜ก็＞[kɔ̂ɔ]「～もまた」を置いて、＜ใคร ๆ ก็＞＋動詞で「誰もが～する」となるわけです。たとえば＜ใคร ๆ ก็ เรียน ภาษาไทย＞[khrai khrai kɔ̂ɔ rian phasǎa thai]で「誰もがタイ語を勉強する」の意味です。

5. 私は辞書を持っています

キーワード

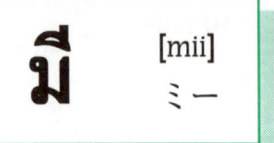

มี [mii] ミー

「～を持っている」という所有を表す他動詞です。また、「～がある」という存在を表す自動詞でもあります。その場合主語である「～」は述語 มี の後ろに置かれることに注意して下さい。

基本文

1．私は辞書を持っています。
ดิฉัน มี พจนานุกรม
[dichán mii phótcanaanúkrom]
（ディチャン　ミー　ポッチャナーヌクロム）

2．この辺には銀行はありません。
แถวนี้ ไม่ มี ธนาคาร
[thɛ̌ɛo níi mâi mii thanaakhaan]
（テーオ　ニー　マイ　ミー　タナーカーン）

3．今晩空き部屋はありますか。
คืนนี้ มี ห้อง ว่าง ไหม
[khʉʉn níi mii hɔ̂ŋ wâaŋ mái]
（クーン　ニー　ミー　ホン　ワーン　マイ）

単語メモ

มี [mii] ……………………… 持っている、ある
พจนานุกรม [phótcanaanúkrom] …… 辞書
ธนาคาร [thanaakhaan] …… 銀行
คืน [khʉʉn] ………………… 晩
ว่าง [wâaŋ] ………………… 空いている
ห้อง [hɔ̂ŋ] ………………… 部屋
แถว นี้ [thɛ̌ɛo níi] ……… この辺に

☞ ポイント

◇<มี>[mii] は存在を表す場合、主語に先立ちます。「Aがある」は《มี A》です。所有を表す「AはBを持っている」は《A มี B》です。

◇存在を表す場合も、所有を表す場合も、<มี>の否定は<ไม่ มี>[mâi mii] です。

◇<คืนนี้>[khʉʉn níi]「今晩」など時を表す表現は、それだけで修飾語として働きます。

ドリル A

1）次の質問に、与えられた語を使って答えましょう。

1. ใคร มี รถบรรทุก [khrai mii rót banthúk]
   - คุณ พ่อ [khun phɔ̂ɔ]　　お父さん

2. คุณ มี อะไร ใน กระเป๋า
   [khun mii arai nai krapǎo]
   - พระ เครื่อง [phrá khrɯ̂aŋ] ミニ仏像のお守り

アドバイス

1) รถบรรทุก [rót banthúk]「トラック」
บรรทุก [banthúk]「〜を運ぶ」
2) ใน [nai]（前）「〜の中に」
กระเป๋า [krapǎo] カバン

2）次のことばを使って、「この辺に〜がありますか」の文を作って下さい。

1. ร้าน อาหาร　食堂
   [ráan aahǎan]
2. มหาวิทยาลัย 大学
   [mahǎawítthayaalai]
3. สวนสัตว์　動物園
   [sǔan sàt]
4. หมอฟัน　歯医者
   [mɔ̌ɔ fan]
5. ที่จอดรถ　駐車場
   [thîi cɔ̀ɔt rót]
6. ร้าน เสริมสวย 美容院
   [ráan sə̌əm sǔai]

4) 存在の มี は人や動物についても使います。日本語で言うと、「〜がいる」となります。

覚えよう！ ミニ会話

A：แถวนี้ มี ร้าน หนังสือ ไหม ครับ
[thɛ̌ɛo níi mii ráan nǎŋsɯ̌ɯ mái khráp]

B：ไม่ มี ค่ะ
[mâi mii khâ]

A：มี หอ สมุด ไหม
[mii hɔ̌ɔ samùt mái]

B：หอ สมุด ก็ ไม่ มี ค่ะ
[hɔ̌ɔ samùt kɔ̂ɔ mâi mii khâ]

A：この辺には本屋がありますか？

B：ありません。

A：図書館がありますか？

B：図書館もありません。

145

応用編

◇〜と〜があります

1. 何（と何）があるの？　　มี อะไร บ้าง
   [mii arai bâaŋ]
2. えびトムヤムと牛肉サラダが　มี ต้มยำกุ้ง กับ ยำเนื้อ
   あります。　　　　　　　　[mii tômyam kûŋ kàp yam nɯ́a]
3. ぶたのラープと焼鶏が　　　มี ลาบหมู กับ ไก่ย่าง
   あります。　　　　　　　　[mii lâap mǔu kàp kài yâaŋ]

ノート บ้าง [bâaŋ] はばくぜんとした量や複数の意味を添えます。レストランなどで、「何があるの？」と聞く時の感じです。

◇前置詞（句）との使用

1. 冷蔵庫の中には、何が　　ใน ตู้เย็น มี อะไร บ้าง
   ありますか。　　　　　　[nai tûuyen mii arai bâaŋ]
2. ビルの後に、家がありますか？　ข้าง หลัง ตึก มี บ้าน ไหม
   　　　　　　　　　　　　[khâaŋ lǎŋ tɯ̀k mii bâan mái]
3. いすの上に、帽子が2つ　　มี หมวก 2 ใบ บน เก้าอี้
   あります。　　　　　　　[mii mùak sɔ̌ɔŋ bai bon kâoîi]

◇「何もありません」「誰もいません」

1. 何もありません。　　　　ไม่ มี อะไร
   [mâi mii arai]
2. 部屋の中には誰もいません。　ไม่ มี ใคร ใน ห้อง
   [mâi mii khrai nai hɔ̂ŋ]
3. 何もありゃしない。　　　อะไร ก็ ไม่ มี
   [arai kɔ̂ɔ mâi mii]

ノート ไม่ [mâi]と อะไร [arai], ใคร [khrai]が結びついて「何も、誰も・・・ない」となります。ก็ [kɔ̂ɔ]「〜も」をつけると強勢となり、อะไร, ใคร が前に出ます（第3文）。

単語メモ　กุ้ง [kûŋ] エビ　ยำ [yam] タイ式サラダ　ลาบ [lâap] 挽肉とスパイスの料理　หมวก [mùak] ぼうし　ไก่ย่าง [kài yâaŋ] 焼き鶏　หมู [mǔu] 豚　เก้าอี้ [kâoîi] いす　เนื้อ [nɯ́a] 牛肉

ドリル B

1）次の文はあなた自身への問いです。タイ語で答えてみて下さい。

1. คุณ มี ชื่อ เล่น ไทย ไหม

[khun mii chŵ̂u lên thai mái]

2. คุณ มี เพื่อน คนไทย ไหม

[khun mii phŵ̂an khon thai mái]

3. คุณ มี แฟน คนไทย ไหม

[khun mii fɛɛn khon thai mái]

2）次の文を日本語に訳して下さい。

1. มี บุหรี่ ใน กระเป๋า กางเกง

[mii burìi nai krapǎo kaaŋkeeŋ]

2. ไม่ มี อะไร ใน ตู้เย็น

[mâi mii arai nai tûuyen]

3. มี คน หรือเปล่า

[mii khon rɨ́ plào]

4. มี สระว่ายน้ำ หรือเปล่า

[mii sàwâainaám rɨ́ plào]

アドバイス

1)Yesならมี, Noならไม่มีです。

ชื่อ เล่น [chŵ̂u lên] 呼び名

2)เพื่อน [phŵ̂an] 友人

3)แฟน [fɛɛn] 恋人

1)บุหรี่ [burìi] たばこ

กางเกง [kaaŋkeeŋ] ズボン

4)สระว่ายน้ำ [sàwâainaám] プール

ティータイム

～はありますか

レストランに行った時、ホテルに泊まる時、買い物をする時「～はありますか」という表現ほど便利なものはないと思います。存在文と所有文「～を持っています」は一見かけはなれた意味のようですが、何か目に見えない大きなものに所有されているのが存在だと考えれば、その２つは案外似ているのかも知れません。タイ語の動詞の原初的な意味の世界は、考えれば考えるほど、深い森を歩くような気がしてきます。

頭出し
1-14

6. メガネは雑誌の下にあります

キーワード

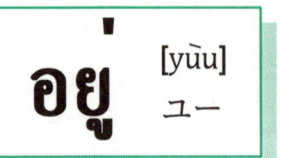

อยู่ [yùu] ユー

「～にある」という所在を表す自動詞で、後ろに場所を表す語や前置詞句が続きます。また、動詞（句）の後ろに置いて「～ている」という継続を表す助詞としても働きます。

基本文

1. メガネは雑誌の下にあります。
แว่นตา อยู่ ใต้ วารสาร
[wɛ̂ntaa yùu tâi waarasǎan]
（ウェンター　ユー　タイ　ワーラサーン）

2. お父さんは家にいますか。
คุณ พ่อ อยู่ บ้าน ไหม
[khun phɔ̂ɔ yùu bâan mái]
（クン　ポー　ユー　バーン　マイ）

3. 私は水浴びをしています。
ผม อาบ น้ำ อยู่
[phǒm àap náam yùu]
（ポム　アープ　ナーム　ユー）

単語メモ

แว่นตา [wɛ̂ntaa] …… メガネ
อยู่ [yùu] …… つづりに注意して下さい。たった4語しかない อ-นำ [ɔɔ-nam] を使う語のひとつです。
ใต้ [tâi] …… ～の下に㊍
วารสาร [waarasǎan] …… 雑誌　　อาบ น้ำ [àap náam] …… 水浴びする

☞ ポイント

◇所有・存在を表す＜มี＞[mii] と所在を表す＜อยู่＞[yùu] の意味や使い方のちがいをしっかりと理解して下さい。

◇＜อยู่＞[yùu] の後の場所を表す語句は、文脈上自明であれば省略できます。例えば、お客さんが家に来て、「こんにちは、恵美さんいますか？」と尋ねるような場合には＜คุณ เอมิ อยู่ ไหม＞[khun eemí yùu mái] となります。

◇疑問文で答えが Yes の時は＜อยู่＞[yùu]、No の時は＜ไม่ อยู่＞[mâi yùu] です。

ドリル A

1）次の単語で อ-นำ [ɔɔ-nam] を使うものはどれですか？

1. อนาคต [anaakhót]
2. อยู่ [yùu]
3. อยาก [yàak]
4. อนิจจัง [anítcaŋ]
5. อภัย [aphai]
6. อย่าง [yàaŋ]
7. องศา [oŋsǎa]
8. อย่า [yàa]

アドバイス

1) อ-นำ [ɔɔ-nam] を用いる語は4語しかありません。

2）次の文を日本語に直して下さい。

1. ผม อยู่ หน้า วัด
   [phǒm yùu nâa wát]
2. คุณยาย อยู่ ที่ แก่งคอย
   [khun yaai yùu thîi kɛ̀ŋkhɔɔi]
3. หมา ชอบ อยู่ ใต้ รถ
   [mǎa chɔ̂ɔp yùu tâi rót]
4. แมว ชอบ อยู่ ใกล้ ไฟ
   [mɛɛo chɔ̂ɔp yùu klâi fai]

1) この場合 อยู่ [yùu] は「住んでいる」の意味にもとれます。
หน้า [nâa]（前）
～の前に
2) ที่ [thîi]（前）
～に
4) ใกล้ [khlâi]（前）
～の近くに

覚えよう！ ミニ会話

A : สวัสดี ครับ คุณแดง อยู่ ไหม ครับ
   [sawàtdii khráp khun dɛɛŋ yùu mǎi khráp]
A : こんにちは。デーンさんいますか？

B : ไม่ อยู่ ค่ะ อยู่ ที่ มหาวิทยาลัย ค่ะ
   [mâi yùu khâ yùu thîi mahǎawítthayaalai khâ]
B : おりません。大学にいます。

A : หรือ ครับ ขอบคุณ ครับ
   [rǔɯ khráp khɔ̀ɔp khun khráp]
A : そうですか。ありがとうございます。

応　用　編

◇～しています

1．彼はタイで働いています。　เขา ทำ งาน อยู่ ที่ เมืองไทย
[kháo tham ŋaan yùu thîi mɯaŋ thai]

2．ネコが、屋根の上に寝ています。　แมว นอน อยู่ บน หลังคา
[mɛɛo nɔɔn yùu bon lǎŋkhaa]

3．何をしているんですか。　ทำ อะไร อยู่ คะ
[tham arai yùu khá]

ノート　อยู่ [yùu] を動詞（句）の後に置いて「～している」の表現になります。

◇～にいるのが好きです

1．女性のそばにいるのが好き。　ชอบ อยู่ ใกล้ ผู้หญิง
[chɔ̂ɔp yùu klâi phûu yǐŋ]

2．タイ人は河辺に住むのが好きです。　คนไทย ชอบ อยู่ ริม แม่น้ำ
[khon thai chɔ̂ɔp yùu rim mɛ̂ɛnaám]

3．親の家にいるのはいやです。　ไม่ ชอบ อยู่ บ้าน พ่อแม่
[mâi chɔ̂ɔp yùu bâan phɔ̂ɔmɛ̂ɛ]

ノート　อยู่ [yùu] には「住む」という意味もあります。第３文には、場所を表す前置詞 ที่ [thîi] が省略されています（次項参照）。

◇家にいます

1．ぼくは博物館にいます。　ผม อยู่ พิพิธภัณฑ์
[phǒm yùu phiphítthaphan]

2．あなたは家にいるんでしょ。　คุณ อยู่ บ้าน ใช่ ไหม
[khun yùu bâan châi mái]

ノート　อยู่ [yùu]に続く前置詞句で、場所を示す ที่ [thîi] は、その後に代名詞が来ないかぎり、口語では省略されることがよくあります。（基本文２参照）อยู่ の後は場所が来るという事が暗黙のうちに了解されているためです。

単語メモ

เดิน ทาง　[dəən thaaŋ]　旅行する　　พิพิธภัณฑ์　[phiphítthaphan]　博物館
ริม　[rim]　～のほとりで

ドリル B

1）次の問いに、与えられた語を使って答えてみて下さい。

1．ใคร ยืน อยู่ ข้าง หน้า คุณ [khrai yʉʉn yùu khâaŋ nâa khun]
- ลูกสาว [lûuk sǎao]

2．คุณ กิน อะไร อยู่ [khun kin arai yùu]
- ขนมจีน [khanǒm ciin]

3．มี ใคร อยู่ ใน ห้อง [mii khrai yùu nai hɔ̂ŋ]
- นักเรียน [nák rian]

2）次の文をタイ語に訳してみましょう。

1．私の兄は警察で働いています。

2．ぼくの店は道路に面しています。

3．あなたの鉛筆はぼくのところにあります。

アドバイス

1) 3)มี ใคร[mii khrai]に継続の助詞 อยู่[yùu]がついた形です。

2) 2)「面する」のは ㊟ ริม [rim]「～のほとり」を使って表現できます。

3)「ぼくのところ」のようなばく然とした場所は ที่ [thîi] で表せます。

鉛筆 ดินสอ [dinsɔ̌ɔ]

ティータイム

暮　ら　す

所有から存在「～がある」の意味になっていった＜มี＞[mii] に対して、＜อยู่＞[yùu]、＜เป็น＞[pen] はどちらも生存から「～にある」「～になる」の意味となったものだと思います。ただし＜เป็น＞[pen] は物理的な生存を意味し、＜อยู่＞[yùu] は社会的な生存、つまり暮らしを意味します。それで、今でも「暮らす」の意味で使いますし、＜ยัง อยู่＞[yaŋ yùu]「まだ生きている」の形で生存そのものも意味しています。＜ความเป็นอยู่＞[khwaam pen yùu] は「暮らし向き」という意味です。

頭出し
1-15

7. 私は歯が痛いです

キーワード

ปวด [pùat] プワット

内側から何か違和感が生じてくるという意味の自動詞です。次に来る名詞はその違和感の生じる場所を表します。直訳すれば「私は歯に痛い」のです。

基本文

1．私は歯が痛いです。
ผม ปวด ฟัน
[phǒm pùat fan]
（ポム　プワット　ファン）

2．私は鼻が痛いです。
ดิฉัน เจ็บ จมูก
[dìchán cèp camùuk]
（ディチャン　チェップ　チャムーク）

3．あたし、おしっこがしたい。
หนู ปวด ฉี่
[nǔu pùat chìi]
（ヌー　プワット　チー）

単語メモ

ปวด [pùat] …………………… 内側から痛み・違和感・便意などが湧いてくる。
เจ็บ [cèp] …………………… 外側から痛くなる。ケガや切り傷、打ち身などに使います。
จมูก [camùuk] …………… 鼻（但し、象の鼻は งวง [ŋuaŋ] です）
ฉี่ [chìi] ……………………… おしっこ／おしっこする。
หนู [nǔu] …………………… あたし（幼児が大人に）

☞ ポイント

◇タイ語の「痛い」「かゆい」などは（自動詞＋その場所・内容）の形で表現します。ここでは内側からの痛み＜ปวด＞[pùat]と外側からの痛み＜เจ็บ＞[cèp]を覚えましょう。

◇＜หนู＞[nǔu]は、子供が大人に対して使う第１人称（あたし）であるとともに、地位や年齢の違う大人同士で、下位の女性が使う第１人称です。名詞として「ネズミ」の意味でも使います。

ドリル A

1）母音に注意して、次の語を発音してみましょう。

1. ปวด [pùat]	痛い	2. ขวด [khùat]	ビン
3. หนวด [nùat]	ひげ	4. ตรวจ [trùat]	チェックする
5. สวด [sùat]	読経する	6. อวด [uàt]	自慢する

2）身体の次の部分が「痛い」と言ってみて下さい。

1. หัว [hǔa]	頭	2. ท้อง [thɔ́ɔŋ]	おなか
3. ขา [khǎa]	脚	4. หลัง [lǎŋ]	背中
5. เอว [eeo]	腰	6. หัวใจ [hǔacai]	心臓
7. หู [hǔu]	耳	8. คอ [khɔɔ]	喉

アドバイス

1)母音 [ua] は充分に [u] を発音してから [a] に移行します。2声になっても末子音の [t] が明瞭であるように注意して下さい。

2)ปวด ท้อง [pùat thɔ́ɔŋ] で「トイレに行きたい」の意味にもなります。

覚えよう！
ミニ会話

A：สวัสดี ครับ　สบายดี หรือ ครับ
[sawàtdii khráp　sabaaidii rʉ̌ʉ khráp]
A：こんにちは。お元気ですか？

B：ไม่ สบาย ค่ะ　ปวด หัว มาก
[mâi sabaai khâ　pùat hǔa mâak]
B：よくありません。頭がとても痛いです。

A：เป็น หวัด ใช่ ไหม ครับ
[pen wàt châi mái khráp]
A：カゼをひいたんでしょ。

B：ใช่ ค่ะ
[châi khâ]
B：そうです。

応用編

◇「痛い」のいろいろ

1．おしりのおできが痛い。　เจ็บ ฝี ที่ ก้น
[cèp fǐi thîi kôn]

2．目がひりひりと痛い。　แสบ ตา
[sɛ̀ɛp taa]

3．生理痛です。　ปวด ประจำเดือน
[pùat pracamdʉan]

ノート ปวด [pùat] の後ろの名詞は、第1文のように身体部位でないものでも結構です。第3文は ปวด ฉี่ [pùat chìi] と同様、ปวด [pùat] の内容を後方に置いて修飾させたものです。

◇程度の助詞をつけると

1．とても痛い。　เจ็บ มาก
[cèp mâak]

2．ちょっと痛い。　ปวด นิดหน่อย
[pùat nít nɔ̀ɔi]

3．たいして痛くない。　เจ็บ ไม่ มาก
[cèp mâi mâak]

ノート 程度の助詞は、程度について動詞・形容詞を後ろから修飾します。形容詞と違って文の述語にはなりませんが、ไม่ [mâi] によって否定されることは同じです。

◇「痛い」以外の感覚は・・・

1．脇腹がくすぐったい。　จั๊กจี้ เอว
[cákkacîi eeo]

2．キズがかゆい。　คัน แผล
[khan phlɛ̌ɛ]

3．足がしびれる。　ขา เป็น เหน็บ
[khǎa pen nèp]

ノート 第3文 เหน็บ กิน ขา [nèp kin khǎa]「しびれが足を食べる」の様にも表現します。

単語メモ
ฝี [fǐi]　おでき　　ประจำเดือน [pracamdʉan]　月経　　มาก [mâak]　とても
นิดหน่อย [nít nɔ̀ɔi]　少々　　แผล [phlɛ̌ɛ]　キズ

ドリル B

1）次のタイ語を日本語に訳して下さい。

1．ฤดู หนาว เขา ชอบ เป็น หวัด
[rʉ́duu nǎao kháo chɔ̂ɔp pen wàt]

2．เขา ไม่ สบาย ตั้งแต่ สาม วัน ก่อน
[kháo mâi sabaai tâŋtὲε sǎam wan kɔ̀ɔn]

3．คุณ ไม่ สบาย ใช่ ไหม, เป็น อะไร
[khun mâi sabaai châi mái, pen arai]

2）次の日本語をタイ語に訳して下さい。

1．ぼくはおなかが少し痛いです。

2．昨日から頭痛がします。

3．今日はめまいがします。

アドバイス

1)ฤดู หนาว [rʉ́duu nǎao] 冬
2)สาม วัน ก่อน [sǎam wan kɔ̀ɔn] 3日前
ตั้งแต่ [tâŋtὲε] (前) ～から
3)このページのティータイムを参照

2)昨日 เมื่อวานนี้ [mʉ̂a waan níi]
3)めまいがする เวียนหัว [wian hǔa]

ティータイム

病気になる

「病気になる」は＜ไม่ สบาย＞[mâi sabaai]「元気でない」、＜ป่วย＞[pùai]「病んでいる」と表現しますが、具体的な病名を示すときには＜เป็น＞[pen]＋病名と言います。例えば＜เป็น หวัด＞[pen wàt]「カゼをひく」、＜เป็น ไข้＞[pen khâi]「発熱する」、＜เป็น มะเร็ง＞[pen mareŋ]「ガンになる」といった具合です。どうして＜เป็น＞[pen] を使うのかは難問題ですが、日本語の「～になる」のとよく似ていますね。病気からなおることは自動詞＜หาย＞[hǎai]「なおる」を使って表現します。

頭出し 1-16

8. どこで働いているの

キーワード

ที่ไหน [thîi nǎi] ティー ナイ

「どこ、どの場所」を表す助詞です。文中の場所を示す語を ที่ไหน [thîi nǎi] に置き換えてみれば、それで場所をたずねる文となります。

基本文

1. お父さんはどこで働いていますか。
   คุณพ่อทำงานที่ไหน
   [khun phɔ̂ɔ tham ŋaan thîi nǎi]
   (クン ポー タム ンガーン ティー ナイ)

2. バス停はどこにありますか。
   ป้ายรถเมล์อยู่ที่ไหน
   [pâai rót mee yùu thîi nǎi]
   (パーイ ロット メー ユー ティー ナイ)

3. ここはどこですか。
   ที่นี่ที่ไหนครับ
   [thîi nîi thîi nǎi khráp]
   (ティー ニー ティー ナイ クラップ)

単語メモ

ที่ไหน [thîi nǎi] ……「どこに、どこで」発音 ที่ [thîi] は軽く [thinǎi] のように発音されます。

ทำงาน [tham ŋaan] …… 働く。ทำ [tham]「～をする」+ งาน [ŋaan]「仕事」で表現します。งาน [ŋaan] には「祭り」「儀式」の意味もあります。

ป้าย [pâai] ………… 停留所。「看板」が元になっています。

รถเมล์ [rót mee] ………… 路線バス。類 คัน [khan]

☞ ポイント

◇ <ที่ไหน> [thîi nǎi] で場所を問う時も、語順はふつうの文と変わりません。場所を示す語のある位置に <ที่ไหน> [thîi nǎi] を置けば、それで場所をたずねる文となり、<ที่ไหน> [thîi nǎi] を場所を示す語に置き換えれば、その問いに対する答えの文となります。

◇ <อยู่> [yùu] や <ไป> [pai] のように、その後に場所を示す語の来ることが明らかな場合、<ที่> [thîi] を省略することも少なくありません。

ドリル A

1）次の語について「どこにありますか・いますか」ときいて下さい。

1．先生　คุณครู [khun khruu]
2．病院　โรงพยาบาล [rɔɔŋ phayaabaan]
3．時計　นาฬิกา [naalikaa]
4．お医者さん　คุณหมอ [khun mɔ̌ɔ]
5．王宮前広場　สนามหลวง [sanǎam lǔaŋ]
6．ワニ　จระเข้ [cɔɔrakhêe]

2）次の動詞を使って「どこで・・・しますか」ときいて下さい。

1．เล่นตะกร้อ タクローする [lên ta?krɔ̂ɔ]
2．แต่งงาน 結婚する [tɛ̀ŋ ŋaan]
3．มีการประชุม 会議がある [mii kaan prachum]
4．ทำบุญ　積徳する [tham bun]
5．บวช　出家する [bùat]
6．คลอดลูก 出産する [khlɔ̂ɔt lûuk]

アドバイス

医師・教師などに職業名で呼びかける時には、คุณ[khun] をつける方が丁寧です。

2)ตะกร้อ [tàkrɔ̂ɔ] は藤製ボールを使った足のバレーボール

ทำบุญ [tham bun] はお寺で寄進したりして善行をつむこと。

会話文ですから、ครับ /คะ [khráp/khâ] を忘れずに！

覚えよう！ミニ会話

A：แถวนี้มีตู้ไปรษณีย์ไหมครับ
[thɛ̌ɛo níi mii tûu praisanii mái khráp]
A：このへんにポストがありますか。

B：มีค่ะ
[mii khâ]
B：あります。

A：อยู่ที่ไหนครับ
[yùu thîi nǎi khráp]
A：どこにありますか。

B：อยู่ในซอยนี้ค่ะ
[yùu nai sɔɔi níi khâ]
B：このソーイ（小路）の中にあります。

応用編

◇継続的な動作についての「どこで・・・?」

1．どこで勉強しているのですか。　เรียน อยู่ ที่ ไหน
[rian yùu thîi năi]

2．どこに住んでいるのですか。　พัก อยู่ ที่ ไหน
[phák yùu thîi năi]

3．どこで働いているのですか。　ทำ งาน อยู่ ที่ ไหน
[tham ŋaan yùu thîi năi]

ノート 「勉強する」「住む」など、ある時限りではなく継続的に行われている動作については動詞（句）の後に助詞 อยู่ [yùu] をつけるほうが安定します。ที่ [thîi] は省略できません。

◇ชอบ＋動詞（句）と「どこで・・・?」

1．どこで本を読むのが好きですか。　ชอบ อ่าน หนังสือ ที่ ไหน
[chɔ̂ɔp aàn năŋsʉ̌ʉ thîi năi]

2．どこでコーヒーを飲むのが好きですか。　ชอบ ทาน กาแฟ ที่ ไหน
[chɔ̂ɔp thaan kaafɛɛ thîi năi]

3．どこを散歩するのが好きですか。　ชอบ เดินเล่น ที่ ไหน
[chɔ̂ɔp dəən lên thîi năi]

◇どこで・・・したらいいだろう

1．どこで食事すればいいのだろう。　ทาน อาหาร ที่ ไหน ดี
[thaan aahăan thîi năi dii]

2．どこで泣いたらいいだろう。　ร้องไห้ ที่ ไหน ดี
[rɔ́ɔŋhâai thîi năi dii]

3．何を買ったらいいだろう。　ซื้อ อะไร ดี
[sʉ́ʉ arai dii]

ノート 「何」「誰」「どこ」などを含んだ述部に形容詞 ดี [dii]「いい」を添えると「～するのがいいか」という考慮を表す口語的表現となります。

単語メモ

เดิน เล่น [dəən lên]　散歩する　　ร้องไห้ [rɔ́ɔŋhâai]　泣く

ドリル B

1）あなたのことを答えてみて下さい。

1. คุณ พัก อยู่ ที่ ไหน
   [khun phák yùu thîi nǎi]

2. คุณ ทำ งาน อยู่ ที่ ไหน
   [khun tham ŋaan yùu thîi nǎi]

3. คุณ เรียน ภาษาไทย อยู่ ที่ ไหน
   [khun rian phasǎa thai yùu thîi nǎi]

2）次の日本語をタイ語になおして下さい。

1. トイレはどこにありますか？

2. あなたの寝室はどこにありますか？

3. どこで泊まったらいいかな？

アドバイス

すべて、継続的な動作です。

1)พัก [phák] は「泊まる」と「住む」と両方の意味があります。

1)トイレ
ห้องน้ำ
[hɔ̂ŋ náam]

2)寝室
ห้องนอน
[hɔ̂ŋ nɔɔn]

ティータイム

お茶に行きませんか

「何」「誰」「どこ」などを含んだ述部に形容詞<ดี>[dii]「いい」を添えて、「～するのがいいか」という疑問に対する考慮を表現することはすでに述べましたが、平叙文の後に、<ดี ไหม>[dii mái]「いいか」を添えて「～するのはどう？」という相手に判断をゆだねた感じの勧誘になります。「お茶を一緒にのみに行く、いいですか？」といった感じです。覚えておくと、きっと重宝に思う時がくると思います。

頭出し
1-17

9. 柔道を教えに来ました

キーワード

ไป [pai] パイ

ไป [pai] は「行く」、มา [maa] は「来る」と言う意味の自動詞で、後には場所を表す名詞がきます。後に動詞（句）が来ると、「～しに行く／来る」という目的の意味になります。

基本文

1．私はバンコクへ行きます。
ผม ไป กรุงเทพฯ
[phǒm pai kruŋthêep]
（ポム　パイ　クルンテープ）

2．私は柔道を教えに来ました。
ดิฉัน มา สอน ยูโด
[dichán maa sɔ̌ɔn yuudoo]
（ディチャン　マー　ソーン　ユードー）

3．あなたはどこへ行きますか。
คุณ ไป ไหน
[khun pai nǎi]
（クン　パイ　ナイー）

単語メモ

ไป [pai] ……… 行く
มา [maa] ……… 来る
กรุงเทพฯ [kruŋthêep] …… バンコクのタイ語名。タイ語ではこの名前を使います。本当はもっと思いっきり長い名前なのですが、省略してクルンテープまでで使うことがほとんどです。
สอน [sɔ̌ɔn] ……… 「教える」名詞だけでなく動詞（句）も目的語にとり「～する事を教える」とも言えます。
ยูโด [yuudoo] ……… 柔道

ポイント

◇通常の動詞（句）が複合すると「（動詞１）して（動詞２）する」の意味になりますが、<ไป> [pai]；<มา> [màa] は次にくる動詞（句）と結んで「～しに行く／来る」という意味になります。（77）

◇<ไป> [pai]；<มา> [maa] の後の名詞にはふつう場所の前置詞 <ที่> [thîi] をつけません。<ที่ไหน> [thîi nǎi]「どこ」も最初の <ที่> [thîi] を省略します。場所を表す語であることが当然了解されているのです。

ドリル A

1）次の場所について、「～に行く」と言ってみましょう。

1．エメラルド寺院
วัด พระแก้ว [wát phrákɛ̂ɛo]

2．動物園
สวน สัตว์ [sǔan sàt]

3．ラオス
ลาว [laao]

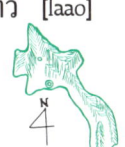

4．アメリカ
อเมริกา [ameerikaa]

2）次の動詞（句）を使って、「～しに来た」と言ってみましょう。

1．ซื้อ เครื่องสำอาง　化粧品を買う
[sʉ́ʉ khrʉ̂aŋ sǎmʔaaŋ]

2．หา เพื่อน　友人を訪問する
[hǎa phʉ̂an]

3．ถ่าย รูป　写真をとる
[thàai rûup]

4．สอน ทำ อาหาร　料理を作るのを教える
[sɔ̌ɔn tham aahǎan]

アドバイス

1)エメラルド寺院はバンコクにある王宮の寺院。観光の目玉です。

มา [maa]＋動詞（句）で「～しに来た」です。
2)ไป / มา หา [pai / maa hǎa]＋人「～を訪問する」
4)สอน [sɔ̌ɔn] は動詞（句）を目的語にとり、「～するのを教える」となります。

覚えよう！ミニ会話

A：ไป ไหน คะ
[pai nǎi khá]
A：どこにいらしゃるのですか？

B：ไป มหาวิทยาลัย ครับ
[pai mahǎawítthayaalai khráp]
B：大学に行きます。

A：ไป สอน หนังสือ ใช่ ไหม คะ
[pai sɔ̌ɔn nǎŋsʉ̌ʉ châi mái khá]
A：勉強を教えに行くのでしょう？

B：ไม่ ใช่ ครับ　ไป อ่าน หนังสือพิมพ์ ครับ
[mâi châi khráp　pai àan nǎŋsʉ̌ʉphim khráp]
B：いいえ、新聞を読みに行きます。

応　用　編

◇～しに・・・へ行く／来る

1．服を買いにサヤームへ行く。　ไป ซื้อ เสื้อผ้า ที่ สยาม
[pai sɯ́ɯ sɯ̂aphâa thîi sayǎam]

2．お金を預けに銀行へ行く。　ไป ฝาก เงิน ที่ ธนาคาร
[pai fàak ŋən thîi thanaakhaan]

3．音楽を聞きにインドに来る。　มา ฟัง ดนตรี ที่ อินเดีย
[maa faŋ dontrii thîi india]

ノート　場所を表す語が ไป [pai]、มา [maa] と離れて置かれた場合には前置詞 ที่ [thîi] が必要となります。

◇～まで行く／～から来る

1．チエンマイまで行きます。　ไป ถึง เชียงใหม่
[pai thɯ̌ŋ chiaŋmài]

2．コンケンから来ます。　มา จาก ขอนแก่น
[maa càak khɔ̌ɔnkɛ̀n]

3．どこから来ましたか。　มา จาก ไหน
[maa càak nǎi]

ノート　「～まで」は終点を示す前置詞 ถึง [thɯ̌ŋ] を用いて表現。จาก [càak]、ถึง [thɯ̌ŋ] の後の ที่ไหน [thîi nǎi] は ที่ [thîi]を省略するのがふつうです（第３文）。

◇「誰」「何」をふくんだ文

1．何をしにバンコクに行くんですか。　ไป ทำ อะไร ที่ กรุงเทพฯ
[pai tham arai thîi kruŋthêep]

2．誰とクイティアオを食べに行きますか。　ไป กิน ก๋วยเตี๋ยว กับ ใคร
[pai kin kuǎitiǎo kàp khrai]

単語メモ

สยาม [sayǎam]　バンコクのショッピング街サヤーム　ก๋วยเตี๋ยว [kuǎitiǎo]　タイのうどん

ขอนแก่น [khɔ̌ɔnkɛ̀n]　コンケン 東北部の街

เชียงใหม่ [chiaŋmài]　チエンマイ 北部の古都

ドリル B

1）次のタイ語を日本語に訳してみましょう。

1．ผม ชอบ ไป เดินเล่น ที่ พัฒน์พงษ์
[phǒm chɔ̂ɔp pai dəən lên thîi phátphoŋ]

2．คุณ ชอบ ไป ซื้อ กับข้าว ที่ ไหน
[khun chɔ̂ɔp pai sʉ́ʉ kàp khâao thîi nǎi]

3．เขา มา ทำ อะไร ที่ กรุงเทพ ฯ
[kháo maa tham arai thîi kruŋthêep]

2）次の日本語をタイ語に訳してみましょう。

1．大学に勉強を教えに行きます。

2．私は外国に旅行するのは好きではない。

3．この車はウボンへ行きますか？

アドバイス

1)พัฒน์พงษ์ [phátphoŋ]
バンコクの歓楽街「パッポン」
2)กับข้าว
[kàp khâao] おかず

1)勉強を教える
สอน หนังสือ
[sɔ̌ɔn nǎŋsʉ̌ʉ]
2)外国
ต่าง ประเทศ
[tàaŋ prathêet]
旅行する ไป เที่ยว～
[pai thiâo]
3)この車 รถ คัน นี้
[rót khan níi]
(類)คัน [khan]
ウボン อุบลฯ
[ubon]

ティータイム

にぎやかな旅

「あそびに行く」は＜ไป เที่ยว＞[pai thiâo]といいます。＜เดิน ทาง＞[dəən thaaŋ]は主にある場所から別なある場所への移動を表しますから、いろいろと旅をして楽しむのは＜ไป เที่ยว＞[pai thiâo]の方が適当でしょう。ふつうのタイ人には１人旅を楽しむという習慣はなく、多人数でにぎやかに、太鼓などで盛り上がりながら遊びに行くのがお好みです。タイ新年の里帰りと、お寺への参拝ツアーがタイ人の旅の基本です。

頭出し
1-18

10. もっとタイ語を勉強しますか

キーワード

จะ [cà] チャ

ある動作が行われんとして、まだ行われていない状態「未然」を表す助動詞で動詞（句）・形容詞を前から修飾します。否定の ไม่ [mâi] は จะ [cà] につづく動詞（句）・形容詞の前につきます。

基本文

1．サメット島に遊びに行きます。
จะ ไป เที่ยว เกาะ เสม็ด
[cà pai thiâo kɔ̀ samèt]
（チャ パイ ティアオ コ サメット）

2．タイ語をもっと勉強しますか。
จะ เรียน ภาษาไทย อีก ไหม
[cà rian phasǎa thai ìik mái]
（チャ リエン パサータイ イーク マイ）

3．彼はもう遊びに来ません。
เขา จะ ไม่ มา เที่ยว อีก
[kháo cà mâi maa thiâo ìik]
（カオ チャ マイ マー ティアオ イーク）

単語メモ

จะ [cà] ………… 未然の助動詞。助動詞については 79 参照。このように動作が行われる場面の状態を表す助動詞を「相の助動詞」と呼びます。否定の ไม่ [mâi] はそれに続く動詞（句）・形容詞の前につきます。
(発音)特に強調しない文中にあっては軽く発音し、声調は生じません。

อีก [ìik] ………… 「さらに、もっと」。どのくらいもっとなのかは後に語を置いて示します。「あと６ヶ月」なら《อีก 6 เดือน》[ìik hòk dɯan] という具合。

ポイント

◇未然の助動詞 <จะ> [cà] は日本語にすると訳文の表面には出てきませんが、タイ語ではとてもひんぱんに用いられます。<จะ> [cà] そのものに未来や意志の意味はありませんが、<จะ> [cà] にはそれをまだ行っていないという意味があるので、文意の中の未来や意志の意味が強調されて感じられます。<จะ> [cà] があってもなくても、未来を表す文は未来を、意思を表す文は意思を表します。

ドリル A

1）次の文に **จะ** [cà] を加えて、訳してみて下さい。

1．ผม เป็น ข้าราชการ
[phǒm pen khâaràatchakaan]

2．เรื่อง นี้ มี ความสำคัญ
[rʉ̂aŋ níi mii khwaam sǎmkhan]

3．เขา อยู่ เมืองจีน
[kháo yùu mʉaŋ ciin]

2）次の文に **ไม่** [mâi] を加えて否定文にして下さい。

1．ผม จะ กิน บะหมี่
[phǒm cà kin bamìi]

2．ดิฉัน จะ พูด กับ เขา
[dichán cà phûut kàp kháo]

3．ผม จะ ใส่ กระโปรง
[phǒm cà sài kraprooŋ]

アドバイス

1）เป็น [pen] は動詞「〜になる」
2）เรื่อง นี้ [rʉ̂aŋ níi] この話
ความสำคัญ [khwaam sǎmkhan] 重要性
มี [mii]「持つ」

- 否定文にしたあと文末に อีก [ìik] をつけると「もう〜しない」という意味が明瞭となります。

3）ใส่ [sài] 身につける
กระโปรง [kraprooŋ] スカート

覚えよう！ ミニ会話

A：โต ขึ้น　หนู จะ เป็น อะไร
[too khʉ̂n　nǔu cà pen arai]
A：大きくなったら、君たち何になるの？

B：ผม จะ เป็น นักบิน ครับ
[phǒm cà pen nák bin khráp]
B：ぼくはパイロットになります。

C：หนู จะ เป็น นางสาวไทย ค่ะ
[nǔu cà pen naaŋsǎao thai khâ]
C：あたしはミス・タイランドになります。

応用編

◇天候に関しては

1．午後には雨が降るでしょう。
ฝน จะ ตก ตอน บ่าย
[fǒn cà tòk tɔɔn bàai]

2．一日中風が強いだろう。
ลม จะ แรง ตลอด วัน
[lom cà rɛɛŋ talɔ̀ɔt wan]

3．明日は海が澄むだろう。
พรุ่ง นี้ น้ำ ทะเล จะ ใส
[phrʉ̂ŋ níi nám thalee cà sǎi]

◇「誰」「何」「どこ」を含んだ表現。

1．誰がそんなことを言うか（誰も言わない）。
ใคร จะ พูด เรื่อง อย่าง นี้
[khrai cà phûut rʉ̂aŋ yàaŋ níi]

2．動物園に何を見に行こうか。
จะ ไป ดู อะไร ที่ สวนสัตว์
[cà pai duu arai thîi sǔan sàt]

3．どこに行けばいいだろう。
จะ ไป ไหน ดี
[cà pai nǎi dii]

ノート 第1文のように、ใคร จะ ～ [khrai cà ～] で反語的表現をつくることができます。

◇何でそこへ行きますか？

1．何に乗ってへ行きますか。
จะ นั่ง อะไร ไป
[cà nâŋ arai pai]

2．船に乗ってヨーロッパに旅行をしに行きます。
จะ นั่ง เรือ ไป เที่ยว ยุโรป
[cà nâŋ rʉa pai thîao yúròop]

ノート 交通手段を表す表現です。この場合の นั่ง [nâŋ] は「乗る」という意味になります。

単語メモ

ตอน บ่าย [tɔɔn bàai] 午後　ฝน [fǒn] 雨　ตก [tòk] 落ちる、降る
แรง [rɛɛŋ] 強い　ตลอด [talɔ̀ɔt] ～中ずっと　ลม [lom] 風
พรุ่ง นี้ [phrʉ̂ŋ níi] 明日　ทะเล [thalee] 海　ใส [sǎi] 澄んでいる
อย่าง นี้ [yàaŋ níi] そんな　ยุโรป [yuròop] ヨーロッパ（声調に注意）

ドリル B

1）次のタイ語を日本語になおしましょう。

1．จะ ไป เที่ยว ทะเล ด้วย กัน ไหม

[cà pai thîao thalee dûai kan mái]

2．ผม จะ โทร อีก

[phǒm cà thoo ìik]

3．เรา จะ ซื้อ ของ ฝาก ที่ไหน ดี

[rao cà sɯ́ɯ khɔ̌ɔŋ fàak thîi nǎi dii]

2）次の日本語をタイ語になおしましょう。

1．誰と一緒にクイティアオを食べるのがいいだろう。

2．この先、どこで働きますか。

3．何に乗ってチエンマイに行きますか。

アドバイス

1)ด้วย กัน [dûai kan] 一緒に

2)โทร [thoo] 電話をかける

อีก [ìik] また

3)ของ ฝาก [khɔ̌ɔŋ fàak] おみやげ

1)誰と一緒に

กับ ใคร [kàp khrai]

2)この先

ต่อ ไป [tɔ̀ɔ pai]

3)乗る

นั่ง [nâŋ]

ティータイム

たいしたことないよ

子供に「（大人になったら）何になるの？」と聞くのは<จะ เป็น อะไร>[cà pen arai]です。この文の動詞<เป็น>[pen]は「～である」という繋辞ではなく、「～になる」という意味の自動詞です。否定は<ไม่ ใช่>[mâi châi]ではなく、<ไม่ เป็น>[mâi pen]となり、<ไม่ เป็น อะไร>[mâi pen arai]で、「何にもならない」という意味です。タイ人のよく使うことば<ไม่ เป็น ไร>[mâi pen rai]はこれを省略したもので、「このことは問題になることはない、この先何にもならんだろう、たいしたことないよ」という意味なのです。

会話 1

動物園にて　（父と子の会話）

A. นี่ สวน สัตว์ ดุสิต นะ, ลูก [nîi sǔan sàt dusìt ná, lûuk]

B. คุณ พ่อ, สิงโต อยู่ ไหน [khun phɔ̂ɔ, sǐŋtoo yùu nǎi]

A. สิงโต อยู่ ทาง นี้ [sǐŋtoo yùu thaaŋ níi]

B. เอ๊ , นั่น ตัว อะไร คะ, คุณ พ่อ [ée, nân tua arai khá, khun phɔ̂ɔ]

A. ตัว ไหน [tua nǎi]

B. ตัว ลาย ๆ สี ดำ กับ สี ขาว [tua laai laai sǐi dam kàp sǐi khǎao]

A. อ๋อ ... นั่น ม้าลาย, มา จาก อัฟริกา นะ, ลูก

[ɔ̌ɔ ... nân máalaai, maa càak áfrikaa ná, lûuk]

B. ตัว นั้น ละ คะ, อะไร [tua nán la khá, arai]

A. นั่น เสือ [nân sɨ̌a]

B. มัน ทำ อะไร กัน, ตัว ใหญ่ ขี่ ตัว เล็ก

[man tham arai kan, tua yài khìi tua lék]

A. เด็ก ๆ ไม่ ต้อง สนใจ หรอก, ไป ดู สิงโต กัน เถอะ

[dèk dèk mâi tɔ̂ŋ sǒncai rɔ̀ɔk, pai duu sǐŋtoo kan thə̀]

B. ไม่ เอา, หนู จะ ไป ดู ช้าง ก่อน

[mâi ao, nǔu cà pai duu cháaŋ kɔ̀ɔn]

（訳文）
A. これがドゥシット動物園だよ。
B. お父さん、ライオンはどこ？
A. ライオンはこっちだよ。
B. あれ、あれは何、お父さん
A. どれ。
B. 黒と白のしましまの。
A. ああ、あれはシマウマだよ。アフリカから来たのさ。
B. あれは？　何？
A. あれはトラだよ。
B. 何をしあっているの？　大きいのが小さいのにまたがってる。
A. 子供が興味を持たないでいいよ。ライオンを見に行こう。
B. いやよ。わたしゾウを先に見るの。

＊（「子供よ」と言う呼びかけは、タイ語では自然なのですが日本語では省略しました。）

> 単語メモ

สวนสัตว์ [sǔan sàt]：動物園

สิงโต [sǐŋtoo]：ライオン

เอ๊ [ée]：えっ（興味をひかれた時の声）

ตัว [tua]：動物をさす類別詞→ ตัวไหนどの（動物）ตัวลายๆしまの（動物）

ละ [la]：強調を表す語気助詞

อัฟริกา [áfrikaa]：アフリカ　末子音 [f] を発音できる人も増えています。

กัน [kan]：動作が相方向から行われていることを示す助詞「〜しあう」

ขี่ [khìi]：のっかる、またがる

หรอก [ròok]：否定を強調する語気助詞

หนู [nǔu]：子供の第一人称、ぼく、わたし

11. 彼はまだ悶々としています

キーワード

ยัง [yaŋ] ヤン

ある状態が依然として継続していることを示す相の助動詞です。動詞（句）、形容詞、程度を表す助詞の前につき、否定語 ไม่ [mâi] は ยัง [yaŋ] につづく語の前に置きます。

基本文

1. 彼はまだ悶々としています。
   เขา ยัง กลุ้มใจ อยู่
   [kháo yaŋ klûmcai yùu]
   （カオ　ヤン　クルムチャイ　ユー）

2. まだ充分ではありません。
   ยัง ไม่ พอ
   [yaŋ mâi phɔɔ]
   （ヤン　マイ　ポー）

3. もう御飯を食べましたか。
   ทาน ข้าว หรือ ยัง
   [thaan khâao rɯ́ɯ yaŋ]
   （ターン　カーオ　ル　ヤン）

単語メモ

ยัง [yaŋ] ……………… 「まだ～」ยัง [yaŋ] の後に続く状態が、依然として継続していることを表します。ยัง [yaŋ] 以下が否定でない場合は、継続状態を表す อยู่ [yùu]（P151）を文末に置くと文が安定します。

กลุ้มใจ [klûmcai] ………… 「悶々とする」

พอ [phɔɔ] ……………… 「充分である」

หรือ ยัง [rɯ́ɯ yaŋ] ………… 「もう～ですか？」直訳すると「あるいは、まだか？」
（発音）[rɯ́ɯ yaŋ] 第１音節は軽く発音します。

ポイント

◇ <ยัง>[yaŋ] は後に続く状態が肯定であれ否定であれ、それが依然として継続していることを示します。

◇ <หรือ ยัง> [rɯ́ɯ yaŋ] は文の終わりについて「あるいは、まだか？（もう～したか）」と問う表現です。<ไหม> [mái] はいりません。

ドリル A

1）次の文に ยัง [yaŋ] をつけて、「まだ～しない」の意味にして下さい。

1．เขา ไม่ พอใจ
[kháo mâi phɔɔcai]

2．มือ ไม่ สะอาด
[mʉʉ mâi saʔaàt]

3．เพื่อน ผม ไม่ รวย
[phʉ̂an phǒm mâi ruai]

2）次の文に ยัง [yaŋ] をつけて、「まだ～」の意味にして訳して下さい。

1．พี่ สาว เขา ขี้เหนียว
[phîi sǎao kháo khîi nǐao]

2．ห้อง นี้ สกปรก
[hɔ̂ŋ níi sòkkapròk]

3．รถ คัน นี้ ใหม่
[rót khan níi mài]

アドバイス

1）พอใจ [phɔɔcai]
満足する

2）สะอาด [saʔaàt]
清潔である

3）รวย [ruai]
富んでいる

ยัง - - - อยู่ [yaŋ - - - yùu] の形で継続的な状態を表します。

1）ขี้เหนียว
[khîi nǐao] ケチ
2）สกปรก
[sòkkapròk]
きたない
3）คัน [khan]
傘、車、棒などの類別詞

覚えよう！
ミニ会話

A：เมีย ผม ยัง น่ารัก อยู่
[mia phǒm yaŋ nâarák yùu]
A：ぼくの女房はまだかわいいよ。

B：คุณ ยาย ดิฉัน ก็ ยัง สาว อยู่
[khun yaai dichán kɔ̂ɔ yaŋ sǎao yùu]
B：私のおばあちゃんもまだ若いわよ。

A：อาบน้ำ หรือ ยัง ครับ
[aàp naám rʉ́ʉ yaŋ khráp]
A：もう水浴びしましたか。

B：ยัง ค่ะ
[yaŋ khâ]
B：まだです。

応　用　編

◇まだ～していないのですか

1．まだ旅行に出発していないの？　ยัง ไม่ ออก เดินทาง หรือ
[yaŋ mâi ɔ̀ɔk dəən thaaŋ rʉ̌ʉ]

2．まだ書き方を練習してないの？　ยัง ไม่ หัด เขียน หรือ
[yaŋ mâi hàt khǐan rʉ̌ʉ]

3．まだタバコをやめていないのか？　ยัง ไม่ เลิก สูบ บุหรี่ หรือ
[yaŋ mâi lə̂ək sùup burìi rʉ̌ʉ]

ノート　หัด [hàt]，เลิก [lə̂ək] は動詞（句）を目的語にとります。หรือ [rʉ̌ʉ] は軽い疑問を示します。否定文につけても使えます。非難や疑いの調子を表すときは、重く発音します。

◇動詞＋ยัง＋形容詞

1．彼はタイ語をまだ明瞭に話します。　เขา พูด ภาษาไทย ยัง ชัด อยู่
[kháo phûut phasǎa thai yaŋ chát yùu]

2．本をまだりゅうちょうには読めない。　อ่าน หนังสือ ยัง ไม่ คล่อง
[àan nǎŋsʉ̌ʉ yaŋ mâi khlɔ̂ŋ]

3．まだはっきりと決心していない。　ตัดสินใจ ยัง ไม่ แน่นอน
[tàtsǐncai yaŋ mâi nɛ̂ɛ nɔɔn]

ノート　動詞を後ろから修飾している形容詞に対しても、ยัง [yaŋ], ไม่ [mâi] を添えて、継続・否定を表すことができます。

◇もう～しましたか？

1．もう部屋をそうじしましたか。　ทำ ความ สะอาด ห้อง หรือ ยัง
[tham khwaam saʔàat hɔ̂ŋ rʉ́ yaŋ]

2．もう車を洗いましたか。　ล้าง รถ หรือ ยัง
[láaŋ rót rʉ́ yaŋ]

3．もう恋人がいますか。　มี แฟน หรือ ยัง
[mii fɛɛn rʉ́ yaŋ]

単語メモ

หัด [hàt] 練習する　คล่อง [khlɔ̂ŋ] りゅうちょうに　สูบ [sùup] 吸う
แน่นอน [nɛ̂ɛ nɔɔn] 確かに　ตัดสินใจ [tàtsǐncai] 決心する　ชัด [chát] はっきり
ทำ ความ สะอาด [tham khwaam saʔàat] そうじする　เลิก [lə̂ək] やめる

ドリル B

1）次のタイ語を日本語に訳してみましょう。

1．ทานอาหารยังไม่พอ
[thaan aahǎan yaŋ mâi phɔɔ]

2．ยังไม่อิ่ม
[yaŋ mâi ìm]

3．พอใจหรือยัง
[phɔɔcai rʉ́ yaŋ]

2）次の日本語をタイ語に訳してみましょう。

1．映画はまだ始まりません。

2．子供はまだ泣いています。

3．車の運転がまだ上手ではありません。

アドバイス

2)อิ่ม [ìm]
満腹である

1)始まる
เริ่ม [rə̂əm]
2)泣いているは継続的動作ですから อยู่ [yùu] を用います。
3)運転する
ขับ [khàp]
上手である
เก่ง [kèŋ]

ティータイム

単語を増やそう！（1）「色の名」

まず基本は＜ดำ＞[dam]「黒」と＜ขาว＞[khǎao]「白」。次に三原色は＜แดง＞[dɛɛŋ]「赤」、＜เหลือง＞[lʉ̌aŋ]「黄」、＜น้ำเงิน＞[námŋən]「青」。「青」と＜เขียว＞[khǐao]「緑」の概念はあいまいなこともあります。これらは色の名の前に＜สี＞[sǐi]「色」をつけて呼んでも意味は同じです。＜สีชมพู＞[sǐi chomphuu]「ピンク」、＜สีน้ำตาล＞[sǐi námtaan]「茶色」、＜สีม่วง＞[sǐi mûaŋ]「紫」、＜สีส้ม＞[sǐi sôm]「オレンジ色」、＜สีฟ้า＞[sǐi fáa]「水色」、＜สีทอง＞[sǐi thɔɔŋ]「金色」、＜สีเงิน＞[sǐi ŋən]「銀色」なども覚えておくと便利です。これらは、＜สี＞[sǐi]をつけないと色の名にはなりません。

頭出し
1-21

12. 大学に入ったばかりです

キーワード

พึ่ง [phʉ̂ŋ] プン

動作がおこってから間もないことを表す相の助動詞です。ここでは同じく相の助動詞である **เกือบ** [kʉ̀ap]「あやうく～するところ」と **กำลัง** [kamlaŋ]「～している最中」をあわせて学びます。

基本文

1. 彼は大学に入ったばかりです。
 เขา พึ่ง เข้า มหาวิทยาลัย
 [khǎo phʉ̂ŋ khâo mahǎawítthayaalai]
 （カオ　プン　カオ　マハーウィッタヤーライ）

2. あやうく試験に落ちるところでした。
 เกือบ สอบ ตก
 [kʉ̀ap sɔ̀ɔp tòk]
 （クアップ　ソープ　トック）

3. 彼は車の運転を習っているところです。
 เขา กำลัง เรียน ขับ รถ
 [khǎo kamlaŋ rian khàp rót]
 （カオ　カムラン　リエン　カップ　ロット）

単語メモ

พึ่ง [phʉ̂ŋ] ……………………「～したばかり」(助動)　เพิ่ง [phə̂ŋ] と書くこともあります。
เข้า [khâo] ……………………「入る」(自動)
เกือบ [kʉ̀ap] …………………「あやうく～ところ」(助動)　数詞を前から修飾することもあります。
สอบ ตก [sɔ̀ɔp tòk] ………「試験に落ちる」
กำลัง [kamlaŋ] ………………「～しているところ」(助動)　継続的状態を表す อยู่ [yùu] との併用も少なくありません。

☞ ポイント

◇動詞にさまざまな相の助動詞がつくことで、その時の状態がゆたかに表現されます。

◇他動詞<เรียน> [rian]「学ぶ」などは動詞（句）を目的語としてとることができます。

ドリル A

1）発音に気をつけて、次の語を読んでみましょう。

1. พึ่ง [phɯ̂ŋ]　　บึ้ง [bɯ̂ŋ]　　พุ่ง [phûŋ]

2. เกือบ [kɯ̀ap]　　เปลือก [plɯ̀ak]　　เกิด [kə̀ət]

2）次のカッコ内に適当な語を入れて、日本文と同じ意味にしましょう。

1. ぼくはもう少しで泣くところだった。
   ผม (　　) ร้องไห้　[phǒm (　) rɔ́ɔŋhâi]

2. お母さんはアイロンをかけているところだ。
   คุณแม่ (　　) รีด ผ้า อยู่　[khun mɛ̂ɛ (　) rîit phâa yùu]

3. ウさんは警官将校と結婚したばかりだ。
   คุณอุ๊ (　　) แต่งงาน กับ นาย ตำรวจ
   [khun ú (　　) tɛ̀ŋŋaan kàp naai tamrùat]

アドバイス

2) รีด [rîit] のす

3) แต่งงาน [tɛ̀ŋŋaan] は自動詞

「〜と」と言うときは前置詞กับ [kàp] を用います。

覚えよう！
ミニ会話

A：ขอโทษ ครับ　รอ นาน ไหม ครับ
[khɔ̌ɔ thôot khráp rɔɔ naan mái khráp]
A：すみません、長く待ちましたか？

B：ไม่ นาน ค่ะ　ดิฉัน ก็ พึ่ง มา เหมือนกัน
[mâi naan khâ dichán kɔ̂ phɯ̂ŋ maa mɯ̌an kan]
B：長くありません。私も同じように来たばかりです。

A：รถไฟ กำลัง มา ครับ
[rótfai kamlaŋ maa khráp]
A：汽車が来ましたよ。

B：เรา เกือบ ไม่ ทัน นะ คะ
[rao kɯ̀ap mâi than ná khá]
B：私たちはあやうく間に合わないところでしたね。

応　用　編

◇〜しに来たばかり／行ったばかり／なったばかり

1．タイに勉強しに来たばかりです。
พึ่ง มา เรียน ที่ เมืองไทย
[phʉ̂ŋ maa rian thîi mʉaŋ thai]

2．友達を送りに空港へ行ったばかりです。
พึ่ง ไป ส่ง เพื่อน ที่ สนามบิน
[phʉ̂ŋ pai sòŋ phʉ̂an thîi sanǎambin]

3．彼は医者になったばかりです。
เขา พึ่ง เป็น หมอ
[kháo phʉ̂ŋ pen mɔ̌ɔ]

◇ほとんど＋数の表現

1．ほとんど１００バートも支払った。
จ่าย เกือบ 100 บาท
[càai kʉ̀ap rɔ́ɔi bàat]

2．昨日、ほとんど 1000バート手に入った。
เมื่อวานนี้ ได้ เกือบ 1000 บาท
[mʉ̂a waan níi dâi kʉ̀ap phan bàat]

3．ほとんど毎日学校へ行きます。
ไป โรงเรียน เกือบ ทุก วัน
[pai rooŋrian kʉ̀ap thúk wan]

ノート　เกือบ [kʉ̀ap] には、数詞の前に置いて「ほとんど〜に達するほど」という意味になる用法もあります。

◇พึ่ง[phʉ̂ŋ],กำลัง[kamlaŋ]の他の意は？

1．彼はすぐ人に頼る。
เขา ชอบ พึ่ง คน อื่น
[kháo chɔ̂ɔp phʉ̂ŋ khon ʉ̀ʉn]

2．ぼくの妻はとても力があります。
ภรรยา ผม มี กำลัง มาก
[phanrayaa phǒm mii kamlaŋ mâak]

ノート　พึ่ง [phʉ̂ŋ] 動詞「〜を頼る」、กำลัง [kamlaŋ] 名詞「力」

単語メモ

ส่ง [sòŋ] 送る　สนามบิน [sanǎambin] 空港　จ่าย [càai] 支払う
ได้ [dâi] 得る　ทุก [thúk] 毎〜（数）

ドリル B

1）次のタイ文を日本語に訳してみましょう。

1．พึ่ง เป็น เพื่อน กัน
[phʉ̂ŋ pen phʉ̂an kan]

2．คุณ ลุง กำลัง ไม่ สบาย
[khun luŋ kamlaŋ mâi sabaai]

3．ไม่ สบาย แต่ เกือบ หาย แล้ว
[mâi sabaai tὲε kʉ̀ap hǎai lɛ́εo]

2）次の日本語をタイ語に訳してみましょう。

1．ついさっき来たばかりです。

2．今、本を読んでいるところです。

3．会う約束を忘れるところだった！

4．タオルを洗っているところです。

アドバイス

1)กัน [kan]
「相互に」
2)ไม่ สบาย
[mâi sabaai]
「病気である」
3)หาย [hǎai]「なくなる」「（病気が）なおる」
แล้ว [lɛ́εo] 完了を示します。（P236）

1)ついさっき
เมื่อกี้นี้ [mʉ̂akîiníi]
2)今 เดี๋ยวนี้ [diǎo níi]
3)忘れる ลืม [lʉʉm]
会う約束
นัด พบ [nát phóp]
洗う ซัก [sák]
タオル ผ้าเช็ดตัว
[phâa chét tua]

ティータイム

冷たい水の接待

この欄の名前についてちょっと気になっていたのですが、タイ人は一般にお茶を飲みません。もちろん華僑にはお茶なしでは暮らせない人も多いのですが、タイ人はどうも好きになれないようです。では何を飲むのかというと「水」で、お客様をおもてなしする正式な飲料は冷たい水につきるのです。現在では年齢にかかわらず、ペプシやコーラもよく飲まれます。外国人にとっては、冷たいフルーツジュースはありがたいもの。オレンジ、パイナップル、スイカなど、道ばたのフレッシュジュース屋さんでちょっと一杯やるのは味わいの深いものです。お茶のほしい人は中国人街に行けば中国茶を売っています。

頭出し 1-22

13. 考えすぎです

キーワード

เกินไป [kəən pai] クーンパイ

形容詞や程度を表す助詞の後について「～すぎる」意味をそえます。**เกิน** [kəən] は「越える」、**ไป** [pai] は離反を表す方向助詞（P182参照）ですが、この組み合わせて熟語として覚えましょう。

基本文

1. 考えすぎです。　　　**คิด มาก เกิน ไป**
   [khít mâak kəən pai]
   （キット　マーク　クーン　パイ）

2. この本は難しすぎます。　**หนังสือ เล่ม นี้ ยาก เกิน ไป**
   [nǎŋsɯ̌ɯ lêm níi yâak kəən pai]
   （ナンスー　レム　ニー　ヤーク　クーン　パイ）

3. 車を速く走らせすぎです。**ขับ รถ เร็ว เกิน ไป**
   [khàp rót reo kəən pai]
   （カップ　ロット　レオ　クーン　パイ）

単語メモ

- **คิด** [khít] ……… 考える
- **ยาก** [yâak] ……… 難しい。（反対）**ง่าย** [ŋâai] 易しい。
- **เล่ม** [lêm] ……… 本・刃物などに対する類別詞。
- **เร็ว** [reo] ……… 速い

ポイント

◇「～すぎる」を表すには、形容詞や程度を表す助詞（＜**มาก**＞ [mâak] や＜**น้อย**＞ [nɔ́ɔi] など）のすぐ後に、＜**เกินไป**＞ [kəən pai] をつければいいのです。

◇＜**เกินไป**＞ [kəən pai]を省略して、＜**เกิน**＞ [kəən] のみ、又は＜**ไป**＞ [pai] のみで用いることもよくあります。

ドリル A

1）母音 [əə] と [ɯɯ]の違いに注意して発音してみましょう。

1．กลืน [klɯɯn] —— เกิน [kəən]
　のみこむ　　　すぎる、こえる

2．มือ [mɯɯ] —— เมิน [məən]
　手　　　　　　そっぽをむく

3．ดื้อ [dɯ̂ɯ] —— เติม [təəm]
　強情な　　　　加える

> **アドバイス**
>
> 母音の [əə]と [ɯɯ]はまるでちがう音ですが、初心のうちは間違いやすいものです。

2）次の語に เกิน ไป [kəən pai] を加え、「～すぎます」の意味にして下さい。

1．ใหญ่ [yài]
　大きい

2．เล็ก [lék]
　小さい

3．มืด [mɯ̂ɯt]
　暗い

4．สว่าง [sawàaŋ]
　明るい

5．ดื่ม มาก [dɯ̀ɯm mâak]
　たくさん飲む

6．กิน น้อย [kin nɔ́ɔi]
　少し食べる

> เกิน ไป [kəən pai] は後ろから修飾します。

覚えよう！ミニ会話

A：ต้ม ยำ จืด ไป ไหม
[tôm yam cɯɯt pai mái]
A：トムヤムは味がうすすぎませんか？

B：ไม่ จืด ครับ　พอดี ครับ
[mâi cɯɯt khráp　phɔɔdii khráp]
B：味がうすいことはないです。丁度いいです。

A：แต่ เปรี้ยว ไป หน่อย ใช่ ไหม
[tɛ̀ɛ prîao pai nɔ̀i châi mái]
A：でも、ちょっと酸っぱすぎるでしょ。

応用編

◇不充分／ちょうどいい

1．お金が足りません。 เงิน ไม่ พอ
[ŋən mâi phɔɔ]

2．髪がちょうどいい。 ผม กำลัง ดี
[phǒm kamlaŋ dii]

3．ちょうどよくやる。 ทำ พอดี ๆ
[tham phɔɔdii phɔɔdii]

ノート พอ [phɔɔ]「充分である」กำลัง ดี [kamlaŋ dii]「ちょうどいい」はふつう、述語として用います。พอ ดี ๆ [phɔɔ dii phɔɔ dii] は程度を表す助詞です。

◇～しやすい／～しにくい

1．この本は読みやすい。 หนังสือ เล่ม นี้ อ่าน ง่าย
[nǎŋsʉ̌ʉ lêm níi àan ŋâai]

2．このような問題は解決しにくい。 ปัญหา อย่าง นี้ แก้ไข ยาก
[panhǎa yàaŋ níi kɛ̂ɛkhǎi yâak]

3．この子は本当に育てやすい。 เด็ก คน นี้ เลี้ยง ง่าย จริง ๆ
[dèk khon níi líaŋ ŋâai ciŋ ciŋ]

ノート ยาก [yâak], ง่าย [ŋâai] は動詞（句）の後に結びつき、それぞれ「～しにくい」「～しやすい」という表現をつくります。

◇～しようと思っている。

1．この3ヶ月以内に家を建てようと思っています。 คิด จะ สร้าง บ้าน ภาย ใน 3 เดือน นี้
[khít cà sâaŋ bâan phaainai sǎam dʉan níi]

2．新しい車を買おうと思っています。 กำลัง คิด จะ ซื้อ รถ คัน ใหม่
[kamlaŋ khít cà sʉ́ʉ rót khan mài]

ノート คิด จะ [khít cà] は、これから何かをする心算があるという表現です。引用の ว่า [wâa]（96）が省略された形です。

単語メモ

พอดี ๆ [phɔɔdii phɔɔdii] ちょうどよく　สร้าง [sâaŋ] 建てる　แก้ไข [kɛ̂ɛkhǎi] 解決する

ภาย ใน [phaai nai] ～以内に㊟　ผม [phǒm] 髪（男性一人称とは同音異義語）

ドリル B

1）次のタイ語を日本語に訳しましょう。

1．รองเท้า คู่ นี้ แพง ไป หน่อย
[rɔɔŋthaáo khûu níi phɛɛŋ pai nɔ̀i]

2．เขา ชอบ พูด มาก
[kháo chɔ̂ɔp phûut mâak]

3．ผม กำลัง คิด จะ เรียน ดนตรี ไทย
[phǒm kamlaŋ khít cà rian dontrii thai]

2）次の日本語をタイ語に訳しましょう。

1．このシャツはきつすぎます。

2．タイ文学ってのは、理解しにくい。

3．タイに買いものに行こうと思っているんです。

アドバイス

1）คู่ [khûu] は รองเท้า [rɔɔŋthaáo]「靴」の類別詞
2）พูด มาก [phûut mâak] は「（不要なことまで）よくしゃべる」の意味

1）シャツ เชิ้ต [chə́ət]
きつい คับ [kháp]
2）「～というのは」は代名詞 นั้น [nán]の挿入で表現
文学 วรรณคดี [wannakhadii]

ティータイム

靴

靴＜รองเท้า＞[rɔɔŋthaáo]について言えばタイにはしっかりした上等の革靴は少ないように思います。靴の類別詞は＜คู่＞[khûu]で「1対の」という意味です。例えば手袋＜ถุงมือ＞[thǔŋ mʉʉ]や夫婦＜ผัวเมีย＞[phǔamia]、靴下＜ถุง เท้า＞[thǔŋ thaáo]などは類別詞＜คู่＞[khûu]をとりますし、数字の偶数も＜เลข คู่＞[lêek khûu]といいます。靴の話にもどりますが、靴をはくのはオフィスに働きに行く時だけで、ふつうの時はもっぱらサンダル＜รองเท้าแตะ＞[rɔɔŋtháotɛ̀]です。オフィスでの仕事に縁のない人は、靴をはく機会が少ないだろうと思います。

頭出し
1-23

14. お父さんは車を売りはらった

キーワード

ไป [pai] パイ

ไป [pai] を動詞（句）の後に置くと、その動作が話者から“離れていく”という方向を表します。これは動詞ではなく、単に動作や変化の方向を示す助詞ですから、否定の ไม่ [mâi] はつきません。ここでは、方向を示す助詞の使い方を学びます。

基本文

1．お父さんは車を売りはらった。
คุณพ่อ ขาย รถ ไป
[khun phɔ̂ɔ khǎai rót pai]
（クン　ポー　カーイ　ロット　パイ）

2．友人がプレゼントを送ってきます。
เพื่อน ส่ง ของขวัญ มา
[phɯ̂an sòŋ khɔ̌ɔŋ khwǎn maa]
（プアン　ソン　コーンクワン　マー）

3．私は20年も歌を歌ってきました。
ฉัน ร้อง เพลง มา 20 ปี
[chán rɔ́ɔŋ phleeŋ maa yîisìp pii]
（チャン　ローン　プレーン　マー　イーシップ　ピー）

単語メモ

ของขวัญ [khɔ̌ɔŋ khwǎn]　プレゼント　発音　第１音節は短く発音して下さい。

ポイント

◇方向助詞の<ไป> [pai] は、ある動作や変化の方向が「話し手から遠ざかっていく」ことを意味します。<มา> [maa] はその逆に、「話し手の方に近づいてくる」方向を意味します。ちょうど日本語の「～してゆく」「～してくる」に似ています。

◇方向助詞< ไป >[pai]・<มา>[maa]は空間的な方向だけでなく、時間的な方向をも示します。<ไป> [pai] は今を起点として未来へむかう方向、<มา>[maa] は過去から今にむかってくる方向を意味します。

ドリル A

1）日本語にしたがって ไป [pai], มา [maa] をカッコに入れましょう。

1. ส่ง เพื่อน (　)　友達を送ってゆく
[sòŋ phʉ̂an (　)]

2. เขียน จดหมาย (　)　手紙をよこす
[khǐan còtmǎai (　)]

3. เขา ทักทาย (　)　彼があいさつしてくる
[kháo thák thaai (　)]

2）時間的な方向に注意して訳してみましょう。

1. รัก กันไป จน วัน สุดท้าย
[rák kan pai con wan sùttháai]

2. เป็น ครู มา 30 ปี　[pen khruu maa sǎam sìp pii]

3. ทำ งาน ไป จน วัน ปลด เกษียณ
[tham ŋaan pai con wan plòt kasǐan]

アドバイス

1)
2)จดหมาย [còtmǎai] 手紙
3)ทักทาย [thák thaai] あいさつする

2)
1)กัน [kan] は相互の動作を表す助詞
สุดท้าย [sùttháai] 最後の
2)ครู [khruu] 先生
3)ปลด เกษียณ [plòt kasǐan] 定年になる

覚えよう！
ミニ会話

A：คุณ เขียน จดหมาย ถึง ใคร ครับ
[khun khǐan còtmǎai thʉ̌ŋ khrai khráp]
A：きみは誰に手紙を書いているの？

B：ถึง คุณ แม่ ค่ะ
[thʉ̌ŋ khun mɛ̂ɛ khâ]
B：お母さんです。

A：เมื่อวาน ก็ เขียน ไม่ ใช่ หรือ
[mʉ̂a waan kɔ̂ɔ khǐan mâi châi rʉ̌ʉ]
A：昨日も書いて出したのじゃありませんか。

B：เขียน ทุก วัน ค่ะ
[khǐan thúk wan khâ]
B：毎日書くんです。

応 用 編

◇上下方向を示す方向助詞

1. 足をもちあげる。　　　ยก ขา ขึ้น
   [yók khǎa khɯ̂n]
2. 腰をおろす。　　　　　นั่ง ลง
   [nâŋ loŋ]
3. （ますます）美しくなる。　สวย ขึ้น
   [sǔai khɯ̂n]

🖉 ขึ้น [khɯ̂n] は上昇、ลง [loŋ] は下降の方向助詞ですが、価値観をともなった善い変化、悪い変化も表します。

◇出入の方向を示す方向助詞

1. とってもいい。　　　　ดี ออก
   [dii ɔ̀ɔk]
2. とんがらしを食ってしまった。　กิน พริก เข้า ไป
   [kin phrík khâo pai]

🖉 ◇ออก [ɔ̀ɔk] は外の方向、เข้า [khâo] は入る方向や増大する方向を示す方向助詞です。
◇ขึ้น [khɯ̂n], ลง [loŋ], ออก [ɔ̀ɔk], เข้า [khâo] は自発動詞でもあり、可能表現の用法（P.208）もありますから注意して下さい。

◇「その場で/そのまま/〜にしておく」ことを示す方向助詞

1. 車を止めておく。　　　จอด รถ ไว้
   [cɔ̀ɔt rót wái]
2. お金を貯めておく。　　เก็บ เงิน ไว้
   [kèp ŋən wái]

🖉 ไว้ [wái] は「その地点で」というゼロ方向を示す方向助詞です。概念的には「そのままにしておく」という維持の意味になります。

▶ 単語メモ ◀

ยก [yók] 持ち上げる　　ขา [khǎa] 脚　　เก็บ [kèp] とっておく、しまう

จอด [cɔ̀ɔt] 止める、止まる　　พริก [phrík] とんがらし

ドリル B

1）日本文にそうように適当な方向助詞をカッコに入れましょう。

1．เสื้อ ตัว นี้ สวย（　）　この服はとってもきれいです
[sʉ̂a tua níi sǔai（　）]

2．เกิด（　）35 ปี　生まれてこのかた35年
[kə̀ət（　）sǎam sìp hâa pii]

3．หนัก（　）ทุก วัน　毎日重くなる
[nàk（　）thúk wan]

4．ซื้อ เสื้อ ผ้า（　）สำหรับ ปี หน้า　来年のために、服を買っておく
[sʉ́ʉ sʉ̂a phâa（　）sǎmràp pii nâa]

5．ดี（　）มาก　とてもよくなった
[dii（　）mâak]

6．แย่（　）จริง ๆ　本当にひどくなった
[yɛ̂ɛ（　）ciŋ ciŋ]

アドバイス

1) ตัว [tua] 衣服。動物、机、イスの類別詞

3) หนัก [nàk] 重い ㊎形

4) สำหรับ [sǎmràp] 〜のために ㊒前

6) แย่ [yɛ̂ɛ] 悪い

ティータイム

色白な美人

色黒か色白か、女性の肌の色はなにかと話のタネになるものですが、タイでは色白の方がいいということにもう完全に話が決まっています。「黒くなる」という変化は<ดำ ลง>[dam loŋ]であって、決して<ดำ ขึ้น>[dam khʉ̂n]ではないのです。もちろん「白くなる」は<ขาว ขึ้น>[khǎao khʉ̂n]です。色白は、顔立ち・スタイルより以上に大切な美人の大条件なので、日本人など顔立ちはふつうくらいの人でも、とりあえず美人の条件をみたしているのですね。期待していて下さい。

頭出し
1-24

15. 西洋人の恋人がほしい

キーワード

อยาก [yàak] ヤーク

動詞（句）・形容詞の前に置かれ、「～したい」という願望を表す助動詞です。否定語の ไม่ [mâi] は助動詞の前に置かれます。

基本文

1．西洋人の恋人がほしい。
อยาก มี แฟน ฝรั่ง
[yàak mii fɛɛn faràŋ]
（ヤーク　ミー　フェーン　ファラン）

2．金持ちになりたい。
อยาก รวย
[yàak ruai]
（ヤーク　ルワイ）

3．まだ父親になりたくない。
ยัง ไม่ อยาก เป็น พ่อ
[yaŋ mâi yàak pen phɔ̂ɔ]
（ヤン　マイ　ヤーク　ペン　ポー）

単語メモ

อยาก [yàak] …………………… 「～したい」（助動）　このように述語の内容に対して話者がなんらかの働きや意味を加える助動詞を「法の助動詞」といいます。

ฝรั่ง [faràŋ] …………………… 西洋人の

รวย [ruai] …………………… 金持ちの　คน รวย [khon ruai] お金持ち

☞ ポイント

◇<อยาก>[yàak] は動詞・形容詞の前に置かれ「～したい」という意味を表す助動詞です。<ยัง>[yaŋ]や<ไม่>[mâi]はその前に置かれます。

◇「日本人の恋人」をそのまま訳すと<แฟน คนญี่ปุ่น> [fɛɛn khon yîipùn]ですが、<แฟน>[fɛɛn]にはすでに「人」の意味が含まれていますので、<แฟน ญี่ปุ่น> [fɛɛn yîipùn] でいいのです。

ドリル A

1）次の「人」を表す語に、国名の形容詞をつけてみましょう。

1．คน 人
[khon]
2．เพื่อน 友だち
[phɨ̂an]
3．นัก ท่อง เที่ยว 観光客
[nák thɔ̂ŋ thiâo]

[1]ญี่ปุ่น 日本の
[yîipùn]
[2]ฝรั่ง 西洋の
[faràŋ]
[3]ญวน ベトナムの
[yuan]

2）次の形容詞を使って「～なりたい」と言ってみて下さい。

1．สวย [sǔai] 美しい
2．สบาย [sabaai] 気分がのびのびしている
3．หัว ดี [hǔa dii] 頭がいい
4．แข็งแรง [khěŋrɛɛŋ] 強い

アドバイス

「～なりたい」という変化の方向をとくに表したいのなら、
㊎+ **ขึ้น** [khɨ̂n]
と方向助詞を用います。
また「さらに」と言いたいときは
อีก [ìik]を形容詞の後に加えます。

覚えよう！ ミニ会話

A：วัน นี้ คุณ อยาก ทาน อะไร คะ
[wan níi khun yàak thaan arai khá]
A：今日は何を食べたいですか？

B：คุณ อยาก ทำ อะไร ล่ะ
[khun yàak tham arai lâ]
B：あなたは何を作りたいの？

A：ดิฉัน อยาก ทำ ข้าว มัน ไก่
[dichán yàak tham khâao man kài]
A：私はカオマンカイを作りたいわ。

B：ผม ก็ อยาก กิน ข้าว มัน ไก่
[phǒm kɔ̂ɔ yàak kin khâao man kài]
B：ぼくもカオマンカイを食べたいな。

応 用 編

◇～が欲しい

1. お金がほしい。　อยาก ได้ เงิน
[yàak dâi ŋən]

2. 賞がほしい。　อยาก ได้ รางวัล
[yàak dâi raaŋwan]

3. 夫のひとりもほしい。　อยาก ได้ สามี สัก คน
[yàak dâi sǎamii sák khon]

ノート 単純に「～が欲しい」と言う時には、動詞 ได้ [dâi]「得る」を使って表現します。（P. 204参照）

◇相の助動詞との併用

1. 歯医者さんに行きたい。　อยาก จะ ไป หา หมอ ฟัน
[yàak cà pai hǎa mɔ̌ɔ fan]

2. まだ還俗したくはありません。　ยัง ไม่ อยาก จะ สึก
[yaŋ mâi yàak cà sɯ̀k]

3. 今、水泳を練習したいです。　กำลัง อยาก หัด ว่ายน้ำ
[kamlaŋ yàak hàt wâaináam]

ノート อยาก [yàak] は จะ [cà], กำลัง [kamlaŋ]などの相の助動詞と併せて用いることができます。

◇同格の「の」

1. 医者の友達がほしい。　อยาก มี เพื่อน เป็น หมอ
[yàak mii phɯ̂an pen mɔ̌ɔ]

2. 将校の恋人がほしい。　อยาก มี แฟน เป็น นายร้อย
[yàak mii fɛɛn pen naai rɔ́ɔi]

3. 私は歌手の親せきがいます。　ดิฉัน มี ญาติ เป็น นักร้อง
[dichán mii yâat pen nák rɔ́ɔŋ]

ノート 同格の「の」はタイ語では関係代名詞 ที่ [thîi]（95、P.266 参照）とコピュラ動詞を使って・・・ที่ เป็น [thîi pen～]「～であるところの・・・」と表します。ここでは ที่ [thîi] が省略されています。

単語メモ

สัก คน [sák khon] ～のひとりくらい　นายร้อย [naairɔ́ɔi] 将校　ญาติ [yâat] 親せき
สึก [sɯ̀k] 還俗する

ドリル B

1) 次のタイ文を日本語になおしましょう。

1. อยาก ไป ตัด ผม
[yàak pai tàt phǒm]

2. อยาก ไป แลก เงิน
[yàak pai lɛ̂ɛk ŋən]

3. เมื่อ ก่อน ผม อยาก จะ ผอม
[mɨ̂a kɔ̀ɔn phǒm yàak cà phɔ̌ɔm]

2) 次の日本文をタイ語になおしましょう。

1. 洋裁を習いたいです。

2. 何もあまりほしくありません。

3. もっとパクチー（香菜）を入れたいですか？

アドバイス

2)แลก เงิน [lɛ̂ɛk ŋən] 両替する
3)เมื่อ ก่อน [mɨ̂a kɔ̀ɔn] 以前は

1)洋裁 ตัด เสื้อ [tàt sɨ̂a]
2)あまり〜ない ไม่ ค่อย[mâi khɔ̂i]
3)もっと อีก [ìik]
パクチー ผัก ชี [phàk chii]

ティータイム

出家について

タイ人の９５％以上はけいけんな仏教徒です。仏教徒といっても、祖先信仰と結びついた日本の仏教とはだいぶちがい、お坊さんの生活を助け、徳を積むことがタイ仏教の中心になります。男性は一生に一度は出家して修行を行うことが勧められており、そのための有給休暇もかなり長くとることができるのもお国柄です。一度出家してしまうと、修行生活が気に入ってしまって、もう還俗しない決心をしてしまう人もいます。

16. 部屋の予約をしておかなければなりません

キーワード

ต้อง [tɔ̂ŋ] トン

「～しなければならない」という意味を表す法の助動詞です。また、文脈によっては「～にちがいない」という意味にもなります。ไม่ [mâi] を伴うと、えん曲な禁止になる場合もあります。

基本文

1. 部屋の予約をしておかなくてはなりません。
ต้อง จอง ห้อง ไว้ ก่อน
[tɔ̂ŋ cɔɔŋ hɔ̂ŋ wái kɔ̀ɔn]
（トン　チョーン　ホン　ワイ　コーン）

2. お母さんはきっと心配しているにちがいありません。
คุณ แม่ ต้อง เป็น ห่วง แน่ ๆ
[khun mɛ̂ɛ tɔ̂ŋ pen hùaŋ nɛ̂ɛ nɛ̂ɛ]
（クン　メー　トン　ペン　フワン　ネー　ネー）

3. あんまり自慢しないでもいいよ。
ไม่ ต้อง คุย มาก
[mâi tɔ̂ŋ khui mâak]
（マイ　トン　クイ　マーク）

単語メモ

ต้อง [tɔ̂ŋ] ……… 「～しなければならない、～にちがいない」(助動)　(発音) ต็อง [tɔŋ] に ้ がついて ็ がおちた形です。短母音 [ɔ] です。

ก่อน [kɔ̀ɔn] ……… ～の前に (前) ただし後の語が省略されると、ばく然とした何かの前という感じで「とりあえず、まずは・・・」という意味になります。

เป็น ห่วง [pen hùaŋ] …… ～を心配する。

คุย [khui] ……… 自慢、吹聴する。กัน [kan]「互いに」をつけて คุย กัน [khui kan] で「話しあう、おしゃべりする」の意味。

ポイント

◇<ต้อง>[tɔ̂ŋ] は「～しなければならない」「～にちがいない」という意味の法の助動詞です。

◇前置詞<ก่อน> [kɔ̀ɔn] を単独で用いて、「まずは・・・」「とりあえず・・・」という表現になります。

ドリル A

1）次の単語を読んでみましょう。

1．ต้อง [tɔ̂ŋ]
㊁助動 ～しなければならない

2．ฆ้อง [khɔ́ɔŋ]
ドラ・シンバル

3．แก่ง [kɛ̀ŋ]
早瀬

4．แกง [kɛɛŋ]
汁物の料理

5．บ่อน [bɔ̀n]
賭場

6．ก่อน [kɔ̀ɔn]
(前) ～の前に

2）次の文に **ต้อง** [tɔ̂ŋ] を加えて「～しなければならない」の意味にして、訳してみましょう。

1．ผม ไป รับ ลูก [phǒm pai ráp lûuk]

2．เรา ช่วยเหลือ กัน [rao chûailʉ̌a kan]

3．ให้การ ตาม ความจริง [hâikaan taam khwaam ciŋ]

アドバイス

末子音を伴う際の
[ɔ] と [ɔɔ]、
[e] と [ee]、
[ɛ] と [ɛɛ]、
[o] と [oo] は、
声調記号がつくと同型になります。

1)ไป รับ [pai ráp] 迎えに行く
2)ช่วยเหลือ [chûailʉ̌a] 援ける
3)ให้การ [hâikaan] 供述する
ความจริง [khwaam ciŋ] 真実
ตาม [taam] (前) ～にそって

覚えよう！
ミニ会話

A：วันนี้ คุณ ต้อง ทำงาน หรือ เปล่า คะ
[wanníi khun tɔ̂ŋ tham ŋaan rʉ̌ plào khá]
A：今日は仕事はしなくてはいけませんか？

B：ไม่ ต้อง ครับ
[mâi tɔ̂ŋ khráp]
B：しなくてもいいです。

A：แล้ว พรุ่งนี้ ล่ะ คะ
[lɛ́ɛo phrûŋníi lâ khá]
A：そしたら、明日は？

B：พรุ่งนี้ ต้อง ทำ ครับ
[phrûŋníi tɔ̂ŋ tham khráp]
B：明日はしなければなりません。

応　用　編

◇相の助動詞との併用

1. あやうく薬を飲まなければならないところだった。　เกือบ ต้อง กิน ยา
[kʉ̀ap tɔ̂ŋ kin yaa]
2. お金をたくさん払わなければいけないかしら。　จะ ต้อง เสีย เงิน มาก หรือ เปล่า
[cà tɔ̂ŋ sǐa ŋən mâak rʉ̌ʉ plàao]
3. まだ学校に行かないでもいいです。　ยัง ไม่ ต้อง ไป โรงเรียน
[yaŋ mâi tɔ̂ŋ pai rooŋ rian]

ノート　จะ [cà] や ยัง [yaŋ] の位置に注意して下さい。

◇まず・・・します

1. まず手紙を書いてから。　เขียน จดหมาย ก่อน
[khǐan còtmǎai kɔ̀ɔn]
2. ちょっと、トイレに行ってからね。　เดี๋ยว ไป ห้องน้ำ ก่อน นะ
[dǐao pai hɔ̂ŋ náam kɔ̀ɔn ná]
3. まず地図を見なくてはなりません。　ต้อง ดู แผนที่ ก่อน
[tɔ̂ŋ duu phɛ̌ɛnthîi kɔ̀ɔn]

ノート　เดี๋ยว [dǐao] は短時間を意味します。นะ [ná] は親しみをこめた確認の語気を表す助詞です。

◇～するべきです

1. 自首に行くべきです。　ควร จะ ไป มอบ ตัว
[khuan cà pai mɔ̂ɔp tua]
2. よい子は夜間遊びに行くべきではありません。　เด็ก ดี ไม่ ควร ไป เที่ยว กลางคืน
[dèk dii mâi khuan pai thîao klaaŋ khʉʉn]
3. こんなふうに話すべきです。　น่า จะ พูด อย่าง นี้
[nâa cà phûut yàaŋ níi]

ノート　「～すべきです」は、ควร [khuan] や น่า จะ [nâa cà] で表現します。น่า จะ [nâa cà] は実際とは反対のことについて、「本来なら～すべき筈」と言う時に使われます。

単語メモ

เสีย เงิน [sǐa ŋən] お金を（払いたくないが）払う　　ห้องน้ำ [hɔ̂ŋ náam] トイレ、風呂場

อย่างนี้　[yàaŋ níi]　こんなふうに

ドリル B

1）次のタイ語を日本語に訳しましょう。

1. ไม่ควรจะนอนดึก
   [mâi khuan cà nɔɔn dɯ̀k]

2. ต้องไปซื้อตั๋วที่โรงละครก่อน
   [tɔ̂ŋ pai sɯ́ɯ tǔa thîi rooŋ lakhɔɔn kɔ̀ɔn]

3. ไม่ต้องพูดมาก
   [mâi tɔ̂ŋ phûut mâak]

2）次の日本語をタイ語に訳しましょう。

1. タイに行く前にお金をためないといけません。

2. この服はきっと高いにちがいありません。

3. わたしたちは皆に対してていねいに話すべきです。

4. わたしたちは、自分の文化を守るようつとめなければなりません。

アドバイス

2)ตั๋ว [tǔa]
チケット
โรงละคร [rooŋ lakhɔɔn] 劇場

1)ก่อน [kɔ̀ɔn] の後には名詞・動詞（句）がきます
「お金をためる」は เก็บเงิน [kèp ŋən]
2)「きっと」は แน่ ๆ [nɛ̂ɛ nɛ̂ɛ]
3)ていねいに สุภาพ [suphâap]
4)守る อนุรักษ์ [anurák]
文化 วัฒนธรรม [wátthanátham]
つとめる พยายาม [phayaayaam]

ティータイム

いい男とは？

タイではいったいどのような性格が尊ばれるのでしょうか。男性に関して言えば、日本では思慮深さ、筋を通した感じ、根性、腹のすわった感じなどと、ちょっと重厚な理想像がえがかれていると思いますが、タイではもっとスマートな感じを大切にします。ジェントルで、その場の皆にやさしく気を配ること、他人と対立するよりもおだやかで謙譲な態度をとることが評価されるというわけです。お国がらのもち味というのは各々すてがたいよさがあります。

頭出し
1-26

17. 私を忘れないで

キーワード

อย่า [yàa] ヤー

動詞(句)の前に置かれ、禁止を表す法の助動詞です。主語は対話の相手「あなた」なので省略されるのが普通です。ไม่ [mâi] とともに用いられることはありません。

基本文

1．私を忘れないでね。
อย่า ลืม ฉัน นะ
[yàa luum chán ná]
（ヤー ルーム チャン ナ）

2．遅れないで行ってね。
อย่า ไป สาย นะ
[yàa pai sǎai ná]
（ヤー パイ サーイ ナ）

3．滝に近よるな。
อย่า ไป ใกล้ น้ำตก
[yàa pai klâi námtòk]
（ヤー パイ クライ ナムトック）

単語メモ

ลืม [luum] ……………………「〜忘れる」動詞（句）を目的語にとることもできます。
ฉัน [chán] ……………………くだけた１人称。男女ともに用います。声調に注意して下さい。
สาย [sǎai] ……………………「遅れて」。程度を表す助詞で動詞（句）の後に置かれます。
線・川・道などの類別詞 สาย [sǎai] とは同音異義語です。
น้ำตก [námtòk] ……………「滝」前音節の母音は短く発音されます。

☞ ポイント

◇＜อย่า＞ [yàa] は「〜してはいけない」という話者からの禁止を表します。基本的に口語で、対話の相手に対して用いられるもので、他動詞＜ห้าม＞[hâam]「〜を禁ずる」と混同しないようにして下さい。

ドリル A

1）次の文を対にして発音し、覚えましょう。

1. อย่า ไป ไกล [yàa pai klai]
   遠くに行くな。
   อย่า มา ใกล้ [yàa maa klâi]
   近くに来るな。
2. อย่า นั่ง รถไฟ ไป นะ [yàa nâŋ rótfai pai ná]
   鉄道にのって行かないでね。
   อย่า นั่ง รถยนต์ มา นะ [yàa nâŋ rótyon maa ná]
   自動車にのって来ないでね。
3. อย่า ตื่น สาย นะ [yàa tɯ̀ɯn sǎai ná]
   朝寝坊しないで。
   อย่า นอน ดึก นะ [yàa nɔɔn dɯ̀k ná]
   夜更かししないで。
4. อย่า มา ยุ่ง กับ ฉัน นะ [yàa maa yûŋ kàp chán ná]
   あたしにちょっかいださないで。
   อย่า ไป ยุ่ง กับ เขา [yàa pai yûŋ kàp kháo]
   彼にちょっかいをだすな。

アドバイス

2)นั่ง......ไป [nâŋ ... pai] ・・・に乗って行く

3)สาย [sǎai] 朝遅い
ดึก [dɯ̀k] 夜遅い

4)この２文の มา [maa] ไป [pai] は具体的に「来る」「行く」のではなく、「わざわざ」「積極的に」という強調の意味です。

覚えよう！
ミニ会話

A：จะ ไป สมัคร งาน ด้วยกัน ไหม
[cà pai samàk ŋaan dûai kan mái]
A：一緒に求人の応募に行かないか？

B：บริษัท ไหน
[bɔɔrisàt nǎi]
B：どの会社？

A：บริษัท ข้าง บ้าน เรา
[bɔɔrisàt khâaŋ bâan rao]
A：ぼくらの家のとなりの会社。

B：อย่า ไป เลย, เสีย เวลา, กำลัง จะ เจ๊ง
[yàa pai ləəi, sǐa weelaa, kamlaŋ cà céŋ]
B：行くなよ、時間のムダだよ。つぶれかかっているよ。

応用編

◇誰とも／何も／どこへも

1．誰とも結婚しないでね。
อย่า แต่งงาน กับ ใคร นะ
[yàa tɛ̀ŋŋaan kàp khrai ná]

2．彼に何も言わないでね。
อย่า พูด อะไร กับ เขา นะ
[yàa phûut arai kàp kháo ná]

3．どこへも遊びに行かないでね。
อย่า ไป เที่ยว ไหน นะ
[yàa pai thiâo nǎi ná]

ノート ใคระ [khrai], อะไร [arai], ที่ไหน [thîi nǎi] などはอย่า [yàa]とともに用いると、「誰とも/何も/どこへも」の意味になります。

◇すぐに～しないで

1．ちょっと待って。
すぐに怒らないで！
เดี๋ยว ก่อน　อย่า พึ่ง โกรธ
[diǎo kɔ̀ɔn　yàa phʉ̂ŋ kròot]

2．すぐに帰らないで。
อย่า พึ่ง กลับ
[yàa phʉ̂ŋ klàp]

ノート อย่า [yàa] に พึ่ง [phʉ̂ŋ] が結ぶと、「今すぐ、いそいで～するな」という意味になり、もうちょっと待ってから、と勧める表現になります。

◇「～を禁止する」

1．政府は国民が国外に
渡航することを禁止した。
รัฐบาล ห้าม ประชาชน ออก นอก ประเทศ
[rátthabaan hâam prachaachon ɔ̀ɔk nɔ̂ɔk prathêet]

2．喫煙禁止
ห้าม สูบ บุหรี่
[hâam sùup burìi]

ノート ห้าม [hâam] は他動詞で、「～を禁止する」の意味です。間接目的語をとる場合は、ห้าม A B で「AにBすることを禁止する」となります。

単語メモ

เดี๋ยว ก่อน [diǎo kɔ̀ɔn] ちょっと待って！（動詞 รอ [rɔɔ]「待つ」が省略されています）
รัฐบาล [rátthabaan] 政府　ประชาชน [prachaachon] 国民
ออก [ɔ̀ɔk] 出る　นอก [nɔ̂ɔk] ㊞～の外に　ประเทศ [prathêet] 国

ドリル B

1）次の文を อย่า [yàa] を用いた禁止の文に訳してみましょう。

1. ไว้ใจ ชาว ต่างประเทศ　　外国人を信用する
   [wáicai chaao tàaŋ prathêet]

2. ทาน ขนม หวาน　　甘いおかしを食べる
   [thaan khanǒm wǎan]

3. พูด โกหก　　ウソを言う
   [phûut koohòk]

2）次の文をタイ語に訳して下さい。

1. 簡単に人を信じてはいけません。
2. 彼とつきあっちゃだめだよ。
3. だめ、だめ、だめ。入っちゃだめ！
4. これからは、彼に相談するなよ。

アドバイス

1) ไว้ใจ [wáicai] 信用する

3) โกหก [koohòk] 名詞「ウソ」また、「ウソをつく」という動詞にもなります。

1) 簡単に ง่าย ๆ [ŋâai ŋâai]
2) 〜とつきあう คบ กับ 〜 [khóp kàp 〜]
動詞 ไป [pai] を入れると「あえて、わざわざ」の意が強まります。
3) 動詞の省略
4) これからは วัน หลัง [wan lǎŋ] 相談する ปรึกษา [prùksǎa]

ティータイム ― 離 婚 ―

タイ語には同音異綴語が少なくありませんが、＜อย่า＞[yàa]と同じ発音で綴りの違う＜หย่า＞[yàa]は動詞で「離婚する」の意味です。タイはアジアで比較的離婚率の高い国のひとつだそうです。自由な気持ちで現在の満足を重視する価値観・国民性も原因でしょうが、女性側にひとりでも暮らしていける経済力とたくましさがあるのも原因のひとつでしょう。もちろん、仲良く我慢しながら一生をそいとげる夫婦の方がずっと多いのは言うまでもありません。

18. コーンケンに行ったことがありますか

キーワード

เคย [khəəi] クーイ

「～したことがある」「よく～をした」という経験や習慣を表す法の助動詞です。否定語の ไม่ [mâi] は เคย [khəəi] の前に置かれます。

基本文

1. コーンケンに行ったことがありますか。
   เคย ไป ขอนแก่น ไหม
   [khəəi pai khɔ̌ɔnkɛ̀n mái]
   （クーイ パイ コーンケン マイ）

2. こんな問題はかつてありませんでした。
   ไม่ เคย มี ปัญหา อย่าง นี้
   [mâi khəəi mii panhǎa yàaŋ níi]
   （マイ クーイ ミー パンハー ヤーン ニー）

3. アユタヤはかつてタイの首都であった。
   อยุธยา เคย เป็น เมือง หลวง ของ ไทย
   [ayútthayaa khəəi pen mʉaŋ lǔaŋ khɔ̌ɔŋ thai]
   （アユッタヤー クーイ ペン ムアン ルワン コーン タイ）

単語メモ

ขอนแก่น [khɔ̌ɔnkɛ̀n] ····· 「コーンケン」東北タイを代表する都市。大学もあります。
อย่างนี้ [yàaŋ níi] ··········· このような／このように ㊞前 อย่าง [yàaŋ]＋นี้ [níi]
　発音 口語では อย่างงี้ [yàaŋŋíi] と発音されることもあります。
อยุธยา [ayútthayaa] ········ アユタヤ
เมือง หลวง [mʉaŋ lǔaŋ] ··· 首都

ポイント

◇＜เคย＞[khəəi] は経験や習慣を表す法の助動詞です。他の語と結びついて熟語もつくります。

ドリル A

1）母音に注意して次の語を発音してみましょう。

1．เคย [khəəi]
〜したことがある

2．เนย [nəəi]
バター

3．เลย [ləəi]
〜を過ぎる

4．เชย [chəəi]
時代おくれの、ダサい

5．เปรย [prəəi]
ほのめかす

6．เฉย [chə̌əi]
無関心である

アドバイス

母音[əə]と[ɯɯ]は日本人にとってウィークポイントのひとつです。

2）次の文を「〜したことがある」という意味に書きかえてみて下さい。

1．ผม พบ เขา [phǒm phóp kháo]

2．ฟัง เพลง พม่า [faŋ phleeŋ phamâa]

3．ขาย ของ ที่ ตลาด [khǎai khɔ̌ɔŋ thîi talàat]

1)พบ [phóp] 会う

2)พม่า[phamâa] ミャンマー

3)ขาย ของ [khǎai khɔ̌ɔŋ] 商売する
ตลาด [talàat] 市場

覚えよう！ ミニ会話

A：เคย ไป ไปรษณีย์ กลาง ไหม ครับ
[khəəi pai praisanii klaaŋ mái khráp]
A：中央郵便局に行ったことがありますか？

B：ไม่ เคย ค่ะ　คุณ เคย ไหม คะ
[mâi khəəi khâ　khun khəəi mái khá]
B：いいえ、あなたはありますか？

A：เคย ผ่าน เท่านั้น ครับ
[khəəi phàan thâo nán khráp]
A：通りすぎたことがあるだけです。

B：ไป ทาน อาหาร แขก ใช่ ไหม คะ
[pai thaan aahǎan khɛ̀ɛk châi mái khá]
B：インド料理を食べに行ったのですね。

応用編

◇まだ～したことがありません

1．まだ一緒に遊びに行ったことがありません。 ยัง ไม่ เคย ไป เที่ยว ด้วยกัน
[yaŋ mâi khəəi pai thiâo dûai kan]

2．盗みを働いたことはありません。 ไม่ เคย ขโมย
[mâi khəəi khamooi]

3．他人とケンカしたことがありません。 ไม่ เคย ทะเลาะ กับ คน อื่น
[mâi khəəi thalɔ́ kàp khon ʉ̀ʉn]

◇回数・年限などの表現

1．この映画を2回見たことがある。 เคย ดู หนัง เรื่อง นี้ 2 ครั้ง
[khəəi duu nǎŋ rʉ̂aŋ níi sɔ̌ɔŋ khráŋ]

2．あの店には2・3回しか行ったことがない。 เคย ไป ร้าน นั้น แค่ 2・3 ครั้ง เท่านั้น
[khəəi pai ráan nán khɛ̂ɛ sɔ̌ɔŋ sǎam khráŋ thâo nán]

3．ウボンに3年間住んでいたことがある。 เคย อยู่ ที่ อุบล 3 ปี
[khəəi yùu thîi ubon sǎam pii]

ノート 回数は数詞 ＋ ครั้ง [khráŋ] で表します。回数、年数、時刻などの語句はそれだけで、修飾語として働きます。แค่ [khɛ̂ɛ] … (P284 参照)

◇เคย[khəəi]を使った熟語的表現

1．彼は夜更かしをして、それがクセになってしまった。 เขา นอน ดึก จน เคย ตัว
[khǎo nɔɔn dʉ̀k con khəəi tua]

2．きたない言葉を言っていて、口グセになってしまった。 พูด คำ หยาบ จน เคย ปาก
[phûut kham yàap con khəəi pàak]

3．まだ新しい社会に慣れてない。 ยัง ไม่ เคย ชิน กับ สังคม ใหม่
[yaŋ mâi khəəi chin kàp sǎŋkhom mài]

ノート จน [con] は㊗「～まで」で、直訳すれば「クセになるまで夜更かしした」です。

単語メモ

คำ [kham] ことば　ด้วยกัน [dûai kan] 一緒に　เท่านั้น [thâo nán] それだけ
สังคม [sǎŋkham] 社会　ครั้ง [khráŋ] ～回　หยาบ [yàap] 粗野な
แค่ [khɛ̂ɛ] たった～だけ（数詞の前に置きます）　ขโมย [khamooi] 盗む

ドリル B

1）次の文をタイ語に訳して下さい。

1．タイに何回行ったことがありますか。

2．日本に５年間住んでいたことがあります。

3．私はまだ手術したことがありません。

2）それぞれの語句を使って「１回〜したことがある」と言って下さい。

1．ฟังเพลงพื้นเมืองของไทย　タイの民謡をきく
[faŋ phleeŋ phʉ́ʉnmʉaŋ khɔ̌ɔŋ thai]

2．กินอาหารอีสาน　東北タイ料理を食べる
[kin aahǎan iisǎan]

3．ตีเทนนิส　テニスをする
[tii thenní t]

アドバイス

1)何回は数詞の กี่ [kìi] を用いて表現します。

3)手術する ผ่าตัด [phàa tàt]

１回は หนึ่งครั้ง [nʉ̀ŋ khráŋ] でもいいのですが、ครั้งเดียว [khráŋ diao] 又は ครั้งหนึ่ง [khráŋ nʉ̀ŋ] の方がふつうです。

1)พื้นเมือง [phʉ́ʉn mʉaŋ] 地元の、土着の

2)อีสาน [iisǎan] 東北タイ

3)ตี [tii] 打つ

เทนนิส [thenní t] テニス

ティータイム

タクロー ตะกร้อ

タイ人の伝統的なスポーツといえば何といっても＜ตะกร้อ＞[taʔkrɔ̂ɔ]でしょう。籐で編んだ直径１５ｃｍくらいのボールを手以外の身体の部分、頭や肩や脚を使って落とさないようにポンポンと蹴り上げて遊ぶのです。現在の公式競技は３人が１チームでバレーボールのようにネットをはさんで行うのですが、本来のタクローは競技というより遊びで、円陣になって遊ぶものです。年をとってからでものんびりと楽しめますが、やってみるとなかなか難しいものです。

19. 去年は3回もタイに行きました

キーワード

ได้ [dâi] ダイ

あることがらが現実化することを表す法の助動詞です。「現実化する」という気持ちは日本語に訳した場合、出てきにくいのですが、単に過去を表すのではありません。動詞（句）・形容詞の前に置かれます。

基本文

1．去年は3回もタイに行きました。	ปี ที่ แล้ว ได้ ไป เมืองไทย ตั้ง 3 ครั้ง [pii thîi lɛ́ɛo dâi pai mɯaŋthai tâŋ sǎam khráŋ] （ピー ティー レーオ ダイ パイ ムアンタイ タン サーム クラン）
2．タイに行きなよ、本物のソムタムが食べられるよ。	ไป เมืองไทย สิ จะ ได้ กิน ส้มตำ แท้ ๆ [pai mɯaŋthai sì cà dâi kin sômtam thɛ́ɛ thɛ́ɛ] （パイ ムアンタイ シ チャ ダイ キン ソムタム テー テー）
3．今日はご飯を食べていない。	วัน นี้ ผม ไม่ ได้ กิน อาหาร [wan níi phǒm mâi dâi kin aahǎan] （ワン ニー ポム マイ ダイ キン アーハーン）

単語メモ

ปีที่แล้ว [pii thîi lɛ́ɛo] …… 去年
ตั้ง [tâŋ] …… 数詞の前に置いて、その数が多いという話者の感じを表します。
สิ [sì] ซิ [sí] …… 文末に置いて、強調の語気を示す助詞。タイ語の動詞は単独でも命令、勧誘の働きをもっていますが、語気助詞がつくことで意味が明瞭になります。สิ [sì] と ซิ [sí] は多少のニュアンスの違いがありますが（P. 232）、あまり気にしないで結構です。
แท้ ๆ [thɛ́ɛ thɛ́ɛ] …… 「本当の、まざり気のない」แท้ [thɛ́ɛ] を重ねたものです。

☞ ポイント

◇＜ได้＞[dâi]は動詞（句）・形容詞の前に置かれて、あることが現実化することを表す助動詞です。日本語に訳すと表に出てこない場合がほとんどですが、タイ語のニュアンスとしては大切なものです。否定語＜ไม่＞[mâi]は＜ได้＞[dâi]の前に置きます。
◇＜ได้＞[dâi]と他の助動詞との併用についても注意して下さい。

ドリル A

1）次の語を発音してみましょう。

1．ได้ [dâi]
現実化の助動詞

2．ใต้ [tâi]
㊞前 ～の下に

3．ใด [dai]
どの・・・でも

4．ไต [tai]
肝臓

5．ด้าย [dâai]
糸

6．ตาย [taai]
死ぬ

2）次の文にได้[dâi]を加えて、現実化の気持ちを添えてみて下さい。

1．ผม เป็น ชาวนา　私は農民です
[phǒm pen chaao naa]

2．เมื่อ เดือน ที่ แล้ว เรา ไป เที่ยว ป่า
[mʉ̂a dʉan thîi lɛ́ɛo rao pai thiâo pàa]
先月、私たちは森に遊びに行った

3．เขา มี นา [kháo mii naa] 彼は田んぼを持っている

アドバイス

子音の[d]と[t]は日本人にとっては比較的易しいものです。

1)ชาวนา
[chaao naa] 農民

2)ป่า [pàa] 森

覚えよう！
ミニ会話

A：โต แล้ว อยาก เป็น อะไร
[too lɛ́ɛo yàak pen arai]
A：大きくなったら何になるの？

B：อยาก เป็น แอร์ ค่ะ
[yàak pen ɛɛ khâ]
B：エアホステスになりたいです。

A：จะ ได้ ไป ต่างประเทศ ใช่ ไหม
[cà dâi pai tàaŋ prathêet châi mái]
A：外国に行けるものね。

B：จะ ได้ ใส่ เครื่องแบบ สวย ๆ ด้วย ค่ะ
[cà dâi sài khrʉ̂aŋ bɛ̀ɛp sǔai sǔai dûai khâ]
B：きれいな制服もきれますし。

応 用 編

◇～できる／～になる

1． ぶってやれ、（そうすれば）懲りるよ。
ตี เลย จะ ได้ เข็ด
[tii ləəi cà dâi khèt]

2． あと2時間煮ると、肉もやわらかくなります。
ต้ม อีก 2 ชั่วโมง เนื้อ จะ ได้ เปื่อย
[tôm ìik sɔ̌ɔŋ chûamooŋ núa cà dâi pùai]

3． 仕事しなさい。（そうすれば）早く終わります。
ทำ งาน สิ จะ ได้ เสร็จ เร็ว ๆ
[tham ŋaan sì cà dâi sèt reo reo]

ノート 未然の助動詞 จะ [cà] と結んで、「今はそうでないが、現実のものとして獲得できる」意味となります。何らかの条件を表す語や文を受けて発話されるのがふつうです。

◇～でない/まだ～でない/あやうく～できない

1． ぼくはさわっていません。
ผม ไม่ ได้ จับ
[phǒm mâi dâi càp]

2． まだ引っ越しをしていません。
ยัง ไม่ ได้ ย้าย บ้าน
[yaŋ mâi dâi yáai bâan]

3． あやうく何もしないところだった。
เกือบ ไม่ ได้ ทำ อะไร
[kùap mâi dâi tham arai]

◇ได้[dâi]の動詞としての使い方

1． 1年に何回ボーナスをもらいますか。
ได้ โบนัส ปี ละ กี่ ครั้ง
[dâi boonát pii lá kìi khráŋ]

2． 恩義を受ける。
ได้ บุญคุณ
[dâi bunkhun]

3． 手紙3通を受けとる。
ได้รับ จดหมาย 3 ฉบับ
[dâi ráp còtmǎai sǎam chabàp]

ノート ได้ [dâi] は動詞としても働き「～を受ける・得る」の意味になります（P. 188）。ได้ รับ [dâi ráp]「～を受けとる」もよく使います。

単語メモ

ตี [tii] 打つ　เลย [ləəi] 語気を表す助詞　เข็ด [khèt] 懲りる
ย้าย [yáai] 移す、移る　เปื่อย [pùai] くずれるように柔らかい　เสร็จ [sèt] おわる
บุญคุณ [bunkhun] 恩義　ละ [lá] ～につき。A ละ B「AにつきB」の形で使います

ドリル B

1）次のタイ語を日本語になおしてみて下さい。

1．ไปอาบน้ำสิ, จะได้เย็น
[pai àap náam sì, cà dâi yen]

2．ผมไม่ได้เป็นทหาร
[phǒm mâi dâi pen thahǎan]

3．ผมเกือบไม่ได้เป็นทหาร
[phǒm kʉ̀ap mâi dâi pen thahǎan]

2）次の日本語をタイ語になおしてみて下さい。

1．今日は手紙を２通書きました。

2．先月はあまりスポーツをしませんでした。

3．昨日私は本を２冊受けとりました。

アドバイス

2)ไม่ใช่～[mâi châi ～]はその時点で「～ではない」ことを示し、ไม่ได้เป็น～[mâi dâi pen ～]は過去・現在ずっと「～ではない」という意味です。

1)手紙の(類)は
ฉบับ [chabàp]
2)スポーツをする
เล่นกีฬา
[lên kiilaa]

ティータイム

ソムタム -ส้มตำ-

この本でも何回か出てきた＜ส้มตำ＞[sômtam]はパパイアの実を細かく切って、いろいろの具を入れて混ぜ合わせた一種のサラダです。今ではタイ全土で広く食べられていますが、本来は東北タイの料理で、＜พริก＞[phrík]とうがらしをつぶして混ぜるために気絶しそうに辛いことがあります。注文する時には、今まで学んだ表現＜อย่า＞[yàa]や＜ไม่ต้อง＞[mâi tɔ̂ŋ]を使って、とうがらしを阻止しましょう。＜อย่าใส่พริกมาก＞[yàa sài phrík mâak]といったところです。あくまで、「たくさん入れないで」であって「入れないで」ではありません。全然辛くないソムタムなど、食べられたものではありませんからね。

頭出し
2-3

20. タイの国歌を歌えます

キーワード

ได้ [dâi] ダイ

修飾する部分の後ろに置かれて「〜できる」という可能や許可を表す助動詞です。否定の助詞 ไม่ [mâi] は ได้ [dâi] の前に置かれます。ได้ [mâi] を使うのは、最も基本的な可能表現です。

基本文

1．タイの国歌を歌えます。
ร้อง เพลง ชาติ ไทย ได้
[rɔ́ɔŋ phleeŋ châat thai dâi]
（ローン プレーン チャート タイ ダイ）

2．ここで寝てもいいですか。
นอน ที่ นี่ ได้ ไหม
[nɔɔn thîi nîi dâi mái]
（ノーン ティー ニー ダイ マイ）

3．私は一人で旅行ができません。
ดิฉัน เดิน ทาง คนเดียว ไม่ ได้
[dichán dəən thaaŋ khon diao mâi dâi]
（ディチャン ドゥーン ターン コン ディアオ マイ ダイ）

単語メモ

เพลง ชาติ [phleeŋ châat]‥「国歌」ชาติ [châat] は民族的な色合いの強い「国家」。เมือง [mɯaŋ] は町や故郷などをふくめて、連帯感のある集団「国」。ประเทศ [prathêet] は機構的な意味での近代的な「国家」ですが、厳密な区別があるわけではありません。

คน เดียว [khondiao]‥‥‥‥「一人」เดียว [diao] は「1」という意味の数詞ですが、例外的に類別詞の後ろに置かれます。

ポイント

◇<ได้>[dâi]は一般的な可能や許可を表す助動詞です。くわしく可能のニュアンスを伝えたいときは別の表現となります。

◇<ได้> [dâi]の置かれる位置は、その修飾する部分の末尾です。つまり<ได้>[dâi] はそれより前の部分について「〜できる」と述べる語です。必ずしも文末に置かれるとは限りません。

ドリル A

1）次の語を使って「私は～ができます」と言って下さい。

1. นำเที่ยว เมืองไทย　タイを案内する
[nam thiâo mʉaŋthai]
2. เล่น ดนตรี　音楽を演奏する
[lên dontrii]
3. ขี่ รถ จักรยาน　自転車に乗る
[khìi rót càkkrayaan]
4. เข้าใจ เขา　彼を理解する
[khâocai kháo]

2）次の２つの文を比較してみて下さい。

1. (a) สอน ภาษาไทย นิดหน่อย ได้
[sɔ̌ɔn phasǎa thai nít nɔ̀i dâi]
(b) สอน ภาษาไทย ได้ นิดหน่อย
[sɔ̌ɔn phasǎa thai dâi nít nɔ̀i]

2. (a) เขา เดิน คน เดียว ได้
[kháo dəən khon diao dâi]
(b) เขา เดิน ได้ คน เดียว
[kháo dəən dâi khon diao]

アドバイス

1)นำ เที่ยว
[nam thiâo]
案内する
3)ขี่ [khìi]
またがって乗る
4)เข้าใจ [khâocai]
理解する

1)นิดหน่อย
[nít nɔ̀i] 少し

覚えよう！
ミニ会話

A：คุณ แดง,　คุณ ขับ รถ ได้ ไหม ครับ
[khun dɛɛŋ,　khun khàp rót dâi mái khráp]
A：デーンさん、あなたは車の運転ができますか？

B：ไม่ ได้ ค่ะ
[mâi dâi khâ]
B：いいえできません。

A：งั้น, ขี่ รถ จักรยาน ได้ ไหม ครับ
[ŋán, khìi rót càkkrayaan dâi mái khráp]
A：じゃあ、自転車には乗れますか。

B：ได้ ค่ะ,　แน่นอน ค่ะ
[dâi khâ,　nɛ̂ɛnɔɔn khâ]
B：はい、もちろんです。

応用編

◇可能の内容をくわしく言うと・・・

1．あんまできますか。　　นวด เป็น ไหม
[nûat pen mái]

2．ナムプリックを食べられますか。　　กิน น้ำพริก เป็น ไหม
[kin námphrík pen mái]

3．３０キロ歩けますか。　　เดิน ３０ ก.ม. ไหว ไหม
[dəən sǎam sìp kiiooi wǎi mái]

ノート 技術などを修得してできることは เป็น [pen]、慣れてできることも เป็น [pen]、辛抱してできることは ไหว [wǎi] で表現します。

◇自動詞を使った可能表現

1．カバンが持ちあがりません。　　ยก กระเป๋า ไม่ ขึ้น
[yók krapǎo mâi khʉ̂n]

2．飲み込めません。　　กลืน ไม่ ลง
[klʉʉn mâi loŋ]

3．タイ語が読めます。　　อ่าน ภาษาไทย ออก
[àan phasǎa thai ɔ̀ɔk]

4．聞こえません。　　ฟัง ไม่ ได้ยิน
[faŋ mâi dâiyin]

ノート 動詞（句）＋自動詞でも可能表現ができます。第1文を直訳すると「カバンを持ちあげて、あがらない」となります。（76 P230, 256 参照）

◇～してもいい／～でもいい（譲歩）

1．船に乗って行ってもいいです。　　นั่ง เรือ ไป ก็ ได้
[nâŋ rʉa pai kɔ̂ dâi]

2．何もしゃべらないでもいいです。　　ไม่ พูด อะไร ก็ ได้
[mâi phûut arai kɔ̂ dâi]

ノート 文末に ก็ได้ [kɔ̂ dâi] を付けることで「～もまた可である」という譲歩的な意味を表現できます。

単語メモ

นวด [nûat] あんまする　　น้ำพริก [námphrík] タイのつくだ煮のような副食物
กลืน [klʉʉn] 飲みこむ　　ได้ยิน [dâiyin] 聞こえる

ドリル B

1）次のタイ語を日本語になおして下さい。

1. ถาม หน่อย ได้ ไหม
   [thǎam nɔ̀i dâi mái]

2. ผม ฉีด ยา เอง เป็น
   [phǒm chìit yaa eeŋ pen]

3. ยก ฉัน ไหว หรือ
   [yók chán wǎi rʉ̌ʉ]

4. เขา สามารถ จะ อธิบาย เรื่อง นี้ ได้ ทั้งหมด
   [kháo sǎamâat cà athíbaai rʉ̂aŋ níi dâi tháŋ mòt]

2）次の日本語をタイ語になおして下さい。

1. ぼくはお酒が飲めます。
2. ここで物を売っていいですか。
3. ぼくがあなたを連れて行ってもいいです。
4. 窓を閉めてもいいですか。

アドバイス

1)ถาม [thǎam]
尋ねる
2)ฉีด ยา
[chìit yaa]
注射する
4)สามารถ[sǎamâat]
能力がある
ทั้งหมด[tháŋ mòt]
全部

1)お酒は慣れることで飲めるようになるので เป็น[pen]です。
2)「物を売る」
ขาย ของ[khǎai khɔ̌ɔŋ]
3)พา[phaa] 連れて
4)หน้าต่าง[nâatàaŋ]
窓

ティータイム　あんま術

＜นวด＞[nûat]は「あんまする」という意味です。タイには伝統医学の一部門として、あんま術が伝えられており、バンコクの名門寺院＜วัด โพธิ์＞[wát phoo]がその中心です。外国人でもあんまを受けたり、基本技法を習ったりすることができるそうです。一方、夜遊びの一部門としてのあんまも人気があります。あんまをやってもらいながら、お酒を飲んだり、料理を食べたり、おしゃべりしたりするのです。料金は普通のところで１時間１００バーツ位、ホテルの外国人用のところで５００バーツくらいです。

会話 2

クリニックにて（医者と患者の会話）

A. เป็น อะไร ครับ [pen arai khráp]

B. ไม่ สบาย ค่ะ, ปวด ท้อง ทั้ง วัน [mâi sabaai khâ, pùat thɔ́ɔŋ tháŋ wan]

A. เป็น ไข้ ด้วย หรือ เปล่า ครับ [pen khâi dûai rʉ́ plào khráp]

B. เป็น นิด หน่อย ค่ะ [pen nít nɔ̀i khâ]

A. ท้อง เสีย ด้วย ใช่ ไหม, กิน อะไร มา

[thɔ́ɔŋ sǐa dûai châi mái, kin arai maa]

B. เมื่อ วาน นี้ ไป ทาน ก๋วยเตี๋ยว เรือ กับ เพื่อน ๆ ค่ะ

[mʉ̂a waan níi pai thaan kǔaitǐao rʉa kàp phʉ̂an phʉ̂an khâ]

A. ก๋วยเตี๋ยว เรือ หรือ, ที่ ไหน นะ [kǔaitǐao rʉa rʉ̌ʉ, thîi nǎi ná]

B. ที่ อนุสาวรีย์ชัยฯ ริม คลอง บางกะปิ ค่ะ

[thîi anúsǎawariichai rim khlɔɔŋ baaŋkapì khâ]

A. รู้ แล้ว รู้ แล้ว, ก๋วยเตี๋ยว ที่ นั่น กิน แล้ว ท้อง เสีย ทุก ที แหละ [rúu lɛ́ɛo rúu lɛ́ɛo, kǔaitǐao thîi nân kin lɛ́ɛo thɔ́ɔŋ sǐa tthúk thii lɛ̀]

B. ใช่ ค่ะ, แต่ อร่อย .... เลย ยอม ท้อง เสีย

[châi khâ, tɛ̀ɛ arɔ̀i .... ləəi yɔɔm thɔ́ɔŋ sǐa]

A. ใช่, หมอ ก็ เหมือน กัน, โอเค , นี่ ยา นะ ครับ, ทาน วัน ละ สาม เวลา หลัง อาหาร

[châi, mɔ̌ɔ kɔ̂ mʉ̌an kan, ookhee, nîi yaa ná khráp, thaan wan lá sǎam weelaa lǎŋ aahǎan]

B. ขอบ คุณ ค่ะ [khɔ̀ɔp khun khâ]

(訳文)
A. どうしましたか。
B. 具合が悪いのです。一日中お腹が痛くて。
A. 熱もありますか？
B. 少しあります。
A. お腹もこわしているでしょ。何を食べたんですか？
B. 昨日、友だちと舟売りクイティアオを食べに行ったんです。
A. 舟売りクイティアオ？　どこで？
B. 戦勝記念塔です。バーンカピ運河のほとりの。
A. わかった、わかりました。あそこのクイティアオは食べたらいつもお腹をこわすね。
B. そうなんです。でもおいしくて。お腹がこわれてもいいと思っちゃいます。
A. そう、わたしも同じです。オーケーこれが薬です。一日３回食後に服用して下さい。
B. ありがとうございます。

単語メモ

เป็นอะไร [pen arai]：直訳すれば「何になりましたか？」
　　　　　　　　　病気についてはเป็น～で表現します

ท้องเสีย [thɔ́ɔŋ sǐa]：お腹を下す

ก๋วยเตี๋ยว [kǔaitǐao]：クイティアオ（タイのひもかわうどん）舟に乗って売りに来た昔風のものをก๋วยเตี๋ยวเรือ という

อนุสาวรีย์ [anúsǎawarii]：記念塔

คลอง [khlɔɔŋ]：運河

ทุกที [thúk thii]：毎回

ยอม [yɔɔm]：容認する

เวลา [weelaa]：（薬の服用について）～回

頭出し
2-5

21. お父さんは行かないかも知れません

キーワード

อาจ [àat] アート

「もしかしたら～かも知れない」という可能性を述べる法の助動詞です。ここでは「おそらく～だろう」という話者の強い推量を述べる助動詞 คง [khoŋ] とあわせて学ぶことにします。

基本文

1. ぼくはもしかしたら行かないかも知れません。
ผม อาจ ไม่ ไป
[phǒm àat mâi pai]
（ポム アート マイ パイ）

2. お母さんには行けるわけがありません。
คุณ แม่ ไม่ อาจ ไป ได้
[khun mɛ̂ɛ mâi àat pai dâi]
（クン メー マイ アート パイ ダイ）

3. 彼はおそらく友だちに恥じるだろう。
เขา คง อาย เพื่อน
[kháo khoŋ aai phʉ̂an]
（カオ コン アーイ プアン）

単語メモ

อาย [aai] ………………………… 「～に恥じる」、「～を恥じる」とも使います。

☞ ポイント

◇＜อาจ＞[àat]は「もしかしたら～かも知れない」と、後に続く動詞（句）・形容詞について可能性を表します。次の２文を比較してみて下さい。

อาจ ไม่ ไป [àat mâi pai] 「行かない」という可能性がある

ไม่ อาจ ไป ได้ [mâi àat pai dâi] 「行ける」という可能性を否定

◇＜คง＞[khoŋ]は「おそらく～だろう」という話し手の強い推量を表します。＜คง＞[khoŋ] そのものには＜ไม่＞[mâi]はつきませんが、＜ไม่＞[mâi]のついた述語について推量の意味を加えることはできます。

เขา คง ไม่ ไป [kháo khoŋ mâi pai] 彼はおそらく行きません

ドリル A

1）次の単語を読んでみましょう。

1. กิจ [kìt]
仕事・ビジネス

2. บวช [bùat]
出家する

3. เท็จ [thét]
ウソの

4. เพชร [phét]
金剛石

5. เสร็จ [sèt]
終わる

6. ปราชญ์ [pràat]
学者・賢者

アドバイス

จ. ช. は末子音字になると [t] と発音します。
4)語末の ร は黙字
6)語末の ญ は黙字

2）次の文にカッコ内の語を入れてみて訳して下さい。

1. ผม บวช วัด นี้　(อาจ [àat])
[phǒm bùat wát níi]

2. ดิฉัน ลา งาน 4 วัน (อาจ จะ [àat cà])
[dichán laa ŋaan sìi wan]

3. เขา เข้าใจผิด ผม　(คง [khoŋ])
[kháo khâocai phìt phǒm]

アドバイス

1)วัด นี้ [wát níi] の前に ที่ [thîi] が省略されています。

2)ลา งาน [laa ŋaan] 休暇をとる
อาจ = อาจ จะ

3)เข้าใจผิด [khâocai phìt] 誤解する

覚えよう！ ミニ会話

A：พรุ่ง นี้ คุณ จะ ไป ประชุม ไหม
[phrûŋ níi khun cà pai prachum mái]
A：明日会議に行くかい？

B：คง ไม่ ไป หรอก
[khoŋ mâi pai rɔ̀ɔk]
B：たぶん行かないよ。

A：คุณ โก้ อาจ จะ ไป นะ
[khun kôo àat cà pai ná]
A：コーさんが来るかも知れないよ。

B：งั้น ไป ก็ ได้
[ŋán pai kɔ̂ dâi]
B：じゃ、行ってもいいよ。

応　用　編

◇～できるわけがありません

1. 私は意見を申し上げられません。　ดิฉัน ไม่ อาจ จะ ให้ ความเห็น ได้
[dichán mâi àat cà hâi khwaam hěn dâi]

2. 犯人が逃げられるわけがありません。　ผู้ ร้าย ไม่ อาจ จะ หนี พ้น ได้
[phûu ráai mâi àat cà nǐi phón dâi]

3. 家を買えるわけがありません。　ไม่ อาจ ซื้อ บ้าน ได้
[mâi àat sʉ́ʉ bâan dâi]

ノート　ไม่ อาจ จะ～ได้ [mâi àat cà ～ dâi] で、可能性そのものを否定する表現になります。

◇絶対に～に決まっています

1. 絶対合格するに決まっています。　คง สอบ ได้ แน่
[khoŋ sɔ̀ɔp dâi nɛ̂ɛ]

2. きっとお金持ちになるにちがいありません。　คง จะ รวย แน่
[khoŋ cà ruai nɛ̂ɛ]

3. 彼に決まっています。　ต้อง เป็น เขา แน่ ๆ
[tɔ̂ŋ pen khǎo nɛ̂ɛ nɛ̂ɛ]

ノート　คง [khoŋ] に แน่ [nɛ̂ɛ]、แน่ ๆ [nɛ̂ɛ nɛ̂ɛ] を加えると意味が強まります。助動詞 ต้อง [tɔ̂ŋ] でも表現できます。

◇とかく～する傾向があります

1. 日本人はとかくそう考えがちです。　คน ญี่ปุ่น มัก คิด อย่าง นั้น
[khon yîipùn mák khít yàaŋ nán]

2. 中国人は自分で事業をやるのが好きです。　คน จีน มัก จะ ทำ กิจการ เอง
[khon ciin mák cà tham kìtcakaan eeŋ]

ノート　「～しがち」という傾向を表現するには助動詞 มัก [mák] を使います。ただ、口語としては少し堅い感じがするので、同じ意味の動詞 ชอบ [chɔ̂ɔp] を用いる方が多いようです。

単語メモ

ความเห็น [khwaam hěn] 意見　ผู้ร้าย [phûu ráai] 犯人　หนี พ้น [nǐi phón] 逃げおおす　สอบ ได้ [sɔ̀ɔp dâi] 合格する　กิจการ [kìtcakaan] 事業　มัก [mák] ～しがちである

ドリル B

1）次のタイ語を日本語に訳して下さい。

1．เขา อาจ จะ ไม่ ชอบ หอย ก็ ได้
[kháo àat cà mâi chɔ̂ɔp hɔ̌ɔi kɔ̂ dâi]

2．หลาน เขา คง น่ารัก มาก
[lǎan kháo khoŋ nâarák mâak]

3．เขา อาจ จะ เคย เห็น ดิฉัน
[kháo àat cà khəəi hěn dichán]

2）次の日本語をタイ語に訳して下さい。

1．できるわけがありません。

2．来年、もしかしたらまた機会があるかも知れません。

3．きっととてもお母さんが恋しいのだろう。

アドバイス

1)～ก็ได้ [～ kɔ̂ dâi]「～でもよろしい」この場合は「～であるかも知れない」

2)หลาน [lǎan] 孫

3)เห็น [hěn] 見る（意志的にではなく）

1)「できる」は ทำได้ [tham dâi]で表現

2)「機会」 โอกาส [ookàat]

3)強い思慕は คิดถึง [khít thʉ̌ŋ] で表現します。

ティータイム　タ イ の 田 舎

バンコクばかりがタイではありません。鉄道かバスに乗って１時間か２時間行ってみるだけでも、バンコクとは違った豊かなタイの姿にふれられるでしょう。北に行けばアユタヤーあたり、南に行けばナコンパトムかラートブリーあたりでしょうか。適当な駅で降りて散歩してみましょう。お寺があったり、おいしそうなお菓子を売っていたりします。用事もないのに宿をとって１泊してみるのもぜいたくなものです。夜の屋台をひやかしたり、朝は朝で市場のゆげの中を歩いたり、楽しみは尽きません。

頭出し 2-6

22. 水を一杯下さい

キーワード

ขอ [khɔ̌ɔ] コー

何かを「乞う」という意味の他動詞です。動詞（句）を目的語にとることもでき、その場合は自分に何かをさせてくれるよう乞う依頼文となります。

基本文

1. 水を一杯下さい。　　　ขอ น้ำ แก้ว หนึ่ง
　　　　　　　　　　　　[khɔ̌ɔ náam kɛ̂ɛo nʉ̀ŋ]
　　　　　　　　　　　　(コー　ナーム　ケーオ　ヌン)

2. 一緒に行かせて下さい。　ขอ ไป ด้วย
　　　　　　　　　　　　[khɔ̌ɔ pai dûai]
　　　　　　　　　　　　(コー　パイ　ドゥワイ)

3. 局長をおまねきさせて　　ขอ เชิญ ท่าน อธิบดี ครับ
　　いただきます。　　　　[khɔ̌ɔ chəən thân athíbɔdii khráp]
　　　　　　　　　　　　(コー　チューン　タン　アティボディー　クラップ)

単語メモ

แก้ว หนึ่ง [kɛ̂ɛo nʉ̀ŋ] …… 「一杯」ふつう数詞は類別詞の前に置かれますが、หนึ่ง [nʉ̀ŋ] は前でも後でもよく、เดียว [diao]「1」は必ず後に置かれます。
　　　　　　　　　　　　　　(発音) หนึ่ง は類別詞の後に置かれると [nʉŋ] と声調を失います。
ด้วย [dûai] ……………… 「一緒に」ด้วย กัน [dûai kan] は同等に「一緒に」となり、単にด้วย [dûai] だと従属的に「〜もまた」「〜に伴って」という感じか、文をソフトにするために添えられる感じになります。
เชิญ [chəən] ……………… 「お招きする」ได้ รับ เชิญ [dâi ráp chəən]「招きを受ける」
อธิบดี [athíbɔdii] ………… 局長
ท่าน [thân] ……………… 「〜様」(คุณ [khun] より上位)

☞ ポイント

◇ <ขอ> [khɔ̌ɔ] は「乞う」という意味の他動詞です。

◇ <ขอ> [khɔ̌ɔ] ＋自分の動作で、「〜させて下さい」という依頼表現となります。文末に文意をやわらげるために <ด้วย> [dûai]、<หน่อย> [nɔ̀i] を置くことも少なくありません。

ドリル A

1）次の語を使って「～を下さい」という文にしてみて下さい。

1．お茶
น้ำชา [nám chaa]

2．鎮痛剤
ยาแก้ปวด [yaa kɛ̂ɛ pùat]

3．こしょう
พริกไทย [phrík thai]

4．ナムプラー
น้ำปลา [nám plaa]

5．砂糖
น้ำตาล [nám taan]

6．レモンジュース
น้ำมะนาว [nám mánaao]

2）次の動詞（句）を使って「～させて下さい」という文にしてみて下さい。

1．ทราบ ที่อยู่ [sâap thîi yùu]　住所を知る

2．อธิบาย เรื่อง นี้ [athíbaai rɨ̂aŋ níi]　この件を説明する

3．เปิด วิทยุ ฟัง [pə̀ət wítthayú faŋ]　ラジオをつけて聞く

アドバイス

2）แก้ [kɛ̂ɛ] なおす

4）タイの代表的調味料

6）มะนาว [mánaao] タイのレモン

＊依頼文は文末に หน่อย [nɔ̀i] や ด้วย [dûai] をつけるとソフトな感じになります。
ครับ[khráp] / ค่ะ [khâ] も忘れないように。

1）ที่ อยู่ [thîi yùu] 住所

2）อธิบาย [athíbaai] 説明する

覚えよう！ ミニ会話

A：นี่ อะไร คะ
[nîi arai khá]
A：これなんですか？

B：นี่ เพชร ครับ
[nîi phét khráp]
B：これはダイヤモンドです。

A：ขอ ดู หน่อย ได้ ไหม คะ
[khɔ̌ɔ duu nɔ̀i dâi mái khá]
A：ちょっと見せていただけますか。

B：ได้ ครับ
[dâi khráp]
B：はい。

応 用 編

◇日常の中のขอ[khɔ̌ɔ]

1．ごめんなさい。 ขอ โทษ
[khɔ̌ɔ thôot]

2．お先に失礼します。 ขอ ลา ก่อน
[khɔ̌ɔ laa kɔ̀ɔn]

3．ちょっと道を失礼。 ขอ ทาง หน่อย
[khɔ̌ɔ thaaŋ nɔ̀i]

4．おめでとうございます。 ขอ แสดง ความ ยินดี ด้วย
[khɔ̌ɔ sadɛɛŋ khwaam yindii dûai]

◇電話で「～さんをお願いします」

1．２０３号室をお願いします。 ขอ สาย ห้อง ２０３ หน่อย
[khɔ̌ɔ sǎai hɔ̂ŋ sɔ̌ɔŋ sǔun sǎam nɔ̀i]

2．チュターマートさんをお願いします。 ขอ พูด กับ คุณ จุฑามาศ
[khɔ̌ɔ phûut kàp khun cuthaamâat]

3．ルンナパー先生をお願いします。 ขอ เรียน สาย อาจารย์ รุ่งนภา
[khɔ̌ɔ rian sǎai aacaan rûŋnáphaa]

ノート 実際にはすべて、ครับ [khráp] / ค่ะ [khâ] がつきます。第３文の เรียน [rian] は「学ぶ」意味ではなく「申し上げる」というていねいな表現です。

◇借りる／返す

1．ちょっとお金を貸して下さい。 ขอ ยืม เงิน หน่อย
[khɔ̌ɔ yʉʉm ŋən nɔ̀i]

2．本を返して下さい。 ขอ หนังสือ คืน ด้วย
[khɔ̌ɔ nǎŋsʉ̌ʉ khʉʉn dûai]

3．自転車を貸して下さい。 ขอ เช่า จักรยาน
[khɔ̌ɔ châo càkkrayaan]

ノート 「～を返して下さい」は ขอ ～ คืน [khɔ̌ɔ ～ khʉʉn] となることに注意して下さい。

単語メモ

ลา [laa] 別れを告げる　แสดง [sadɛɛŋ] 表明する　ความยินดี [khwaam yindii] 喜び
สาย [sǎai] 線、電話回線　เรียน [rian] 申し上げる　ยืม [yʉʉm]（タダで）借りる
คืน [khʉʉn] 返す　เช่า [châo]（お金を払って）借りる

ドリル B

1）次のタイ文を日本文に訳して下さい。

1．รอ เดี๋ยว　ขอ แต่ง ตัว ก่อน
[rɔɔ diǎo　khɔ̌ɔ tɛ̀ŋ tua kɔ̀ɔn]

2．ขอ จอง ห้อง พัก 6 ห้อง
[khɔ̌ɔ cɔɔŋ hɔ̂ŋ phák hòk hɔ̂ŋ]

3．เรา ขอ พิจารณา อีก ครั้ง หนึ่ง
[rao khɔ̌ɔ phícaaranaa ìik khráŋ nɯ̀ŋ]

2）次の日本文をタイ文に訳して下さい。

1．今日は私におごらせて下さい。

2．少々質問させて下さい。

3．パスポートを返して下さい。

4．黒のフライパンと白の鍋を見せて下さい。

アドバイス

1)แต่ง ตัว[tɛ̀ŋ tua] 身仕たくをする
2)ห้อง พัก [hɔ̂ŋ phák] 客室
3)ครั้ง [khráŋ] 回

1)おごる เลี้ยง [líaŋ]
2)少々 นิด หน่อย [nít nɔ̀i]
3)パスポート หนังสือ เดินทาง [nǎŋsɯ̌ɯ dəən thaaŋ]
4)フライパン กะทะ [kathá]
鍋 หม้อ [mɔ̂ɔ]

ティータイム

心 の 水 -น้ำใจ-

「水」はタイの暑い気候の中で、やはり特別なこだわりをもって扱われていると思います。お客さんに出す最初の飲み物は冷たい水で、暑い中を歩いて行ったときなど、このおいしさは例えようがありません。それから水浴び。タイ人は夏になると１日何度も水浴びをしてほてった身体を冷やします。水をケチらずにざぶざぶとかけるのがコツです。本当は川でやる水浴びが最高で、夕方浴びると一晩ぐっすり眠れます。「思いやり」のことを＜น้ำใจ＞[námcai]「心の水」と呼ぶのもタイ語らしい趣です。

頭出し
2-7

23. 港へ連れて行って下さい

キーワード

ช่วย [chûai] チュワイ

「～を助ける」という意味の他動詞です。動詞（句）を目的語にとると、「～することを手伝う」「手伝って～する」という意味になります。これを使って、「～して下さい」という依頼の表現が可能です。

基本文

1. あの子供はよく両親を助ける。
   เด็ก คน นั้น ชอบ ช่วย งาน พ่อ แม่
   [dèk khon nán chɔ̂ɔp chûai ŋaan phɔ̂ɔ mɛ̂ɛ]
   （デック　コン　ナン　チョープ　チュワイ　ンガーン　ポー　メー）

2. 港へ連れて行って下さい。
   ช่วย พา ไป ท่า เรือ หน่อย
   [chûai phaa pai thâa rʉa nɔ̀i]
   （チュワイ　パー　パイ　ター　ルア　ノイ）

3. どうか靴をお脱ぎ下さい。
   กรุณา ถอด รองเท้า ด้วย
   [karunaa thɔ̀ɔt rɔɔŋtháao dûai]
   （カルナー　トート　ローンタオ　ドゥワイ）

単語メモ

พ่อ แม่ [phɔ̂ɔ mɛ̂ɛ] ……… 両親
พาไป [phaa pai] ……… พา [phaa]「～を連れる」＋ ไป [pai]「行く」
　　พา～ไป [phaa ～ pai]「～を連れて行く」
ท่า เรือ [thâa rʉa] ……… 「舟着き場」ท่า [thâa]「港」
　　ท่า รถ [thâa rót] 車の乗り場
กรุณา [karunaa] ……… 「どうか～して下さい」という丁寧な依頼表現をする語

☞ ポイント

◇＜ช่วย＞ [chûai]は「～を助ける」という他動詞です。
◇＜ช่วย＞ [chûai]＋相手の動作で「～して下さい」という依頼文となります。文末には＜ด้วย＞ [dûai]「～も」、＜หน่อย＞ [nɔ̀i]「ちょっと」などの語がついて文意をやわらげるのが普通です。
◇目上の人に対する依頼・命令文には＜กรุณา＞[karunaa] をつけます。

ドリル A

1）発音に注意して、次の語を読みましょう。

1. ชั่วโมง [chûamooŋ]
   (単) ～時間
2. ชวน [chuan]
   ～を誘う
3. วัว [wua]
   牛
4. รวย [ruai]
   富んだ
5. นุ้ย [núi]
   (人名) ヌイ
6. คุย [khui]
   自慢する

アドバイス

母音[u]は複合母音[ui]、[ua]、[uai]の中でも、しっかりと唇を突き出して発音して下さい。

2）次の語を用いて、「ちょっと～して下さい」という文を作って下さい。

1. ปิด โทรทัศน์ [pìt thoorathát] テレビを消す
2. ไป ถ่าย เอกสาร [pai thàai èekkasǎan] コピーをとりに行く
3. ติดต่อ กับ บริษัท [tìt tɔ̀ɔ kàp bɔɔrisàt] 会社と連絡をとる

ช่วย ～ หน่อย/ด้วย [chûai ～ nɔ̀i / dûai] の形を使います。

2)ถ่าย [thàai] 写す
เอกสาร [èekkasǎan] 書類

3)ติดต่อ [tìt tɔ̀ɔ] 連絡する

覚えよう！
ミニ会話

A：คุณ, ช่วย เหยียบ หลัง หน่อย
[khun, chûai yìap lǎŋ nɔ̀i]
A：ねえ、ちょっと背中を踏んでよ。

B：นอน ลง สิ
[nɔɔn loŋ sì]
B：寝ころんで。

A：ช่วย เหยียบ แรง ๆ หน่อย นะ
[chûai yìap rɛɛŋ rɛɛŋ nɔ̀i ná]
A：ちょっと強く踏んでね。

B：พอ หรือ ยัง
[phɔɔ rʉ̌ʉ yaŋ]
B：こんなもん？

応用編

◇命令をする時の言い方

1．出ていけ。 ออก ไป
[ɔ̀ɔk pai]

2．ここへ来い。 มา นี่
[maa nîi]

3．作文せよ。 จง แต่ง ประโยค
[coŋ tɛ̀ŋ prayòok]

ノート 動詞はそれだけで命令の働きをします。第3文は文語調で、会話では使いません。

◇「どうぞ～して下さい」

1．どうぞ歌って下さい。 เชิญ ร้อง เพลง
[chəən rɔ́ɔŋ phleeŋ]

2．味見してみて下さい。 เชิญ ลอง ชิม ดู
[chəən lɔɔŋ chim duu]

3．どうぞ家にお食事に来て下さい。 เชิญ มา ทาน ข้าว ที่ บ้าน ด้วย
[chəən maa thaan khâao thîi bâan dûai]

ノート 「どうぞ～して下さい」は動詞 เชิญ [chəən]「招く」を使って表現します。ด้วย [dûai] หน่อย [nɔ̀i] はいりませんが、つけても構いません。

◇丁寧な依頼文

1．ちょっとお待ち下さい。 กรุณา คอย สัก ครู่
[karunaa khɔɔi sàk khrûu]

2．お静かに願います。 โปรด เงียบ
[pròot ŋîap]

3．お菓子を買ってきてもらえますか。 ไป ซื้อ ขนม ให้ หน่อย ได้ ไหม
[pai sʉ́ʉ khanǒm hâi nɔ̀i dâi mái]

ノート 丁寧な依頼は กรุณา [karunaa]、โปรด [pròot] などを文頭につけて表現する他、第3文のように可能文の疑問文によっても表せます。第3文 ให้ [hâi]は P. 226参照。

単語メモ

จง [coŋ] ～せよ　แต่ง [tɛ̀ŋ] 為す、作る　ประโยค [prayòok] 文　เชิญ [chəən] 招く
ลอง ～ ดู [lɔɔŋ ～ duu] ためしに～してみる　สักครู่ [sàk khrûu] 少しの間
เงียบ [ŋîap] 静かである　ชิม [chim] つまむ、味見する

ドリル B

1）次のタイ文を日本文に訳して下さい。

1. เรา ต้อง ช่วย กัน สร้าง ประชาธิปไตย
   [rao tɔ̂ŋ chûai kan sâaŋ prachaathîppatai]

2. ช่วย หา โรงพยาบาล ดี ๆ หน่อย
   [chûai hǎa rooŋ phayaabaan dii dii nɔ̀i]

3. ช่วย ส่ง ไป เมืองไทย หน่อย
   [chûai sòŋ pai mɯaŋ thai nɔ̀i]

2）次の日本文をタイ文に訳して下さい。

1. ちょっとタイ語に訳して下さい。

2. 水泳を教えて下さい。

3. タクシーを呼んで下さい。

4. ちょっとこのボタンを押して下さい。

アドバイス

1)ช่วย กัน ～ [chûai kan ～] 助け合って～する
ประชาธิปไตย [prachaathîppatai] 民主主義
2)โรงพยาบาล [rooŋ phayaabaan] 病院
1)「タイ語に訳す」の「に」は เป็น [pen] を使います。
3)タクシー แท็กซี่ [thɛ́ksîi]
呼ぶ เรียก [rîak]
4)押す กด [kòt]
ボタン ปุ่ม [pùm]

ティータイム

自　ら　助　く

前課で「思いやり」＜น้ำใจ＞[námcai] が登場しましたが、「助け合う」は具体的な物事に関して協力するのは＜ช่วย กัน＞[chûai kan] といい、一般的に「援助する」のは＜ช่วย เหลือ＞[chûai lɯ̌a]、「援助しあう」は＜ช่วย เหลือ กัน＞[chûai lɯ̌a kan] といいます。援助は＜อุปการะ＞[ùppakaará]とも言いますが、＜ได้ รับ อุปการะ＞[dâi ráp ùppakaará]「援助を受けている」というと、誰か特別なパトロン氏＜ผู้ อุปการะ＞[phûu ùppakaará]の存在が推測されます。＜ช่วย ตน เอง＞[chûai ton eeŋ]「自ら助く」といきたいものです。

24. 主人に行かせます

キーワード

ให้ [hâi] ハイ

「与える」という意味の他動詞で、「AをBに与える」のように2つの目的語をとる場合、ให้ [hâi] A Bの語順になります。また、使役表現の動詞として ให้ [hâi] A＋動詞（句）の形で「Aに～させる」の意味になります。また前置詞「～のために」としても働きます。

基本文

1．服を友だちにあげる。
ให้ เสื้อ เพื่อน
[hâi sʉ̂a phʉ̂an]
（ハイ スア プアン）

2．主人に買い物に行かせます。
ให้ สามี ไป ซื้อ ของ
[hâi sǎamii pai sʉ́ʉ khɔ̌ɔŋ]
（ハイ サーミー パイ スー コーン）

3．昨日妻に手袋を買ってあげた。
เมื่อวานนี้ ซื้อ ถุงมือ ให้ ภรรยา
[mʉ̂a waan níi sʉ́ʉ thǔŋmʉʉ hâi phanrayaa]
（ムアワーンニー スー トゥン ムー ハイ パンラヤー）

単語メモ

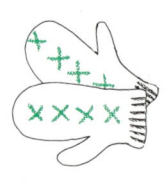

ให้ [hâi] ……………………… 「与える」「～させる」㊐「～のために」
ถุงมือ [thǔŋmʉʉ] ………… 手袋

☞ ポイント

◇「AをBに与える」は<ให้>[hâi] A Bの語順で表現します。
◇「Aに～させる」は<ให้>[hâi] A～で表現します。
◇<ให้>[hâi] は前置詞として名詞と結び、「～のために」という意味になります。名詞の部分が自明であればそれを省略し、<ให้>[hâi] のみで用います。その場合、日本語の「～してあげる」といった表現に近くなります。恩着せの ให้ です。

ドリル　A

1）次の語句を用いて、「AをBに与える」の意味の文を作って下さい。

1． คะแนน [khanɛɛn]、　นักเรียน [nák rian]
　　点　　　　　　　　生徒

2． ปากกา [pàakkaa]、　น้องชาย [nɔ́ɔŋ chaai]
　　ペン　　　　　　　弟

3． ดอกไม้ [dɔ̀ɔk máai]、　อาจารย์ [aacaan]
　　花　　　　　　　　　先生

2）次の語を用いて、「～させる」と言ってみましょう。

1． ตอบ ข้อถาม　　質問に答える
　　[tɔ̀ɔp khɔ̂ɔ thǎam]
2． กิน จน อิ่ม　　腹一杯になるまで食べる
　　[kin con ìm]
3． รับ ราชการ　　公務を受ける（＝公務員として働く）
　　[ráp râatchakaan]

アドバイス

3) อาจารย์ [aacaan] は本来「大学の先生」ですが、中学や高校の先生、お坊さんに使ってもおかしくありません。医師・代議士・法律家などには使いません。

2) จน [con] 前
～まで

覚えよう！ ミニ会話

A：พรุ่งนี้ มี การประชุม ใช่ ไหม
　　[phrûŋníi mii kaanprachum châi mái]
B：ใช่, จะ ให้ ใคร ไป ดี
　　[châi, cà hâi khrai pai dii]
A：ให้ คุณ แดง ไป ดี ไหม
　　[hâi khun dɛɛŋ pai dii mái]
B：เขา จะ ไป ให้ หรือ เปล่า ก็ ไม่ รู้
　　[kháo cà pai hâi rɯ̌ɯ plàaw kɔ̂ mâi rúu]

A：明日は会議があるんでしょう？
B：そうです。誰を行かせようか。
A：デーンさんを行かせるというのはどう？
B：彼は行ってくれるかな。

応用編

◇日常の中でよく使う「〜させる」

1. 話して聞かせる。 เล่า ให้ ฟัง [lâo hâi faŋ]
2. 描いて見せる。 วาด ให้ ดู [wâat hâi duu]
3. 貸家あり。 มี บ้าน ให้ เช่า [mii bâan hâi châo]
4. 言って、来させる。 บอก ให้ มา [bɔ̀ɔk hâi maa]

◇「・・して〜にします」→「〜に・・します」目標の設定

1. きれいに手を洗います。 ล้าง มือ ให้ สะอาด
[láaŋ mɯɯ hâi saʔàat]
2. きちんと身仕たくする。 แต่ง ตัว ให้ เรียบร้อย
[tɛ̀ŋ tua hâi rîap rɔ́ɔi]
3. よく考える。 คิด ให้ ดี
[khít hâi dii]

ノート 意図的に「〜になるように」する場合、ให้ [hâi] +形容詞を使って表現できます。「〜になるように」という動作の目標を示す ให้ [hâi] です。

◇「〜をしてあげます」

1. 私がパスポートをしまっておいてあげます。 ดิฉัน จะ เก็บ หนังสือเดินทาง ไว้ให้
[dichán cà kèp nǎŋsɯ̌ɯ dəənthaaŋ wái hâi]
2. 値段をまけてあげます。 ลด ราคา ให้
[lót raakhaa hâi]
3. 果物を買ってきてあげます。 ซื้อ ผลไม้ มา ให้
[sɯ́ɯ phǒnlamáai maa hâi]

ノート ให้ [hâi] +人で「〜のために」ですが、自明である場合には人を省略して、ให้ [hâi] だけを残します。日本語の「〜してあげる」という感じになります。

単語メモ

เล่า [lâo] 語る　วาด [wâat] 描く　ล้าง [láaŋ] 洗う　เรียบร้อย [rîap rɔ́ɔi] きちんとした
ลด [lót] 落とす／落ちる　ราคา [raakhaa] 値段　ผลไม้ [phǒnlamáai] 果物

ドリル B

1）次のタイ文を日本文に訳して下さい。

1. ให้ยืม หนังสือ ไป
   [hâi yʉʉm năŋsʉ̌ʉ pai]
2. ให้ เจ้า หน้า ที่ ตำรวจ ไป ที่เกิดเหตุ
   [hâi câo nâa thîi tamrùat pai thîi kə̀ət hèet]
3. ให้ เมีย เลี้ยง หมู
   [hâi mia lían mǔu]

2）次の日本文をタイ文に訳して下さい。

1. 子供を学校に行かせる。
2. 昔話を語って聞かせる。
3. きれいにお化粧する。

アドバイス

1)ไป [pai] は方向助詞
2)เจ้า หน้า ที่ [câo nâa thîi] 係員
ที่ เกิด เหตุ [thîi kə̀ət hèet] 現場
3)เลี้ยง หมู [lían mǔu] 養豚する

2)昔話 นิทาน [níthaan]
3)お化粧する
แต่ง หน้า [tɛ̀ŋ nâa]

ティータイム

勉 強 し な け れ ば

＜ให้＞[hâi] の後に形容詞を続けることで、意図的にある状態にさせるという意味になることは、上で学んだ通りですが、＜ให้ได้＞[hâi dâi] というと、やはり意図的に＜ได้＞[dâi] の状態をめざすのですから、「〜を可能にさせる」というような意味になってきます。日本語にすると「どうしても〜するように」といったニュアンスです。例えば、＜ต้อง ไป ขั้ว โลก ใต้ ให้ ได้＞[tɔ̂ŋ pai khûa lôok tâi hâi dâi] で「どうしても南極に行かなければ！」という意味です。この本を読んでいる皆さんも＜ต้อง พูด ภาษาไทย ให้ ได้＞[tɔ̂ŋ phûut phasǎa thai hâi dâi] とお思いでしょうか。

頭出し
2-9

25. 上司に叱られました

キーワード

ถูก [thùuk] トゥーク

「当たる」「接触する」意味の自動詞で、単独で用いる他、後ろの動詞（句）と結んで「～される」という被害表現をなします。また、「正しい」「安い」という形容詞として働きます。

基本文

1. 母ちゃんが宝くじに当たった。
   แม่ ถูก หวย
   [mɛ̂ɛ thùuk hǔai]
   （メー　トゥーク　フワイ）
2. 私は上司に叱られました。
   ดิฉัน ถูก เจ้านาย ว่า
   [dichán thùuk câo naai wâa]
   （ディチャン　トゥーク　チャオ　ナーイ　ワー）
3. この店は本当に安い。
   ร้าน นี้ ถูก จริง ๆ
   [ráan níi thùuk ciŋ ciŋ]
   （ラーン　ニー　トゥーク　チン　チン）

単語メモ

ถูก [thùuk] …………………… 「当たる」「接触する」「～される」「安い」「正しい」
ถูก [thùuk] ＋名詞の形でたくさんの熟語があります。
หวย [hǔai] …………………… 「宝くじ」（民間でやっているもの）。もともとは中国の賭博です。
เจ้านาย [câo naai] ………… 上司
ว่า [wâa] ………………………… ～を叱る、やいのやいの言う

＊第３文で「安い」のは店の品物であって店そのものではないというのは理屈ですが、タイ語の表現としてはこれで充分です。店そのものは、普通売り物ではありませんから。

ポイント

◇<ถูก> [thùuk] は「当たる」「接触する」という自動詞です。
◇<ถูก> [thùuk] ＋人＋動詞（句）の形で「・・・に～される」という被害の表現になります。
◇<ถูก> [thùuk] は「正しい」「安い」という形容詞です。

ドリル A

1）次にあげる熟語を読んで覚えましょう。

1. ถูกใจ [thùuk cai]　気に入る
2. ถูก ต้อง [thùuk tɔ̂ŋ]　正しい
3. ถูก กฎหมาย [thùuk kòtmǎai]　合法的である
4. ถูก ชะตา กัน [thùuk chataa kan]　気が合う
5. ถูก คอ กัน [thùuk khɔɔ kan]　気が合う
6. ไม่ ถูก กัน [mâi thùuk kan]　気が合わない

アドバイス

どれもถูก [thùuk] の本来の意味である「当たる」をよく残した熟語です。

2）次の語句を用いて、「～に・・・された」という被害を表現する文を作ってみましょう。

1. รถ [rót] 車 ······ ชน [chon] ぶつかる
2. ผัว [phǔa] 亭主 ······ ซ้อม [sɔ́ɔm] 殴る蹴るされる
3. เพื่อน บ้าน 隣人 ······ ฟ้อง [fɔ́ɔŋ] 告訴する
   [phɯ̂an bâan]
4. คน ร้าย 悪人 ······ ลัก พา ตัว 拉致する
   [khon ráai]　[lák phaa tua]

ถูก A B
[thùuk A B]
「AにBされる」
の形です。

覚えよう! ミニ会話

A：คุณ รู้จัก โรงแรม ดี ๆ ไหม　　A：いいホテルを知っていますか？
　　[khun rúucàk rooŋ rɛɛm dii dii mái]

B：รู้จัก หลาย แห่ง　　　　　　B：たくさん知っています。
　　[rúucàk lǎai hɛ̀ŋ]

A：ที่ ถูกๆ มี ไหม　　　　　　A：安いのもありますか？
　　[thîi thùuk thùuk mii mái]

B：มี เยอะแยะ　　　　　　　　B：たくさんありますよ。
　　[mii yɤ́yɛ́]

応　用　編

◇ถูก[thùuk]を用いた可能表現のいろいろ

1. 話しても当たらない。　พูด ไม่ ถูก
　　（うまく言い表せない）
　　　　　　　　　　　　　[phûut mâi thùuk]
2. 書いても当たらない。　เขียน ไม่ ถูก
　　（正確に書けない）
　　　　　　　　　　　　　[khĭan mâi thùuk]
3. 行って当てる。　　　　ไป ถูก
　　（正しく目的地に着く）
　　　　　　　　　　　　　[pai thùuk]

> ノート　意志動詞＋自発動詞で行為の結果を表しますが（76 参照）、これが可能の表現にかさなる場合も少なくありません。(P208, P256 も参照)

◇英語の受け身はタイ語ではどうなるの？

1. この会は去年設立された。สมาคม นี้ ก่อ ตั้ง ขึ้น เมื่อ ปี ที่ แล้ว
　　　　　　　　　　　　　[samaakhom níi kɔ̀ɔ tâŋ khɯ̂n mɯ̂a pii thîi lɛ́ɛo]
2. 新しい政策が政府によって　รัฐบาล ออก นโยบาย ใหม่
　　打ちだされた。
　　　　　　　　　　　　　[rátthabaan ɔ̀ɔk náyoobaai mài]
3. 彼はみんなに愛されている。ทุก คน รัก เขา
　　　　　　　　　　　　　[thúk khon rák kháo]

> ノート　被害の意味のない受動態はタイ語にありません。受け身でないふつうの文で表現します。第１文のように他動詞が自発動詞的に用いられる例もあります。

◇日本文でのばく然とした被害の気分

1. 雨に降られる。　　　　　ฝน ตก　[fǒn tòk]
2. 友だちに麻雀に誘われる。เพื่อน ชวน เล่น ไพ่นกกระจอก
　　　　　　　　　　　　　[phɯ̂an chuan lên phâi nókkracɔ̀ɔk]
3. 亭主に先立たれる。　　　ผัว ตาย ก่อน
　　　　　　　　　　　　　[phǔa taai kɔ̀ɔn]

> ノート　第１・３文をタイ語の ถูก[thùuk] を使って直訳しても、何やらさっぱり要領を得ません。第２文のようにばく然とした迷惑感もタイ語では被害文には訳さないのがふつうです。

> 単語メモ
> สมาคม [samaakhom] 会・協会　　ก่อตั้ง [kɔ̀ɔ tâŋ] 設立する　　รัฐบาล [rátthabaan] 政府
> นโยบาย [náyoobaai] 政策　　ไพ่นกกระจอก [phâi nókkracɔ̀ɔk] 麻雀

ドリル B

1）次のタイ文を日本文に訳してみましょう。

1. ในที่สุด ถูก ตำรวจ จับ
   [nai thîi sùt thùuk tamrùat càp]

2. ฉัน ถูก ผู้ชาย หลอก ทุก ที
   [chán thùuk phûuchaai lɔ̀ɔk thúk thii]

3. โดน พวก นักเลง ตี
   [doon phûak nák leeŋ tii]

2）次の日本文をタイ文に訳して下さい。

1. 市場のおばさんにどなられた。

2. 私たち２人は、お互いにとてもうまが合います。

3. 椰子の木の下敷きになる。

アドバイス

1）ในที่สุด [nai thîi sùt] 結局
2）หลอก [lɔ̀ɔk] だます
ทุก ที [thúk thii] いつも
3）โดน [doon] も被害の ถูก [thùuk] と同じ働きです。
นักเลง [nákleeŋ] よた者
1）市場のおばさん แม่ ค้า ตลาด [mɛ̂ɛ kháa talàat]
どなる（ののしる） ด่า [dàa]
2）うまがあう ถูก คอ กัน [thùuk khɔɔ kan]
3）下敷きにする ทับ [tháp]
椰子の木 ต้น มะพร้าว [tôn maphráao]

ティータイム

宝　く　じ

<หวย> [hǔai] は、主に民間でやっている宝くじのことです。政府の<ล็อตเตอรี่> [lɔ́ttəərîi] は合法なのですが、民間のはもちろん違法です。北部のある農村では<หวย> [hǔai] に当たったと言ってコンクリの家を新築する人がたくさんいるのだそうです。実はいわゆるジャパ行きさんの故郷なのですが、それで家を建てたというのもさしさわりがあるので、宝くじだと言うのです。日本に行くのも宝くじみたいなものかも知れません。庶民が大金を夢見ることのできる数少ない機会の裏で誰かが胴元になって笑っています。

頭出し
2-10

26. 先に行きますね

キーワード

นะ [ná] ナ

会話文の末尾にていねいさを表す ครับ [khráp]（男性）、ค่ะ [khâ]（女性）を添えることは、今まで何回もお願いした通りです。ここでは、やはり文末につけて語気を表し、文にニュアンスを与える語を学びましょう。

基本文

1．私、先に行きますね。
ดิฉัน ไป ก่อน นะ คะ
[dichán pai kɔ̀ɔn ná khá]
（ディチャン パイ コーン ナ カ）

2．彼は行くわけないさ。
เขา จะ ไม่ ยอม ไป สิ
[kháo cà mâi yɔɔm pai sì]
（カオ チャ マイ ヨーム パイ シ）

3．さあ、一緒に行きましょ。
ไป ด้วย กัน เถอะ
[pai dûai kan thə̀]
（パイ ドゥワイ カン タ）

単語メモ

ก่อน [kɔ̀ɔn] ……「〜の前に」(前) 〜の部分が自明である場合は省略して、ก่อน [kɔ̀ɔn] だけで「先に」の意味です。

นะ [ná] ……語気を表す助詞。文意を柔げたり、軽い確認をします。(発音) นะ [ná] の後の ค่ะ [khâ] は、疑問文でなくとも คะ [khá] と声調が変化します。

ยอม [yɔɔm] ……「承知する、肯ずる」。動詞（句）を目的語にとります。

สิ,ซิ,ซี่ [sì,sí,sî] ……語気を表す助詞。強調、断定、命令の意味を添えます。สิ [sì] はそれを良いこととして勧める感じ、ซิ [sí] は若干つきはなした感じを表すようですが、今はあまり神経質にならないで結構です。

เถอะ [thə̀] ……勧誘の語気を表す助詞。

ポイント

◇文末に語気を表す助詞を置いて文にニュアンスを添えます。ていねい語の＜ครับ＞[khráp]、＜ค่ะ＞[khâ] は、その後に置きます。

ドリル A

1）次の文にนะ[ná]を加えて発音してみましょう。

1. เขา เขียน ภาษาไทย สวย ครับ

   [kháo khǐan phasǎa thai sǔai khráp]

2. ดี ขึ้น มาก ค่ะ

   [dii khɯ̂n mâak khâ]

3. ทีหลัง อย่า ทำ อีก

   [thiilǎŋ yàa tham ʔìik]

2）次の文にซิ,สิ[sí,sǐ]を加えて発音してみましょう。

1. คุณ อยู่ ที่ บ้าน

   [khun yùu thîi bâan]

2. ฟัง ดี ๆ หน่อย

   [faŋ dii dii nɔ̀i]

3. เรา ก็ ต้อง ไป

   [rao kɔ̂ɔ tɔ̂ŋ pai]

アドバイス

2)ขึ้น [khɯ̂n] は方向助詞で、変化の方向を示します。

3)ทีหลัง [thiilǎŋ]「これからは」「以後」

1), 2)命令の意味になります。

3)強調

覚えよう！
ミニ会話

A：วัน นี้ ไป ไหน ดี นะ [wan níi pai nǎi dii ná]	A：今日はどこへ行こうか。
B：ไม่ ต้อง คิด มาก หรอก ไป ไหน ก็ ได้ [mâi tɔ̂ŋ khít mâak rɔ̀ɔk pai nǎi kɔ̂ dâi]	B：あんまり考えないで。どこに行ってもいいわよ。
A：นั่น นะ สิ, งั้น ไป ไหน ดี [nân na sǐ, ŋán pai nǎi dii]	A：それそれ。じゃあどこに行こうか。
B：ไม่ รู้ ซิ [mâi rúu sí]	B：わからないわよ。

応用編

◇語気を表す他の表現は？

1．彼は女なんか嫌いよ。 เขา ไม่ ชอบ ผู้หญิง หรอก
[kháo mâi chɔ̂ɔp phûu yǐŋ rɔ̀ɔk]

2．食っちゃえ、食っちゃえ。 กิน เลย　กิน เลย
[kin ləəi　kin ləəi]

3．遊びに行きましょ。 ไป เที่ยว กัน เฮอะ
[pai thîao kan hə̀]

ノート 第１文は ไม่ ～ หรอก [mâi ～ rɔ̀ɔk] で「～じゃないよ」というくだけた感じのある否定。
第２文はP. 240を参照。第３文は เถอะ [thə̀] の口語的にくだけた形でよく使われます。

◇กัน[kan]の使い方について

1．私たちは１０年間も友人同士です。 เรา เป็น เพื่อน กัน มา ตั้ง 10 ปี
[rao pen phɯ̂an kan maa tâŋ sìp pii]

2．あの夫婦はよく大声で喧嘩する。 ผัว เมีย คู่ นั้น ชอบ ทะเลาะ กัน เสียง ดัง
[phǔa mia khûu nán chɔ̂ɔp thalɔ́ kan sǐaŋ daŋ]

3．委員が皆で考える。 กรรมการ ช่วย กัน คิด
[kammakaan chûai kan khít]

4．同じだ。 เหมือน กัน
[mɯ̌an kan]

5．誰がより賢いか。 ใคร ฉลาด กว่า กัน
[khrai chalàat kwàa kan]

6．おしまいだ。 แล้ว กัน
[lɛ́ɛo kan]

ノート กัน [kan] は動詞（句）の後に置かれ、その動作が相互から行われることを示します。ช่วย กัน [chûai kan] ＋動詞（句）で「助け合って、皆で・・・する」という表現です。また形容詞の比較表現の後に置かれ、その比較が相互に行われることを意味します。

単語メモ

เป็น เพื่อน กัน [pen phɯ̂an kan] 友人である　ตั้ง [tâŋ] ～も　เสียง ดัง [sǐaŋ daŋ] 大声で
ผัว เมีย [phǔa mia] 夫婦（類 คู่ [khûu]）　ทะเลาะ [thalɔ́] 喧嘩する
กรรมการ [kammakaan] 委員、役員　เหมือน กัน [mɯ̌an kan] 同じ

ドリル B

1）次のタイ文を日本文に訳して下さい。

1. ไม่ ต้อง เสียใจ นะ
   [mâi tɔ̂ŋ sǐacai ná]

2. เขา ไม่ ยอม ฟัง คุณ หรอก
   [kháo mâi yɔɔm faŋ khun rɔ̀ɔk]

3. ช่าง มัน เถอะ
   [chân man thə̀]

4. ชาว บ้าน สนุก กัน ใหญ่
   [chaao bâan sanùk kan yài]

5. เรา ต้อง คุย กัน เรื่อง นี้ อีก
   [rao tɔ̂ŋ khui kan rʉ̂aŋ níi ìik]

6. หนุ่ม สาว พา กัน ไป เที่ยว งาน วัด
   [nùm sǎao phaa kan pai thîao ŋaan wát]

アドバイス

2)ฟัง [faŋ] ＋人で「～の言うことを聞く」意味

3)ช่าง มัน [châŋ man]「そんなのほっとく」

4)ใหญ่ [yài] は口語的表現で「大喜び」「大騒ぎ」の「大」にあたります。

กัน [kan] は、多数の人が同じ場で、同じ理由で สนุก [sanùk] な事を示します。

ชาว บ้าน [chaao bâan] 皆の衆

6)หนุ่ม สาว [nùm sǎao] 若い衆

ティータイム

単語を増やそう！（2）「人の性質」

人の<นิสัย>[nisǎi]「性質」もいろいろです。尊ばれるのは<ใจดี>[caidii]「やさしい」で、<ใจเย็น>[caiyen]「冷静な」ことで、<ใจร้าย>[cairáai]「いじわるな」や<ใจร้อน>[cairɔ́ɔn]「せっかち」は嫌われます。<ใจง่าย>[caiŋâai]「信じやすい」女の子は<เจ้าชู้>[câochúu]「浮気な」連中のいいカモです。町には<น่ากลัว>[nâaklua]「怖い」人や、<โหด>[hòot]「残酷な」人もいますからご用心。タイでも<ขี้เกียจ>[khîi kìat]「ぐうたら」はだめ。<ขยัน>[khayǎn]「勤勉な」で<อ่อนน้อม>[ɔ̀ɔnnɔ́ɔm]「謙虚」といきたいものです。

頭出し
2-11

27. もう水浴びをしました

キーワード

แล้ว [lɛ́ɛo] レーオ

動詞（句）、形容詞などの後につき、ある行為の完了「もう～した」を表します。また、事態の変化や新しい事態の認知「～になった」ことを示します。日本語に表現しにくい語で、熟語表現も多いので注意が必要です。

基本文

1．もう水浴びをしました。
อาบ น้ำ แล้ว
[àap náam lɛ́ɛo]
（アープ ナーム レーオ）

2．マンゴーがそろそろ出ますよ。
มะม่วง จะ ออก แล้ว นะ
[mamûaŋ cà ɔ̀ɔk lɛ́ɛo ná]
（マムワン チャ オーク レーオ ナ）

3．もう写真をとりましたか。
ถ่าย รูป แล้ว หรือ ยัง
[thàai rûup lɛ́ɛo rɯ́ɯ yaŋ]
（ターイ ループ レーオ ル ヤン）

単語メモ

อาบ น้ำ [àap náam] ……… 「水浴びする」タイ人にとってのお風呂です。
　発音 [àp náam] のように前音節は少し短めです。

ทุเรียน [thúrian] ……………… 果物の王様「ドリアン」

แล้ว หรือ ยัง [lɛ́ɛo rɯ́ɯ yaŋ] 「もう～しましたか？」と聞く表現。หรือ ยัง [rɯ́ɯ yaŋ]（P. 170）と同じ意味です。หรือ は [rɯ́ɯ] と軽く発音します。

☞ ポイント

◇＜แล้ว＞[lɛ́ɛo]はある行為の完了「もう～した」を表します。行為の終了「～しおわる」は別な表現（P. 254）を用います。

◇＜แล้ว＞[lɛ́ɛo]は事態の変化や新しい事態の認知「～になった」を表します。第２文では、未然の助動詞＜จะ＞[cà] がついて、「まだ出ていないけれど、近々そういう新事態がおこる」ことを表しています。

ドリル A

1）次の文にแล้ว[lɛ́ɛo]を加えて、「もう～した」の意味にして訳して下さい。

1．คุณ แดง จบ ป.วส.
[khun dɛɛŋ còp pɔɔ wɔɔ sɔ̌ɔ]
2．น้อง สาว ได้ งาน ทำ
[nɔ́ɔŋ sǎao dâi ŋaan tham]
3．น้อง ชาย ตก งาน
[nɔ́ɔŋ chaai tòk ŋaan]

2）次の文について、「もう～しましたか？」と聞いてみて下さい。

1．เข้า โรงเรียน มัธยม　中学に入学する
[khâo rooŋ rian mattháyom]
2．ออก จาก โรงพยาบาล　退院する
[ɔ̀ɔk càak rooŋ phayaabaan]
3．เปิด ร้าน ใหม่　新しい店を開く
[pə̀ət ráan mài]

アドバイス

1)ป.วส. [pɔɔ wɔɔ sɔ̌ɔ] 高等専門学校

2)ได้ งาน ทำ
[dâi ŋaan tham]
「する仕事を得る」→「職を得る」

3)ตก งาน
[tòk ŋaan]
失業する

覚えよう！
ミニ会話

A：ผม ยาว แล้ว
[phǒm yaao lɛ́ɛo]
A：髪が長くなった。

B：ต้อง ไป ตัด ผม นะ
[tɔ̂ŋ pai tàt phǒm ná]
B：散髪に行かなきゃね。

A：ร้าน เปิด แล้ว หรือ ยัง
[ráan pə̀ət lɛ́ɛo rʉ̌ʉ yaŋ]
A：店はもう開いたかな。

B：คง ยัง ไม่ เปิด
[khoŋ yaŋ mâi pə̀ət]
B：たぶんまだだろう。

応 用 編

◇「〜次第です」「〜によります」

1. 両親次第です。　　　　　แล้ว แต่ พ่อ แม่
   [lɛ́ɛo tɛ̀ɛ phɔ̂ɔ mɛ̂ɛ]

2. 金持ちか貧しいかは　　รวย หรือ จน นั้น แล้ว แต่ โชค
   運次第です。
   [ruai rɯ̌ɯ con nán lɛ́ɛo tɛ̀ɛ chôok]

3. それは会社によります。　นั่น แล้ว แต่ บริษัท
   [nân lɛ́ɛo tɛ̀ɛ bɔɔrisàt]

> [ノート] แล้ว [lɛ́ɛo] は動詞としてのはたらきも残しています。แล้ว แต่ [lɛ́ɛo tɛ̀ɛ] で「〜による、〜次第である」という述語になります。

◇「〜してから、・・・」

1. おしっこに行ってからまた　ไป ฉี่ แล้ว นอน ต่อ
   寝つづける。
   [pai chìi lɛ́ɛo nɔɔn tɔ̀ɔ]

2. お金をためてから、使う。　เก็บ เงิน แล้ว ก็ ใช้
   [kèp ŋən lɛ́ɛo kɔ̂ chái]

3. 水浴びをして、それから　　อาบ น้ำ แล้ว ค่อย ไป ทำ งาน
   仕事に行く。
   [àap náam lɛ́ɛo khɔ̂i pai tham ŋaan]

> [ノート] แล้ว [lɛ́ɛo]、แล้ว ก็ [lɛ́ɛo kɔ̂] は接続詞としてはたらき、2つの動作の時間的順序を示します。

◇「・・・でお互いに手を打ちましょう」

1. 50バーツってことに　　　50 บาท ก็ แล้ว กัน
   しましょう。
   [hâa sìp bàat kɔ̂ lɛ́ɛo kan]

2. 週1回で手を打ちましょう。 อาทิตย์ ละ ครั้ง ก็ แล้ว กัน
   [aathít lá khráŋ kɔ̂ lɛ́ɛo kan]

3. おかゆを食べることに　　กิน ข้าวต้ม ก็ แล้ว กัน
   しましょう。
   [kin khâao tôm kɔ̂ lɛ́ɛo kan]

> [ノート] ก็ แล้ว กัน [kɔ̂ lɛ́ɛo kan] は直訳すると「お互いにおしまい」で、ある事についてお互いに妥協しあおう！という表現です。実際の会話では「コラカン」と聞こえたりします。

> **単語メモ**
> ค่อย [khɔ̂i] そろそろ、少しずつ
> โชค [chôok] 運　　ฉี่ [chìi] おしっこ（する）
> อาทิตย์ [aathít] 週　　ครั้ง [khráŋ] 回（ละ [lá] の後の数詞は1の場合のみ省略できます）

ドリル B

1）次のタイ文を日本文に訳してみて下さい。

1．แล้ว แต่ ความคิด ของ เจ้า นาย
[lέεo tὲε khwaam khít khɔ̌ɔŋ câo naai]

2．ไป เมืองไทย แล้ว ค่อย คิด ก็ ได้
[pai mʉaŋ thai lέεo khɔ̂i khít kɔ̂ dâi]

3．คน ละ 30 บาท ก็ แล้ว กัน นะ, พี่!
[khon lá sǎam sìp bàat kɔ̂ lέεo kan ná, phîi!]

2）次の日本文をタイ文に訳してみて下さい。

1．午後5時になった。

2．サクラの花が咲きました。

3．ぼくは行きますね。

アドバイス

1)ความคิด [khwaam khít] 考え
ของ [khɔ̌ɔŋ] ㊞ ～の
2)ก็ ได้ [kɔ̂ dâi] ～でもいい

いずれも事態の変化や新事態の認知を示す แล้ว [lέεo] です。

2)咲く บาน [baan]

ティータイム

手を打ちましょう

妥協点を提示して交渉を終わらせる＜ก็ แล้ว กัน＞[kɔ̂ lέεo kan] は、ちょっと前までは在タイ邦人が最初に覚えなければならない表現でした。タクシーに乗ったり（サムローはもちろん）、ちょっとした市場の買い物でも、日常生活のいろいろな場面でお金の交渉がつきものだったのです。そこそこの店構えの商店でも少々の掛け値は当然でした。でも今では、タクシーはメーター制、買い物はデパートやスーパー、商店も定価販売のところが増えて、とてもとても便利になりましたが、ちょっとさみしい気もします。

頭出し
2-12

28. バスがぼくの家を通りすぎていった

キーワード

เลย	[ləəi] ルーイ

「～を過ぎる、通過する」という他動詞です。ここでは、前の状況からひきつづいて行為がおこなわれることを示す「・・なので～」という意味の接続詞、また、何か一線を越えて行為する語気「～してしまえ」を示す助詞としての用法も学びます。

基本文

1．バスがぼくの家を通りすぎていった。
รถเมล์ เลย บ้าน ผม ไป แล้ว
[rót mee ləəi bâan phǒm pai lɛ́ɛo]
（ロットメー ルーイ バーン ポム パイ レーオ）

2．雨が降った。だから私は行かなかった。
ฝน ตก ดิฉัน เลย ไม่ ได้ ไป
[fǒn tòk dichán ləəi mâi dâi pai]
（フォン トック ディチャン ルーイ マイ ダイ パイ）

3．なぐっちゃえ！ なぐっちゃえ！
ตี เลย ตี เลย
[tii ləəi tii ləəi]
（ティー ルーイ ティー ルーイ）

単語メモ

รถเมล์ [rót mee] ……… 路線バス

☞ ポイント

◇<เลย>[ləəi]は「～を過ぎる、通過する」という他動詞です。

◇<เลย>[ləəi]は接続詞「・・・それで～」「・・・なので～」。行為が、前の事柄から引き続いて行われることを示します。この場合<เลย>[ləəi]は、述部の先頭に置かれますので注意して下さい。

◇<เลย>[ləəi]は何か一線を越えて行うという語気を表す助詞です。「～してしまえ」といったニュアンスです。

ドリル A

1）子音に注意して発音してみましょう。

1．ลอง [lɔɔŋ]「試す」　2．รอง [rɔɔŋ]「次席の」

3．กลอง [klɔɔŋ]「太鼓」　4．กรอง [krɔɔŋ]「漉す」

5．ลูบ [lûup]「なぜる」　6．รูป [rûup]「姿・形」

2）次の語句を使って、「～を過ぎちゃったよ」と言ってみましょう。

1．สะพาน ลอย 歩道橋 [saphaan lɔɔi]　2．ตู้ โทรศัพท์ 電話ボックス [tûu thoorasàp]

3．หัวลำโพง バンコク駅 [hǔalamphooŋ]　4．ป้าย รถเมล์ バス停 [pâai rótmee]

5．วงเวียน ロータリー [woŋwian]　6．อนุสาวรีย์ 記念塔 [anúsǎawarii]

アドバイス

ล [lɔɔ] と ร [rɔɔ]はタイ人でもあまり厳密に分けていない人がいるにはいます。

「～を過ぎちゃったよ」
เลย ～ แล้ว นะ
[ləəi ～ lɛ́ɛo ná]

覚えよう！ ミニ会話

A：ตอน นี้ ถึง ไหน แล้ว นะ
[tɔɔn níi thʉ̌ŋ nǎi lɛ́ɛo ná]
A：今、どの辺まで来たかな。

B：เมื่อ กี้ นี้ ผ่าน พิษณุโลก แล้ว
[mʉ̂a kîi níi phàan phítsanúlôok lɛ́ɛo]
B：さっきピサヌロークを通ったよ。

A：งั้น เลย หัวหิน แล้ว หรือ
[ŋán ləəi hǔahǐn lɛ́ɛo rʉ̌ʉ]
A：じゃあフワヒンは過ぎちゃったのかい？

B：ไม่ ได้ เลย หรอก, อยู่ คน ละ ทาง
[mâi dâi ləəi rɔ̀ɔk, yùu khon lá thaaŋ]
B：過ぎちゃいないよ。別の路線だよ。

応 用 編

◇「～をすぎてから・・・」

1．電話ボックスを過ぎてから右側のソイに入って下さい。
เลย ตู้ โทรศัพท์ แล้ว เข้า ซอย ข้าง ขวา ด้วย
[ləəi tûu thoorasàp lέεo khâo sɔɔi khâaŋ khwǎa dûai]

2．バスターミナルを過ぎてから、まっすぐ100m行って下さい。
เลย บ.ข.ส. แล้ว ตรง ไป อีก 100 เมตร
[ləəi bɔɔ khɔ̌ɔ sɔ̌ɔ lέεo troŋ pai ìik rɔ́ɔi méet]

3．橋を過ぎてから、警察署の前で停めて下さい。
เลย สะพาน แล้ว ช่วย จอด หน้า สน. ด้วย
[ləəi saphaan lέεo chûai cɔ̀ɔt nâa sɔ̌ɔ nɔɔ duâi]

ノート　เลย ～ แล้ว [ləəi ～ lέεo] の形で道を指示できます。

◇「・・・それで～」「・・・なので～」

1．寒いので髪を洗いたくない。
อากาศ หนาว เลย ไม่ อยาก จะ สระ ผม
[aakàat nǎao ləəi mâi yàak cà sà phǒm]

2．とても疲れたので勉強できない。
เหนื่อย มาก เลย ดู หนังสือ ไม่ ไหว
[nɯ̀ai mâak ləəi duu nǎŋsɯ̌ɯ mâi wǎi]

3．家族に金の入り目があるので彼は働かねばならない。
ครอบครัว ขาด เงิน เขา จึง ต้อง ทำ งาน
[khrɔ̂ɔpkhrua khàat ŋən kháo cɯŋ tɔ̂ŋ tham ŋaan]

ノート　第３文 จึง [cɯŋ] は เลย [ləəi] と同じ意味、同じ使い方ですが多少堅い感じです。

◇「全く～ありません」

1．ぼくは全く覚えていません。
ผม จำ ไม่ ได้ เลย
[phǒm cam mâi dâi ləəi]

2．このネコはちっとも魚を食べません。
แมว ตัว นี้ ไม่ กิน ปลา เลย
[mεεo tua níi mâi kin plaa ləəi]

3．パッポン、行きなさんなよ。
พัฒน์พงษ์,　อย่า ไป เลย
[phátphoŋ,　yàa pai ləəi]

ノート　「～を覚えている」จำ～ได้ [cam～dâi] で表現します。第２文否定文＋เลย [ləəi] で「全く～でない」。第３文 อย่า～เลย [yàa～ləəi] で「～なんてやめとけよ」。

単語メモ

ข้าง [khâaŋ] ㊞ ～側の　ขวา [khwǎa] 右、右に　สะพาน [saphaan] 橋
ตรง [troŋ] まっすぐに（ไป , มา に対しては例外的に前に置かれます。）สน. [sɔ̌ɔ nɔɔ] 警察署
สระ [sà] 髪を洗う　เหนื่อย [nɯ̀ai] 疲れた　หนาว [nǎao] 寒い　ขาด [khàat] 不足する

ドリル B

1）次のタイ文を日本文に訳して下さい。

1．เลย ธนาคาร แล้ว เลี้ยว ซ้าย ด้วย นะ ครับ
[ləəi thanakhaan lɛ́ɛo líao sáai dûai ná khráp]

2．ไม่ มีใคร บอก ให้ เลย ไม่ รู้
[mâi mii khrai bɔ̀ɔk hâi ləəi mâi rúu]

3．พูด ภาษา อังกฤษ ไม่ ได้ เลย
[phûut phasǎa aŋkrìt mâi dâi ləəi]

2）次の日本文をタイ文に訳して下さい。

1．全然有名ではありません。

2．雨が降ったので、頭が痛いです。

3．次の交差点を過ぎてから、停めて下さい。

アドバイス

1)เลี้ยว [líao]
「曲がる」
ซ้าย [sáai]
「左、左に」
2)ไม่ มีใคร～
[mâi mii khrai～]
「誰も～しない」
～ ให้ [～ hâi]
「～してくれる」

1)有名である
มี ชื่อ เสียง
[mii chʉ̂ʉ sǐaŋ]

3)交差点
สี่ แยก [sìi yɛ̂ɛk]

ティータイム

ソーイを歩く

タイの住居表示は通りの名前にもとづいています。スクムウィット通りの１６５番地といった感じです。大きな通りからは両側に枝の通りが伸びていますが、これをソーイといい、それぞれに番号がふられています。スクムウィット通りの１６番のソーイという感じです。番号の他にもたいていのソーイは自分の名前をもっています。例えばスクムウィット通りの２６番のソーイはソーイ・アリーといいますし、ペッブリー通りの７番のソーイはソーイ・スラオです。交差点にもひとつひとつ名前があります。通りの名前と交差点の名前を覚えることからバンコクの街歩きが始まります。

29. タイで仕事をするのはいいね

キーワード

ดี [dii] ディー

「良い」という意味の形容詞で、単独で述語となる以外に、名詞、動詞（句）、形容詞と結んで、多くの熟語や表現をつくったりします。

基本文

1．タイで仕事をするのはいいね。
ทำ งาน ที่ เมือง ไทย นั้น ดี
[tham ŋaan thîi mʉaŋ thai nán dii]
（タム　ンガーン　ティー　ムアンタイ　ナン　ディー）

2．よい子はそんなふうにはしません。
เด็ก ดี ไม่ ทำ อย่าง นั้น
[dèk dii mâi tham yàaŋ nán]
（デック　ディー　マイ　タム　ヤーン　ナン）

3．この店のクイティアオはおいしいね。
ก๋วยเตี๋ยว ร้าน นี้ อร่อย ดี นะ
[kǔaitǐao ráan níi arɔ̀i dii ná]
（クイティアオ　ラーン　ニー　アロイ　ディー　ナ）

単語メモ

นั้น [nán] ……………………「～というのは」主題の部分（主部）をひとまとめにしてあらためて主題として確認する表現です。
㊔発音 きわめて軽く、息継ぎのように発音します。

ก๋วยเตี๋ยว [kǔaitǐao] ………発音 クイティアオ [kúitǐao] のように発音します。

ポイント

◇<ดี> [dii] は「よい」という意味の形容詞で単独で述語となる以外に多くの熟語や表現をつくります。

◇タイ語の動詞（句）はそのままで主部となることができますが、主部であることを更に明確にするために、指示詞<นี้> [níi]、<นั้น>[nán] を置いて全体をくくるようにすることがあります。

◇好ましい意味を持つ形容詞の後に<ดี>[dii] を置くと、「とても」の意味になります。

ドリル A

1）次の語（名詞＋ดี）を発音しましょう。

1．ใจดี [caidii]
やさしい

2．หัว ดี [hǔa dii]
頭がいい

3．โชค ดี [chôok dii]
運がいい

4．สุขภาพ ดี [sùkkhaphâap dii]
健康だ

5．อากาศ ดี [aakàat dii]
天気がいい

6．เสียง ดี [sǐaŋ dii]
声がいい

2）次の文の形容詞にดี [dii]をつけて、その良さを強調してみましょう。

1．หล่อ　ハンサムである
[lɔ̀ɔ]

2．แปลก かわっている
[plɛ̀ɛk]

3．สะอาด 清潔だ
[saʔàat]

4．ธรรมดา ふつうだ
[thammadaa]

5．น่ารัก かわいい
[nâarák]

6．สนุก たのしい
[sanùk]

アドバイス

名詞＋ดี [dii] で形容詞になります。
（46 参照）

2)ดี [dii] をつけると、その性状について話者が「好ましい」と思っていることが強調されます。

形＋ดี [dii] は文の述語として使われることがほとんどです。

覚えよう！
ミニ会話

A：วัน นี้ มี ข่าว ดี ๆ หรือ เปล่า
[wan níi mii khàao dii dii rʉ̌ʉ plàao]
A：今日はいいニュースがある？

B：ไม่ มี เลย
[mâi mii ləəi]
B：全然ありません。

A：ตำรวจ คน นั้น หล่อ จัง
[tamrùat khon nán lɔ̀ɔ caŋ]
A：あの警官、ハンサムね。

B：ใส่ เครื่อง แบบ เรียบร้อย ดี นะ
[sài khrʉ̂aŋ bɛ̀ɛp rîap rɔ́ɔi dii ná]
B：制服をきちんと着てていいわね。

応 用 編

◇「～する、というのは・・・」

1. 朝運動をするというのは体にいい。
   ออก กำลัง กาย ตอน เช้า นั้น ดี ต่อ ร่างกาย
   [ɔ̀ɔk kamlaŋ kaai tɔɔn cháao nán dii tɔ̀ɔ râaŋkaai]

2. 地味ななりをしているのは君にふさわしい。
   แต่ง ตัว เรียบ ๆ นั้น เหมาะ กับ คุณ
   [tɛ̀ŋ tua rîap rîap nán mɔ̀ kàp khun]

3. おいしい料理を作れるのは、ひとつの魅力です。
   ทำ อาหาร อร่อย ๆ ได้ นั้น เป็น เสน่ห์ อย่าง หนึ่ง
   [tham aahǎan arɔ̀i arɔ̀i dâi nán pen sanèe yàaŋ nɯ̀ŋ]

📝 長い主題部分を นั้น [nán] でくくって、わかりやすくします。発音はあくまで軽く、文を区切るようにします。

◇形容詞のもつ好ましさの強調

1. あの女性はかわいくていいね。
   ผู้หญิง คน นั้น น่ารัก ดี นะ
   [phûu yǐŋ khon nán nâarák dii ná]

2. この服は上品な感じでいい。
   เสื้อ ตัว นี้ เรียบร้อย ดี
   [sɯ̂a tua níi rîap rɔ́ɔi dii]

3. ごきげんいかがですか？
   สบาย ดี หรือ ครับ
   [sabaai dii rɯ̌ɯ khráp]

📝 第3文は慣用表現で、สบาย [sabaai]「安楽である」に強調の ดี [dii] をつけた形です。

◇おとなしく／ちゃんと／きちんと

1. ちゃんと座ってよ。
   นั่ง ดี ๆ ซิ [nâŋ dii dii sí]

2. 私はおとなしくしてた。彼が先にぶってきたんだ。
   ฉัน อยู่ ดี ๆ เขา มา ตี ก่อน
   [chán yùu dii dii kháo maa tii kɔ̀ɔn]

3. しっかり考えなさいよ。
   คิด ให้ ดี ๆ นะ [khít hâi dii dii ná]

📝 相手に「もっときちんと～」「もっとちゃんと～」と訴えたり、命じたりする時によく使います。第3文の ให้ [hâi] は目標を表す用法（→ P.226）です。

単語メモ ▶

ออก กำลัง กาย [ɔ̀ɔk kamlaŋ kaai]	運動する	ตอน เช้า [tɔɔn cháao]	朝方
ต่อ [tɔ̀ɔ] 前 ～に対して		เหมาะ [mɔ̀]	ふさわしい
อย่าง หนึ่ง [yàaŋ nɯ̀ŋ] 一種の		เสน่ห์ [sanèe]	魅力

246

ドリル B

1）次のタイ文を日本文に訳して下さい。

1．เป็น ข้าราชการ นั้น สบาย
[pen khâarâatchakaan nán sabaai]

2．กิน อาหาร เผ็ด มาก นั้น ไม่ ดี ต่อ สุขภาพ
[kin aahǎan phèt mâak nán mâi dii tɔ̀ɔ sùkkhaphâap]

3．ไป อยู่ ต่างประเทศ นั้น เป็น เรื่อง ลำบาก
[pai yùu tàaŋ prathêet nán pen rʉ̂aŋ lambàak]

4．อาจารย์ คน นั้น เป็น คน ใจดี มาก
[aacaan khon nán pen khon caidii mâak]

5．เขา หน้า ตา ดี
[khǎo nâa taa dii]

6．เขา ท่าทาง สุภาพ
[khǎo thâathaaŋ suphâap]

アドバイス

1)～3)
いずれも動詞（句）が主題になっている文です。

3)เรื่อง [rʉ̂aŋ]「もの、こと、はなし」
ลำบาก [lambàak]「苦しい、つらい」

4)、5)
身体名称＋ ดี [dii] の形の形容詞を使った文です。

ティータイム

単語を増やそう！（3）「文具の名前」

<เครื่อง เขียน>[khrʉ̂aŋ khǐan]「文具」の基本は<ปากกา>[pàakkaa]「ペン」と<สมุด>[samùt]「帳面」。<ดินสอ>[dinsɔ̌ɔ]「鉛筆」でもシャープペンでも<ไส้ดินสอ>[sâidinsɔ̌ɔ]「芯」がなければ只の棒。<ยางลบ>[yaaŋlóp]「消しゴム」、<ไม้บรรทัด>[máibanthát]「定規」も必要です。<สก็อตเทป>[sakɔ́tthéep]「セロテープ」や<ที่เย็บ กระดาษ>[thîiyép kradàat]「ホチキス」も<ลิ้นชัก>[línchák]「引き出し」に入れておきましょう。もちろん<โต๊ะ>[tó]「机」と<ไฟ ดู หนังสือ>[fai duu nǎŋsʉ̌ʉ]「デスクライト」はないと話になりません。

頭出し 2-14

30. マンゴスチンを1キロ下さい

キーワード

เอา [ao] アオ

「要る」「求める」「取る」という意味の他動詞です。単独で述語となるよりは他の動詞句や方向助詞とともに用いられることの方が多いようです。また文脈上、他の動詞のかわりに用いられることもあります。

基本文

1. マンゴスチンを1キロ下さい。
   เอา มังคุด โล หนึ่ง
   [ao maŋkhút loo nɯ̀ŋ]
   (アオ マンクット ロー ヌン)

2. 長袖シャツを持っていくほうがいいです。
   เอา เสื้อ แขน ยาว ไป ดี กว่า
   [ao sɯ̂a khɛ̌ɛn yaao pai dii kwàa]
   (アオ スア ケーン ヤーオ パイ ディー クワー)

3. ハサミで紙を切ります。
   เอา กรรไกร มา ตัด กระดาษ
   [ao kankrai maa tàt kradàat]
   (アオ カンクライ マー タット クラダート)

単語メモ

มังคุด [maŋkhút] ……………… マンゴスチン
โล [loo] ……………………… キロ (単)
แขนยาว [khɛ̌ɛn yaao] …… 長袖の
กรรไกร [kankrai] …………… ハサミ
กระดาษ [kradàat] ………… 紙

ポイント

◇ <เอา…ไป/มา> [ao … pai / maa] で「…をもって行く／来る」の意味です。

◇ <เอา…มา～> [ao … maa ～] は直訳すると「…をもってきて～する」となりますが、日本語では「…で～する」「…を～する」と訳するほうがいい場合があります。この用法はタイ語ではとてもひんぱんに使いますのでよく慣れる必要があります。

ドリル A

1）次の語に、**เอา** [ao]を用い「Aが要りますか、Bが要りますか？」と問う文にしてみて下さい。

　　1．ช้อน さじ　　／ ส้อม フォーク
　　　　[chɔ́ɔn]　　　　[sɔ̂ɔm]

　　2．เส้นใหญ่ 太麺　／ เส้นเล็ก 細麺
　　　　[sên yài]　　　　[sên lék]

　　3．น้ำเต้าหู้ 豆乳　／ นม 牛乳
　　　　[nám tâohûu]　　　[nom]

2）次の物を注文する答を作って下さい。

　　ウェートレス：**จะ เอา อะไร คะ** [cà ao arai khá]
　　　　　　　　「何にいたしましょうか？」

　　1．น้ำส้ม　　　　2．ไทยรัฐ
　　　　[nám sôm]　　　　[thai rát]
　　　　オレンジジュース　　タイラット紙

　　3．ไก่ย่าง　　　　4．เส้นหมี่น้ำ
　　　　[kài yâaŋ]　　　　[sên mìi náam]
　　　　焼きとり　　　　ミーフン汁そば

アドバイス

文末に疑問の表現はいりません。

生活の場での口語表現です。ครับ [khráp] や ค่ะ [khâ] を忘れずに。

覚えよう！ ミニ会話

A：เอา อะไร คะ
　　[ao arai khá]
B：ไม่ เอา อะไร ครับ
　　[mâi ao arai khráp]
A：เอา เบียร์ ไหม คะ
　　[ao bia mái khá]
B：ไม่ เอา ครับ　ขอ น้ำ เปล่า ครับ
　　[mâi ao khráp]　[khɔ̌ɔ nám plàao khráp]

A：何にいたしましょうか？

B：何もいりません。

A：ビールはいかがですか？

B：いりません。お冷やを下さい。

応 用 編

◇เอา ～ ไป/มา [ao ～ pai/maa]の表現

1．拡大鏡でお守り仏像を見る。　เอา แว่น ขยาย มา ดู พระ เครื่อง
[ao wɛ̂n khayǎai maa duu phrá khrɯ̂aŋ]

2．父の時計を質に入れる。　เอา นาฬิกา พ่อ ไป จำนำ
[ao naalikaa phɔ̂ɔ pai cam nam]

3．つり合わないバカなことをする。　เอาพิมเสน ไป แลก กับ เกลือ
[ao phimsěen pai lɛ̂ɛk kàp klɯa]

ノート　「～で・・・する」「～を・・・する」という頻出の表現です。第3文は直訳すると「竜脳を塩と交換する」という諺です。

◇「～ばかりしたがって・・・」

1．仕事ばかりで、妻子に無関心です。　เอา แต่ งาน ไม่ สนใจ ลูก เมีย
[ao tɛ̀ɛ ŋaan mâi sǒncai lûuk mia]

2．あそぶばかりで、お金を貯めようとしない。　เอา แต่ เล่น ไม่ ยอม เก็บ เงิน
[ao tɛ̀ɛ lên mâi yɔɔm kèp ŋən]

3．言いわけばかりで、あやまったことがない。　เอา แต่ แก้ตัว ไม่ เคย ขอโทษ
[ao tɛ̀ɛ kɛ̂ɛ tua mâi khəəi khɔ̌ɔ thôot]

ノート　เอา แต่ ～ [ao tɛ̀ɛ] の後には名詞がきても動詞（句）がきても結構です。

◇เอา [ao]を使った熟語など

1．カイ先輩は目上のごきげんをとるのが上手い。　พี่ ไก่ เอาใจ ผู้ใหญ่ เก่ง
[phîi kài aocai phûu yài kèŋ]

2．彼はよく弟に不公平を強いる。　เขา ชอบ เอา เปรียบ น้องชาย
[kháo chɔ̂ɔp ao prìap nɔ́ɔŋ chaai]

3．やりなおしなさい。　เอาใหม่ ซิ คะ [ao mài sí khá]

ノート　เอา [ao] を含む熟語は多いので、出てきた時に注意して覚えるようにして下さい。

単語メモ

แว่น ขยาย [wɛ̂n khayǎai] 拡大鏡　จำนำ [cam nam] 質に入れる
แก้ตัว [kɛ̂ɛ tua] 言いわけする　ขอโทษ [khɔ̌ɔ thôot] あやまる　เอาใจ [ao cai] ご機嫌をとる
ผู้ใหญ่ [phûu yài] 目上の人、大人　เอาใหม่ [ao mài] やりなおす

ドリル B

1）次のタイ文を日本文に訳してみて下さい。

1. อย่าลืม เอา ตะเกียบ ไป นะ
   [yàa lɯɯm ao takìap pai ná]

2. เอา ยากันยุง ไหม ครับ
   [ao yaa kan yuŋ mái khráp]

3. อย่า เอา เท้า มา วาง บน กระเป๋า ฉัน
   [yàa ao tháo maa waaŋ bon krapǎo chán]

2）次の日本文をタイ文に訳してみて下さい。

1. 乾いた布をもってきて下さい。

2. 遊びに行くことばかりで、勉強しようとしない。

3. ナイフで鉛筆をけずる。

アドバイス

1)ตะเกียบ [takìap]
箸

1)乾いた
แห้ง [hɛ̂ɛŋ]
3)けずる
เหลา [lǎo]

ティータイム

タイ人と外国語

タイ人にとって外国人がタイ語を話すのはとても不思議な気分がするようです。実際はタイに住んでいる外国人、とくに日本人なら、多かれ少なかれタイ語で用事をしているように思います。今でもときどき外国人にタイ語で道を尋ねられて気が動転してしまい「ぼ、ぼ、ぼくは英語はしゃべれません！」などというタイ人に出会うことが少なくありません。英語がしゃべれないのは当方も同じことで、だからこそタイ語で聞いているのですけれど。なんだか日本と似ていますね。英語はポピュラーな特殊技能です。

頭出し
2-15

会話 3

寮を探す

A. ฮัลโหล, หอพัก จุฑามาศ ครับ [hanlǒo, hɔ̌ɔphák cùthaamâat khráp]

B. สวัสดี ค่ะ, อยาก ทราบ ว่า ตอน นี้ มี ห้อง ว่าง หรือ เปล่า คะ

[sawàtdii khâ, yàak sâap wâa tɔɔn níi mii hɔ̂ŋ wâaŋ rʉ̌ plào khá]

A. มี ห้อง หนึ่ง เป็น ห้อง คู่ ครับ [mii hɔ̂ŋ nʉ̀ŋ pen hɔ̂ŋ khûu khráp]

B. ไม่ มี ห้อง เดี่ยว ว่าง เลย หรือ คะ [mâi mii hɔ̂ŋ dìao wâaŋ ləəi rʉ̌ʉ khá]

A. เดือน หน้า อาจ จะ มี ว่าง ห้อง หนึ่ง ครับ

[dʉan nâa àat cà mii wâaŋ hɔ̂ŋ nʉ̀ŋ khráp]

B. ขอ ทราบ ค่า เช่า หน่อย ค่ะ [khɔ̌ɔ sâap khâa châo nɔ̀i khâ]

A. ห้อง คู่ เดือน ละ 800 บาท, ห้อง เดี่ยว 500 บาท

[hɔ̂ŋ khûu dʉan lá pɛ̀ɛt rɔ́ɔi bàat, hɔ̂ŋ dìao hâa rɔ́ɔi bàat]

B. ช่วย อธิบาย ระเบียบ เกี่ยว กับ การพัก หน่อย ได้ ไหม คะ

[chûai athíbaai rabìap kìao kap kaanphák nɔ̀i dâi mái khá]

A. ได้ ครับ, ต้อง จ่าย มัดจำ ล่วงหน้า สาม เดือน

[dâi khráp, tɔ̂ŋ càai mátcam lûaŋnâa sǎam dʉan]

B. ตั้ง สาม เดือน หรือ คะ [tâŋ sǎam dʉan rʉ̌ʉ khá]

A. ครับ, ห้าม บุคคล ภายนอก เข้า, ห้าม กลับ หอพัก หลัง สอง ทุ่ม, ห้าม ใช้ ไฟฟ้า หลัง สี่ ทุ่ม, ห้าม ทำ ห้อง สกปรก, ห้าม ....

[khráp, hâam bùkkhon phaainɔ̂ɔk khâo, hâam klàp hɔ̌ɔphák lǎŋ sɔ̌ɔŋ thûm, hâam chái faifáa lǎŋ sìi thûm, hâam tham hɔ̂ŋ sòkkapròk, hâam ....]

B. เออ ... ขอบ คุณ มาก ค่ะ, เท่า นี้ ก่อน นะ คะ, สวัสดี ค่ะ

[əə ... khɔ̀ɔp khun mâak khâ, thâo níi kɔ̀ɔn ná khá, sawàtdii khâ]

A. อ้าว, วาง หู แล้ว, เรา มี ระเบียบ อื่น ๆ อีก 31 ข้อ, ยัง อธิบาย ไม่ เสร็จ เลย [âao, waaŋ hǔu lɛ́ɛo, rao mii rabìap ʉ̀ʉn ʉ̀ʉn ìik sǎam sìp èt khɔ̂ɔ, yaŋ athíbaai mâi sèt ləəi]

（訳文）

A．もしもし、チュターマート寮です。

B．こんにちは。今、空き部屋はあるでしょうか。

A．２人部屋が１つ空いています。

B．１人部屋の空きは全然ないのですか。

A．来月１部屋空くかもしれません。

B．部屋代を教えて下さい。

A．２人部屋が１ヶ月800バート、１人部屋が500バートです。

B．居住に関する規則を説明していただけませんか。

A．いいですよ。敷金を事前に３カ月払わなければなりません。

B．３カ月もですか。

A．外部の人を寮に入れてはいけません。門限は８時です。
10時を過ぎたら電気を使わないように。部屋を汚さないように。
それから･･･

B．あの･･･どうもありがとうございました。これだけで結構です。
失礼します。

A．あれ、切っちゃった。他の規則が31もあるのに。
まだ説明が終わってないよ。

単語メモ

ฮัลโหล [hanlǒo]：（電話で）もしもし

ทราบ [sâap]：「知る」の丁寧語

ค่าเช่า [khâa châo]：借り賃

มัดจำ [mátcam]：敷金

ระเบียบ [rabìap]：規則

บุคคลภายนอก [bùkkhon phaai nɔ̂ɔk]：部外者

เท่านี้ [thâo níi]：これだけ

วางหู [waaŋ hǔu]：電話を切る

頭出し
2-16

31. 手紙を書き終わる

キーワード

เสร็จ [sèt] セット

「終わる」という意味の自発動詞で、動詞（句）と組み合わせて「～し終わる」という動作の終了を表現できます。ここでは、他の自発動詞を使った表現もあわせて学びます。

基本文

1．会議が1時に終わります。
การ ประชุม จะ เสร็จ บ่าย โมง
[kaan prachum cà sèt bàai mooŋ]
（カーン　プラチュム　チャ　セット　バーイ　モーン）

2．手紙を書き終わります。
เขียน จดหมาย เสร็จ
[khǐan còtmǎai sèt]
（キエン　チョットマーイ　セット）

3．まだ、本の整理が終わりません。
จัด หนังสือ ยัง ไม่ เสร็จ
[càt nǎŋsʉ̌ʉ yaŋ mâi sèt]
（チャット　ナンスー　ヤン　マイ　セット）

単語メモ

ประชุม [prachum] ……… 「集まる」　การ [kaan] をつけて名詞「会議」となります。
เสร็จ [sèt] ……………… 「終わる」動詞（句）＋ เสร็จ [sèt] で、「～し終わる」という意味になります。
จัด [càt] ……………… 「ととのえる」「整理する」

☞ ポイント

◇動作の終了「～し終わる」は、動詞（句）に自発動詞＜เสร็จ＞[sèt] をあわせた複合動詞の形で表現します。

◇＜เสร็จ＞[sèt] に否定の助詞＜ไม่＞[mâi] や継続の＜ยัง＞[yaŋ]を加えたり、完了の＜แล้ว＞[lɛ́ɛo] をつけたりすることで意味を広げます。

ドリル A

1) 動詞เสร็จ [sèt]と完了を表す助詞แล้ว [lɛ́ɛo]を用いて、次のことが「終わった」と言ってみましょう。

　1. การก่อสร้าง　工事　　2. พิธีบวช　出家式
　　　[kaan kɔ̀ɔsâaŋ]　　　　　　[phíthii bùat]

　3. งานเลี้ยง　パーティー　4. การสอบ　試験
　　　[ŋaan líaŋ]　　　　　　　　[kaan sɔ̀ɔp]

2) 次の動作が終わったかどうかを聞いてみて下さい。

　1. รีดผ้า [rîit phâa]　　2. ซ่อมวิทยุ [sɔ̂ɔm witthayú]
　　　アイロンをかける　　　　ラジオを修理する

　3. ทอดปลาหมึก　　　　4. ออกแบบบ้าน
　　　[thɔ̂ɔt plaa mɯ̀k]　　　　[ɔ̀ɔk bɛ̀ɛp bâan]
　　　イカをフライにする　　　家をデザインする

アドバイス

「もう〜したか？」の疑問文はหรือยัง [rɯ́ yaŋ]やแล้วหรือยัง [lɛ́ɛo rɯ́ yaŋ]を文末につけて表現。

4) ออกแบบ [ɔ̀ɔk bɛ̀ɛp]「デザインする」

覚えよう！ ミニ会話

A : ล้างฟิล์มเสร็จหรือยัง　　　　A：フィルムの現像は終わりましたか？
　　[láaŋ fiim sèt rɯ́ yaŋ]

B : เสร็จแล้ว, แต่ยังไม่ได้อัด　　B：終わっています。でもまだ焼いていません。
　　[sèt lɛ́ɛo, tɛ̀ɛ yaŋ mâi dâi àt]

A : ต้องรออีกนานไหม　　　　A：まだ長く待たなきゃなりませんか？
　　[tɔ̂ŋ rɔɔ ìik naan mái]

B : 10 นาทีก็เสร็จ　　　　　　B：１０分で終わります。
　　[sìp naathii kɔ̂ sèt]

応用編

◇「～し終わる」「～し尽くす」

1．本を読み終わりました。 อ่าน หนังสือ จบ แล้ว
[àan nǎŋsɯ̌ɯ còp lɛ́ɛo]

2．歌を3曲歌い終わりました。 ร้อง เพลง จบ 3 เพลง
[rɔ́ɔŋ phleeŋ còp sǎam phleeŋ]

3．お菓子を全部食べてしまう。 กิน ขนม หมด
[kin khanǒm mòt]

4．コップが全部割れてしまった。 แก้ว แตก หมด แล้ว
[kɛ̂ɛo tɛ̀ɛk mòt lɛ́ɛo]

5．だめになってしまったよ。 เสีย หมด เลย
[sǐa mòt ləəi]

ノート 学習コースや課程、書物、お話など終点があらかじめ設定されているものについては、自発動詞 จบ [còp]「終わる」を使って、「～し終わる」を表現します。「全部～する」「完全に～する」は自発動詞 หมด [mòt]「尽きる」を用いて表現します。จบ [còp] には「～を卒業する」という他動詞の用法もありますので注意して下さい。

◇自発動詞を使った不可能の表現

1．考えつきません。 คิด ไม่ ออก
[khít mâi ɔ̀ɔk]

2．寝付かれません。 นอน ไม่ หลับ
[nɔɔn mâi làp]

3．見ているのだが、見えない。 มอง ไม่ เห็น
[mɔɔŋ mâi hěn]

ノート このような表現は、前の動詞と後ろの動詞の組み合わせがある程度定型化しています。（76 P. 208、P. 230）も参照して下さい。

単語メモ

จบ [còp] 終わる　หมด [mòt] 尽きる　เสีย [sǐa] 失う、こわれる
ออก [ɔ̀ɔk] 出る　หลับ [làp] 寝付く　เห็น [hěn] 見える　＊以上、自発動詞

ドリル B

1）次の文を日本語に訳して下さい。

1．ดิฉัน เล่า เรื่อง ยัง ไม่ จบ นะ คะ
[dichán lâo rʉ̂aŋ yaŋ mâi còp ná khá]

2．ไส้กรอก หมด แล้ว
[sâikrɔ̀ɔk mòt lɛ́ɛo]

3．เรียน จบ แล้ว หรือ ยัง
[rian còp lɛ́ɛo rʉ́ʉ yaŋ]

2）次の文をタイ語に訳して下さい。

1．まだ計画を立て終わりません。

2．まだ考えつきません。

3．車の掃除を終わりました。

4．服がびしょぬれだ。

アドバイス

1)นะ [ná] の後の女性の丁寧語尾は คะ [khá] と発音します。
2)ไส้กรอก [sâikrɔ̀ɔk] タイのソーセージ

1)計画を立てる
วาง แผน [waaŋ phɛ̌ɛn]

2)掃除する
ทำ ความ สะอาด [tham khwaam saʔàat]
4)ぬれる
เปียก [pìak]

ティータイム

単語を増やそう！（4）「動物」

ペットの代表は、タイでもやはり＜หมา＞[mǎa]「犬」と＜แมว＞[mɛɛo]「猫」。ペットではないけれど、＜จิ้งจก＞[cîŋcòk]「ヤモリ」と＜ตุ๊กแก＞[túkkɛɛ]「トッケー」は家にいます。＜ช้าง＞[cháaŋ]「象」、＜เสือ＞[sʉ̌a]「虎」、＜จระเข้＞[cɔɔrakhêe]「ワニ」は猛獣の代表。＜หมู＞[mǔu]「豚」、＜วัว＞[wua]「牛」、＜ม้า＞[máa]「馬」、＜ควาย＞[khwaai]「水牛」、＜ไก่＞[kài]「鶏」、＜เป็ด＞[pèt]「アヒル」は飼育用です。＜สิงโต＞[sǐŋtoo]「ライオン」は動物園に、＜ลิง＞[liŋ]「サル」はロッブリーの町にいます。＜ผี＞[phǐi]「お化け」もついでに覚えておきましょう。

32. タイ料理を作るのが好きです

キーワード

| ทำ [tham] タム | 「〜をする、作る」という意味の他動詞です。名詞と結んで多くの慣用表現を作る他、自発動詞・形容詞と結びついて他動詞的な意味を作る重要な用法があります。 |

基本文

1. 夫はタイ料理を作るのが好きです。
   สามี ชอบ ทำ อาหาร ไทย
   [sǎamii chɔ̂ɔp tham aahǎan thai]
   (サーミー　チョープ　タム　アハーン　タイ)

2. 妻が運転免許証をなくした。
   ภรรยา ทำ ใบขับขี่ หาย
   [phanrayaa tham bai khàp khìi hǎai]
   (パンラヤー　タム　バイ　カップ　キー　ハーイ)

3. 私は扉を（わざと）こわした。
   ผม ทำ ประตู ให้ พัง
   [phǒm tham pratuu hâi phaŋ]
   (ポム　タム　プラトゥー　ハイ　パン)

単語メモ

ใบขับขี่ [bai khàp khìi] …… 運転免許証
หาย [hǎai] …………………… なくなる
พัง [phaŋ] ……… 潰れる、崩れる

ポイント

◇ <ทำ> [tham] は「する、作る」の意味の他動詞です。

◇ <ทำ A 〜> [tham A 〜]（〜は自発動詞・形容詞）で、「A を〜にする」という意味になります。この場合、非意図的に行われる意味です。また、A は非生物名詞に限ります。第 3 章 76 であげた文と同じ形で、直訳すれば「A をして、A が〜になる」です。

◇ <ทำ A ให้〜> [tham A hâi〜]（〜は自発動詞・形容詞）で、「A を（わざと）〜にする」意味です。この場合、動作は意図的に行われたことを意味します。A は非生物名詞に限ります。P. 227 にあげた目標を表す <ให้> [hâi] と同様の用法で、直訳すれば「〜になるように A をする」となるでしょう。

ドリル A

1) 次のイラストを見て「～を作る／するのが好きだ」と言ってみましょう。

1. ตุ๊กตา 人形
   [túkkataa]
2. กิจการ 商売・事業
   [kìtcakaan] 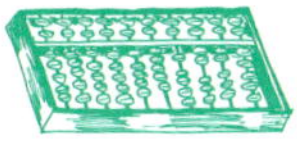
3. ขนม เค้ก ケーキ
   [khanǒm khéek]
4. ขนม ปัง パン
   [khanǒm paŋ]

2) 次の単語の組み合わせで、「・・・を～にする」という文を作って下さい。意図の有無は指示にしたがって下さい。

1. กุญแจ [kuncɛɛ] 鍵 ／ ตก [tòk] 落ちる（非意図）
2. ผ้า ห่ม [phâa hòm] 毛布 ／ เปื้อน [pûan] シミになる（非意図）
3. โรงเรียน [rooŋrian] 学校 ／ ดี ขึ้น [dii khŵn] よりよくなる（意図）

アドバイス

1)「～するのが好き」は ชอบ[chɔ̂ɔp] ＋動詞（句）

3) ดี ขึ้น [dii khŵn] の ขึ้น はプラス方向への変化を表す方向助詞

覚えよう！ ミニ会話

A : เอ๊… ปากกา ผม หาย ไป ไหน
   [ée… pàakkaa phǒm hǎai pai nǎi]
B : ทำไม ชอบ ทำ ของ หาย นะ
   [thammai chɔ̂ɔp tham khɔ̌ɔŋ hǎai ná]
A : อย่า ว่า ซิ, คน เรา เกิด มา ก็ ตัว เปล่า
   [yàa wâa sî, khon rao kə̀ət maa kɔ̂ tua plàao]
   เวลา ตาย ก็ เอา อะไร ไป ไม่ ได้ นะ
   [welaa taai kɔ̂ ao arai pai mâi dâi ná]
B : …?

A : あれ、ぼくのペンはどこへなくなったのか。
B : なんで、よく物をなくすの？
A : まあ怒るなよ、人間は裸で生まれてきて、死ぬ時も何も持っていけないんだよ。
B : ・・・?

応 用 編

◇ทำ [tham]＋名詞のいろいろ

1．父は田を耕しに行った。 พ่อ ไป ทำ นา

[phɔ̂ɔ pai tham naa]

2．あいつらはよく法を犯す。 พวก เขา ชอบ ทำ ผิด กฎหมาย เรื่อย

[phûak kháo chɔ̂ɔp tham phìt kòtmǎai rʉ̂ai]

3．彼は不満な顔をした。 เขา ทำ หน้า ไม่ พอใจ

[kháo tham nâa mâi phɔɔcai]

4．社会の役に立ちたい。 อยาก ทำ ประโยชน์ แก่ สังคม

[yàak tham prayòot kɛ̀ɛ sǎŋkhom]

ノート 日本語の「～する」「～やる」と同じように、ทำ [tham] の意味はそれだけではばく然としています。次に来る名詞によって意味がはっきりしますので、熟語として覚えておくのもいいでしょう。

◇～を・・・させる

1．今日のニュースは皆を驚かせた。 ข่าว วันนี้ ทำให้ ทุก คน ตกใจ

[khàao wan níi tham hâi thúk khon tòkcai]

2．宗教は私たちに生の意味を考えさせる。 ศาสนา ทำให้ เรา คิดถึง ความหมาย ของ ชีวิต

[sàatsanǎa tham hâi rao khítthʉ̌ŋ khwaam mǎai khɔ̌ɔŋ chiiwít]

3．この事業が彼の家族を富ませた。 กิจการ นี้ ทำให้ ครอบครัว เขา รวย

[kìtcakaan níi tham hâi khrɔ̂ɔpkhrua kháo ruai]

4．文明は人を幸せにできるのだろうか。 อารยธรรม ทำให้ คน เรา มี ความสุข ได้ จริง หรือ

[aarayátham tham hâi khon rao mii khwaam sùk dâi ciŋ rʉ̌ʉ]

ノート ＜A ทำให้ [tham hâi] B ～＞で「AがBを～にする」という意味になります。A、Bには生物・非生物を問わず名詞、～には全ての動詞（句）及び形容詞が入ります。要するに、Aを原因として、「Bが～する」という事態が生じることを意味するのです。ทำให้ [tham hâi]をทำ เอา [tham ao]といっても同義・同用法です。

単語メモ

ทำ ผิด [tham phìt] 間違いを犯す　ไม่ พอใจ [mâi phɔɔcai] 不満である

แก่ [kɛ̀ɛ] 前 ～に対して　ความหมาย [khwaam mǎai] 意味　ความสุข [khwaam sùk] 幸福

ศาสนา [sàatsanǎa] 宗教　อารยธรรม [aarayátham] 文明　ชีวิต [chiiwít] 生命

ドリル B

1）次の文を日本文に訳しましょう。

1．การเดินทาง ทำให้ เยาวชน รู้จัก ตัว เอง มาก ขึ้น
[kaan dəən thaaŋ tham hâi yaowachon rúucàk tua eeŋ mâak khʉ̂n]

2．หนังสือ เล่ม นี้ ทำ ให้ เขา ตั้งใจ จะ เป็น หมอ
[nǎŋsʉ̌ʉ lêm níi tham hâi kháo tâŋcai cà pen mɔ̌ɔ]

3．เขา ชอบ ทำ เสียง น่ารัก เวลา พูด โทรศัพท์
[kháo chɔ̂ɔp tham sǐaŋ nâarák weelaa phûut thoorasàp]

2）次の文をタイ文に訳しましょう。

1．赤ちゃんがミルクをこぼした。

2．運動は、体を強くする。

3．彼女は悲しそうな顔をした。

アドバイス

1)เยาวชน
[yaowachon] 若者
ตัวเอง [tua eeŋ]
自身、自分
2)ตั้งใจ [tâŋcai]
「決意する」後にその決意する内容が続きます。
3)พูด โทรศัพท์
[phûut thoorasàp]
「電話で話す」
เวลา [weelaa]･･･
「・・・の時」(接)
1)こぼれる
หก [hòk] (自発)
2)体
ร่างกาย [râaŋkaai]
運動 การ เล่น กีฬา
[kaan lên kiilaa]
3)悲しい
เศร้า [sâo]

ティータイム 単語を増やそう！（５）「虫の名」

＜แมลง＞[malɛɛŋ]「虫」の中では、＜ผีเสื้อ＞[phǐi sʉ̂a]「蝶」や＜ด้วง＞[dûaŋ]「甲虫」は人気がありますが、＜แมลงวัน＞[malɛɛŋ wan]「ハエ」だの＜ยุง＞[yuŋ]「蚊」だの＜แมลงสาบ＞[malɛɛŋ sàap]「ごきぶり」だのは嫌われ者です。＜มด＞[mót]「蟻」は生活の敵ですが、＜แมงมุม＞[mɛɛŋ mum]「クモ」や＜แมลงป่อง＞[malɛɛŋ pɔ̀ŋ]「サソリ」は特に嫌われているわけではありません。＜ผึ้ง＞[phʉ̂ŋ]「蜂」や＜แมลงปอ＞[malɛɛŋ pɔɔ]「トンボ」も覚えておきましょう。

頭出し
2-18

33. 彼は独身だと思ったのに

キーワード

ว่า [wâa] ワー

本来「言う、非難する」という意味の動詞ですが、引用を表す接続詞の用法「〜と・・」もあり、とても重要です。ここでは、引用を伴うさまざまな動詞とあわせて学びましょう。

基本文

1. 彼一人だけを責めるなよ。
อย่า ว่า แต่ เขา คน เดียว ซิ
[yàa wâa tɛ̀ɛ kháo khon diao sí]
（ヤー ワー テー カオ コン ディアオ シ）

2. これはタイ語で何と呼びますか。
นี่ ภาษาไทย เรียก ว่า อะไร
[nîi phasǎa thai rîak wâa arai]
（ニー パサータイ リアック ワー アライ）

3. 彼は独身だと思ったのに。
คิด ว่า เขา เป็น โสด เสีย อีก
[khít wâa kháo pen sòot sǐa ìik]
（キット ワー カオ ペン ソート シア イーク）

単語メモ

แต่ [tɛ̀ɛ] ……………… 「〜だけ」 接続詞の用法「〜だが／しかし」も重要です。
เดียว [diao] ……………… 「一」通常の数詞とは逆に類別詞の後から修飾します。
เรียก [rîak] ……………… 呼ぶ
เป็น โสด [pen sòot] ……… 独身の、独身である
เสีย อีก [sǐa ìik] …………… 述部の後に置いて<当てが外れた気分>を表します。

ポイント

◇引用は、接続詞<ว่า> [wâa] の後にその内容を続けて表します。

◇「〜は・・・語で何と呼びますか？」という文は、<〜 ･･･ เรียก ว่า อะไร> [〜 ･･･ rîak wâa arai] と表現します。直訳すると「〜は・・・語は何と呼びますか？」となります。〜を目的語として<･･･ เรียก 〜 ว่า อะไร>[･･･ rîak 〜 wâa arai] とすると不自然な文になります。

◇<ว่า> [wâa] は「言う、非難する」という動詞でもあります。

ドリル A

1）次の語を使って、「よく～を責める」と言ってみましょう。

1. 両親
พ่อแม่ [phɔ̂ɔmɛ̂ɛ]

2. 部下
ลูกน้อง [lûuk nɔ́ɔŋ]

3. 生徒
นักเรียน [nák rian]

4. 友だち
เพื่อน [phɨ̂an]

2）次の日本文をタイ文に直しましょう。

1. 漫画は英語で何と呼びますか。

2. 大学は韓国語で何と呼びますか。

3. 知識は日本語で何と呼びますか。

アドバイス

1)「よく～する」「好んで～する」は ชอบ [chɔ̂ɔp] ＋動詞（句）で表現します。

1)漫画
การ์ตูน [kaatuun]

2)韓国
เกาหลี [kaolǐi]

3)知識
ความรู้ [khwaam rúu]

覚えよう！
ミニ会話

A：คุณ นงนุช, ได้ ข่าว ว่า คุณ ลา ออก จาก บริษัท แล้ว
[khun noŋnút, dâi khàao wâa khun laa ɔ̀ɔk càak bɔɔrisàt lɛ́ɛo]
A：ノンヌットさん、会社を辞めたと聞きましたが。

B：ใช่ ค่ะ
[châi khâ]
B：そうなんです。

A：ตอน นี้ รู้สึก เหงา ไหม ครับ
[tɔɔn níi rúusɨ̀k ŋǎo mái khráp]
A：今は寂しく感じていますか？

B：รู้สึก ว่า สุขภาพ จิต ดี ขึ้น ค่ะ
[rúusɨ̀k wâa sùkkhaphâap cìt dii khɨ̂n khâ]
B：精神状態が良くなったように感じてますわ。

応　用　編

◇「～だけ」を表すแต่ [tὲɛ]

1. 金だけはあるが、幸せではない。　มี แต่ เงิน ไม่ มี ความสุข
[mii tὲɛ ŋən mâi mii khwaam sùk]

2. おかししか食べず、ご飯を食べない。　กิน แต่ ขนม ไม่ กิน ข้าว
[kin tὲɛ khanǒm mâi kin khâao]

3. 口だけじゃなくて、実行して見ろよ。　อย่า มัว แต่ พูด ทำ ซัก ที สิ
[yàa mua tὲɛ phûut tham sák thii sì]

◇<··· เสีย อีก [··· sǐa ìik]>予想が外れた気分の表現

1. あなたが一人で来ると思ったのに。　คิด ว่า คุณ จะ มา คน เดียว เสีย อีก
[khít wâa khun cà maa khon diao sǐa ìik]

2. 誰かを愛することはできないと思ったのに。　คิด ว่า จะ รัก ใคร ไม่ ได้ เสีย อีก
[khít wâa cà rák khrai mâi dâi sǐa ìik]

3. 子供はないだろうと思ったのに。　คิด ว่า จะ ไม่ มี ลูก เสีย อีก
[khít wâa cà mâi mii lûuk sǐa ìik]

ノート　<คิด ว่า จะ ～ เสีย อีก [khít wâa cà ～ sǐa ìik]>の形で覚えましょう。この場合 จะ [cà] はないと不自然な気がします。その事態は実際にはおこらなかったのですから。

◇引用表現のいろいろ

1. 「礼儀」という言葉を御存知かしら？　รู้จัก คำ ว่า "มารยาท" หรือ เปล่า คะ
[rúucàk kham wâa maarayâat rʉ̌ʉ plàao khá]

2. どこに行けばいいかわからない　ไม่ รู้ ว่า จะ ไป ไหน ดี
[mâi rúu wâa cà pai nǎi dii]

3. 誰が「彼は来ない」なんて言ったんだ。　ใคร บอก ว่า เขา จะ ไม่ มา
[khrai bɔ̀ɔk wâa kháo cà mâi maa]

ノート　<ว่า ···>[wâa ···]は名詞の後から修飾して「···という」の意味になります。（第１文）

単語メモ

มัว [mua]　そればかりに夢中になる　ซักที [sák thii] 一度くらい　คำ [kham]　言葉
มารยาท [maarayâat]　礼儀　ใคร บอก [khrai bɔ̀ɔk]　誰が言ったんだ！（非難ぽく）

ドリル B

1）次のタイ文を和訳してみましょう。

1. ผม เคย ได้ยิน ว่า เขา ชอบ ผู้ชาย ด้วย
[phǒm khəəi dâiyin wâa kháo chɔ̂ɔp phûu chaai dûai]

2. ดิฉัน ยัง จำ ได้ ว่า เคย ฉี่ ราด ใน ห้อง เรียน
[dichán yaŋ cam dâi wâa khəəi chìi râat nai hɔ̂ŋ rian]

3. พวก เขา เชื่อ ว่า พระเจ้า สร้าง โลก
[phûak kháo chʉ̂a wâa phrácâo sâaŋ lôok]

4. เขา กลัว ว่า หัวหน้า จะ โกรธ
[kháo klua wâa hǔanâa cà kròot]

5. พึ่ง นึก ออก ว่า วันนี้ มี การ แสดง ตอน เย็น
[phʉ̂ŋ nʉ́k ɔ̀ɔk wâa wan níi mii kaan sadɛɛŋ tɔɔn yen]

6. เข้าใจ ว่า รถ รุ่น นี้ เลิก ผลิต แล้ว
[khâocai wâa rót rûn níi lə̂ək phalìt lɛ́ɛo]

7. เรา ทุก คน หวัง ว่า ท่าน จะ มา ใช้ บริการ ของ เรา อีก
[rao thúk khon wǎŋ wâa thân cà maa chái bɔɔrikaan khɔ̌ɔŋ rao ìik]

アドバイス

2)จำได้ [cam dâi] 覚えている
→（反）จำไม่ได้ [cam mâi dâi]
ราด [râat]「かける、流す」

3)พวก [phûak]＋名詞 → ～の連中
พระเจ้า [phrácâo]（一神教の）神様

5)นึก ออก [nʉ́k ɔ̀ɔk]「思い出す」

6)ผลิต [phalìt] 生産する
เลิก[lə̂ək] 中止する 動詞（句）を目的語にとります。

7)飛行機上の決まり文句です。

ティータイム

日本人とタイ語

タイ人は私の見るところですが、外国語学習はそれほど得意ではないようです。日本人と同じように英語も苦手で、よほど勉強した人でも独特のナマリが消えません。それでも日本人よりは恥ずかしがらずによくしゃべるのは、陽気な国民性によるのでしょう。それだけに外国人がタイ語を話すと喜んで、心を開いてくれるものです。私はタイ語は、発音や表記を別にすれば日本人にとって学びやすい言葉だと思っていますが、それだけではなく、その土地の人との交流に占める役割の大きさを考えると、学ぶハリアイのある言葉だと思います。

頭出し
2-19

34. 彼が昨日買った篭を見ましたか

キーワード

ที่ [thîi] ティー

「場所・土地」を意味する造語成分として多くの単語を作ります。その他、地点を示す前置詞として、感情の理由を示す接続詞として、文と名詞を結ぶ際の関係接続詞としてさまざまに用いられます。

基本文

1. 大学に車を停めておく。
   จอด รถ ไว้ ที่ มหาวิทยาลัย
   [cɔ̀ɔt rót wái thîi mahǎawítthayaalai]
   （チョート ロット ワイ ティー マハーウィッタヤーライ）

2. 彼が昨日買った篭を見ましたか。
   เห็น ตะกร้า ที่ เขา ซื้อ เมื่อ วาน นี้ หรือ ยัง
   [hěn taʔkrâa thîi kháo sɯ́ɯ mɯ̂a waan níi rɯ́ yaŋ]
   （ヘン タクラー ティー カオ スー ムア ワーン ニー ル ヤン）

3. 彼は本がそこそこよく売れたことにほっとしている。
   เขา โล่งอก ที่ หนังสือ เขา ขายดี พอสมควร
   [kháo lôoŋ òk thîi nǎŋsɯ̌ɯ kháo khǎai dii phɔɔ sǒmkhuan]
   （カオ ローンオック ティー ナンスー カオ カーイ ディー ポー ソム クワン）

単語メモ

- ไว้ [wái] ……………… 「～しておく」ゼロ方向の方向助詞です。
- ที่ [thîi] ……………… 関係接続詞「～であるところの・・・」 ที่[thîi] 以下に続く文を、直前の語に結びます。
- ตะกร้า [taʔkrâa] …………… 篭
- โล่งอก [lôoŋ òk] …………… 心配がなくなり、ほっとする。
- ขายดี [khǎai dii] ………… よく売れる
- พอสมควร [phɔɔ sǒmkhuan] ……………… そこそこ、まあまあ

☞ ポイント

◇< ที่ > [thîi] は地点を示す前置詞です。

◇< ที่ > [thîi] は、< ที่ > [thîi] 以下に続く文を直前の語に修飾させる関係接続詞として働きます。

◇< ที่ > [thîi] は、感情の理由を示す接続詞です。

ドリル A

1）次の前置詞句の意味を言いましょう。

1. หน้า ธนาคาร [nâa thanaakhaan]
2. หลัง ศาลากลาง [lǎŋ sǎalaa klaaŋ]
3. ข้าง บ้าน เรา [khâaŋ bâan rao]
4. ใน อพาร์ตเมนต์ [nai aphááatmén]
5. ระหว่าง เชียงใหม่ กับ สุโขทัย [rawàaŋ chiaŋmài kàp sùkhǒothai]

2）「彼が来ない」ことを理由にして、私に次の感情がおきたという文を作ってみましょう。

1. ดีใจ うれしい [diicai]
2. เสียใจ 悲しい [sǐacai]
3. ตกใจ 驚く [tòkcai]
4. พอใจ 満足する [phɔɔcai]

アドバイス

2)ศาลากลาง [sǎalaa klaaŋ] 県庁

4)外来語の音写は表記と発音が一致しないことがあります。

5)ระหว่าง A กับ B [rawàaŋ A kàp B] の形です。

「彼が来ない」は เขา ไม่ มา [khǎo mâi maa] です。

覚えよう！
ミニ会話

A：พรุ่ง นี้ พบ กัน ที่ ตึก พญาไท นะ ครับ
[phrûŋ níi phóp kan thîi tʉ̀k phayaathai ná khráp]
A：明日、パヤータイビルで約束ですよ。

B：ค่ะ, เป็น ตึก ที่ มี ป้าย สี แดง ๆ ใช่ ไหม คะ
[khâ, pen tʉ̀k thîi mii pâai sǐi dɛɛŋ dɛɛŋ châi mái khá]
B：はい、まっ赤な看板の出ているビルでしょ。

A：ใช่ ครับ ที่ อยู่ ใกล้ สี่แยก ราชเทวี
[châi khráp thîi yùu klâi sìiyɛ̂ɛk râatchatheewii]
A：そうです。ラーチャテーウィー交差点の近くにあるのです。

B：ตอน 5 โมง ตรง นะ คะ
[tɔɔn hâa mooŋ troŋ ná khá]
B：5時ぴったりですね。

応　用　編

◇関係節の名詞化

1. この話は皆がもう知っていることです。
เรื่อง นี้ เป็น ที่ รู้ กัน อยู่ แล้ว
[rʉ̂aŋ níi pen thîi rúu kan yùu lɛ́ɛo]

2. 彼が供述したことも、信じられないな。
ที่ เขา ให้การ ก็ ไม่ น่าเชื่อ
[thîi khǎo hâikaan kɔ̂ mâi nâachʉ̂a]

3. 昨日買ってきたのを着てごらんよ。
ลอง ใส่ ที่ ซื้อ มา เมื่อ วาน นี้ หน่อย ซิ
[lɔɔŋ sài thîi sʉ́ʉ maa mʉ̂a waan níi nɔ̀i sí]

ノート ที่ [thîi] の前の名詞が自明な場合、それが省略され、ที่ [thîi] によって導かれる文だけが残ることがあります。日本語で「昨日買ってきた服」を「昨日買ってきたの」と言う感じです。

◇造語成分として単語をつくるที่[thîi]

1. ちょっとぼくのオフィスまで来て下さい。
มา ที่ทำงาน ผม หน่อย ครับ
[maa thîi tham ŋaan phǒm nɔ̀i khráp]

2. お日様が出ているので、ふとんを干します。
มี แดด เลย ตาก ที่นอน
[mii dɛ̀ɛt lǝǝi tàak thîi nɔɔn]

3. 泊まるところがなけりゃフワランポーン駅に寝るしかない。
ไม่ มี ที่พัก ก็ ต้อง นอน ที่ หัวลำโพง
[mâi mii thîi phák kɔ̂ tɔ̂ŋ nɔɔn thîi hǔalamphooŋ]

◇～人前／序数の表現

1. 焼き豚ご飯３人前。
ข้าว หมู แดง 3 ที่
[khâao mǔu dɛɛŋ sǎam thîi]

2. この本は彼の３冊目の本です。
หนังสือ เล่ม นี้ เป็น หนังสือ เล่ม ที่ 3 ของ เขา
[nǎŋsʉ̌ʉ lêm níi pen nǎŋsʉ̌ʉ lêm thîi sǎam khɔ̌ɔŋ khǎo]

3. 下の娘が２位で合格した。
ลูก สาว คน เล็ก สอบ ได้ ที่ 2
[lûuk sǎao khon lék sɔ̀ɔp dâi thîi sɔ̌ɔŋ]

ノート ที่ [thîi] は食堂などでは、「～人前」「～人様」というように単位として使います。また ที่ [thîi] を用いた序数は第２文のように名詞を修飾するだけでなく、第３文のように述語への修飾にも使えます。

単語メモ
ที่ทำงาน [thîi tham ŋaan] オフィス
ที่นอน [thîi nɔɔn] 寝床　แดด [dɛ̀ɛt] 日ざし　ที่พัก [thîi phák] 泊まるところ
สอบได้ [sɔ̀ɔp dâi] 合格する　น่าเชื่อ [nâachʉ̂a] 信じるに足る

ドリル B

1）次のタイ文を日本語に訳して下さい。

1. ไป จด ทะเบียนสมรส ที่ สถานทูต
   [pai còt thabian sǒmrót thîi sathǎanthûut]

2. กีฬา ที่ คน ไทย นิยม เล่น คือ อะไร คะ
   [kiilaa thîi khon thai níyom lên khʉʉ arai khá]

3. นายกฯ กลุ้มใจ ที่ แก้ ปัญหา รถติด ไม่ ได้
   [naayók klûmcai thîi kɛ̂ɛ panhǎa rót tìt mâi dâi]

2）次の日本文をタイ文に訳して下さい。

1. 来週　家でパーティーをひらきます。

2. 恋人が買ってくれたベルトが短くなってしまった。

3. そのニュースをきいて意外に思いました。

アドバイス

1)จด ทะเบียนสมรส
[còt thabian sǒmrót]
婚姻届けを出す
สถานทูต
[sathǎanthûut]
大使館
3)รถติด [rót tìt]
交通渋滞
1)パーティーを
ひらく
จัด งาน เลี้ยง
[càt ŋaan líaŋ]
2)～てしまった
～เสีย แล้ว
[～sǐa lɛ́ɛo]
ベルト เข็มขัด
[khěmkhàt]
3)意外に思う
แปลกใจ [plɛ̀ɛkcai]

ティータイム

単語を増やそう！（6）「人の身体」

＜หัว＞[hǔa]「頭」には＜ผม＞[phǒm]「髪」があり、＜หน้า＞[nâa]「顔」があります。顔にあるのは、＜คิ้ว＞[khíu]「眉」＜ตา＞[taa]「目」＜จมูก＞[camùuk]「鼻」＜ปาก＞[pàak]「口」＜หนวด＞[nùat]「ひげ」＜แก้ม＞[kɛ̂ɛm]「頬」＜หู＞[hǔu]「耳」など。＜ร่างกาย＞[râaŋkaai]「からだ」は＜ผิว＞[phǐu]「肌」でおおわれていて、＜ขน＞[khǒn]「毛」が生えています。＜อก＞[òk]「胸」には＜นม＞[nom]「乳」が、＜ท้อง＞[thɔ́ɔŋ]「腹」には＜สะดือ＞[sadʉʉ]「へそ」があります。＜แขน＞[khɛ̌ɛn]「腕」、＜มือ＞[mʉʉ]「手」、＜นิ้ว＞[níu]「指」、＜เล็บ＞[lép]「爪」、＜ขา＞[khǎa]「脚」、＜เข่า＞[khào]「膝」、＜เท้า＞[tháao]「足」くらいは覚えましょう。

頭出し
2-20

35. この自転車はオートバイと同じくらい高い

キーワード

เท่า [thâo] タオ

「同じくらい」という程度を表す助詞で、形容詞や程度を表す助詞の後ろに置かれます。比較の対象となる語は เท่า [thâo] の後に置きます。เท่าไร [thâorai] は「どのくらい」という意味で、数や量を問うときに用います。

基本文

1. この自転車はオートバイと同じくらい高い。
   จักรยาน คัน นี้ แพง เท่า มอเตอร์ไซค์
   [càkkrayaan khan níi phɛɛŋ thâo mɔɔtəəsai]
   (チャッカヤーン カン ニー ペーン タオ モートーサイ)

2. この犬とあのねこは同じ年です。
   หมา ตัว นี้ กับ แมว ตัว นั้น อายุ เท่ากัน
   [mǎa tua níi kàp mɛɛo tua nán aayú thâo kan]
   (マー トワ ニー カップ メーオ トワ ナン アーユ タオカン)

3. おじさん、歳はおいくつですか？
   คุณ ลุง อายุ เท่าไร ครับ
   [khun luŋ aayú thâorai khráp]
   (クン ルン アーユ タオライ クラップ)

単語メモ

อายุ [aayú] ………………… ～歳である、年齢
＊ อายุ [aayú] は生物に関して用いるのが一般的です

～ เท่ากัน [～ thâo kan] ….. (お互いに比べて) 同じくらい～である

เท่าไร [thâorai] ……………… 「どれくらい」 量や数についてその多寡を問う語です
(発音) 前音節 เท่า [thâo] はタウのように聞こえます。後音節 ไร [rai] はふつう第2声で [ràí] と発音されています

☞ ポイント

◇<เท่า> [thâo] は同等程度を表す助詞で、これを用いて同等であるという比較の文がつくれます。
「AはBと同じくらい～だ」→ <A ～ เท่า B>
「AとBは同じくらい～だ」→ <A กับ B ～ เท่ากัน>

◇<เท่าไร> [thâorai] は「どのくらい」で、量についても数についても問うことが可能です。

ドリル A

1）日本文と同じ意味になるようにカッコにタイ語を入れましょう。

		アドバイス
1．人間と同じくらい賢い	ฉลาด（　）คน [chalàat（　）khon]	
2．空と同じくらいあなたを愛する	รัก คุณ（　）ฟ้า [rák khun（　）fáa]	2）タイ航空のキャッチフレーズです。
3．毒蛇と同じくらい危険だ	อันตราย（　）งู พิษ [antaraai（　）ŋuu phít]	3）危険だ อันตราย [antaraai] พิษ [phít] 毒

2）ある物・ことについて**เท่าไร?** [thâorai]と問えば英語の how much と同様に、値段を聞いていることになります。次の物・ことの値段を尋ねてみましょう。

1．この本　　　2．あの時計

3．パトナム市場に行く

物の場合は
ราคา เท่าไร [raakhaa thâorai] ともいいます。

3）サムローとの交渉によく使います。

パトナム ประตูน้ำ
[pratuu naám]

覚えよう！　ミニ会話

A：คิด จะ อยู่ เมืองไทย นาน เท่าไร ครับ
　　[khít cà yùu mɯaŋ thai naan thâorai khráp]

A：タイにどの位長くいるつもりですか？

B：คง ไม่ น้อย กว่า 10 เดือน แต่ ไม่ เกิน 1 ปี ค่ะ
　　[khoŋ mâi nɔ́ɔi kwàa sìp dɯan tɛ̀ɛ mâi kəən nɯ̀ŋ pii khâ]

B：たぶん10カ月以下ではありませんが、1年は越えません。

A：จะ ทำงาน ด้วย ไหม ครับ
　　[cà tham ŋaan dûai mái khráp]

A：仕事もしますか？

B：ทำ ซิ คะ
　　[tham sí khá]

B：そりゃあ、しますよ。

応 用 編

◇「たった〜だけ」の表現

1. お母さんは毎日3バーツだけくれました。
   คุณ แม่ ให้ วัน ละ 3 บาท เท่า นั้น
   [khun mɛ̂ɛ hâi wan lá sǎam bàat thâo nán]
2. 3ヶ月だけ勉強すれば、しゃべれるようになるよ。
   เรียน 3 เดือน เท่า นั้น ก็ พูด ได้
   [rian sǎam dʉan thâo nán kɔ̂ phûut dâi]
3. たった2年なら、たいして長くないよ。
   แค่ 2 ปี ก็ ไม่ นาน เท่าไร หรอก
   [khɛ̂ɛ sɔ̌ɔŋ pii kɔ̂ mâi naan thâorai rɔ̀ɔk]

ノート 「たった〜だけ」は<〜 เท่านั้น [thâo nán] >や<แค่ [khɛ̂ɛ] 〜>と表現します。第3文 เท่าไร [thâorai] の用法については次項目を参照して下さい。

◇疑問以外のเท่าไร[thâorai]の用法

1. どれだけ寝ても、まだ眠い。
   นอน เท่าไร ก็ ยัง ง่วง อยู่
   [nɔɔn thâorai kɔ̂ yaŋ ŋûaŋ yùu]
2. どれだけ金があっても使いきってしまう。
   มี เงิน เท่าไร ก็ ใช้ หมด
   [mii ŋən thâorai kɔ̂ chái mòt]
3. たいして高くありません。
   ไม่ แพง เท่าไร [mâi phɛɛŋ thâorai]

ノート เท่าไร [thâorai] は疑問の「どのくらい？」以外に、ばく然とした不定の量「どれだけ」をも表します。また ไม่ [mâi] と対になって、「たいして・・・でない」という意味になります。

◇「〜倍」

1. 彼はぼくの3倍の収入がある。
   เขา มี รายได้ 3 เท่า ของ ผม
   [khǎo mii raaidâi sǎam thâo khɔ̌ɔŋ phǒm]
2. 2倍の投資で3倍の儲け！
   ลง ทุน 2 เท่า กำไร 3 เท่า !
   [loŋ thun sɔ̌ɔŋ thâo kamrai sǎam thâo]
3. 彼はあなたより10倍もいいわ。
   เขา ดี กว่า คุณ 10 เท่า
   [khǎo dii kwàa khun sìp thâo]

ノート <数詞+เท่า [thâo] >で「〜倍」という意味になります。前置詞などを伴わずそれだけで修飾の単位として働きます。

単語メモ
ละ [lá]「〜につき」(P.284 参照)　ง่วง [ŋûaŋ] 眠い
ลงทุน [loŋ thun] 投資する　กำไร [kamrai] もうけ

ドリル B

1）次のタイ文を和訳して下さい。

1. ใคร จะ ใจกว้าง เท่า เขา
   [khrai cà caikwâaŋ thâo kháo]

2. ยา แก้ หวัด นี้ เม็ด ละ เท่าไร ครับ
   [yaa kɛ̂ɛ wàt níi mét lá thâorai khráp]

3. พูด เก่ง เท่า นี้ ก็ใช้ได้ แล้ว
   [phûut kèŋ thâo níi kɔ̂ chái dâi lɛ́ɛo]

2）次の日本文をタイ訳して下さい。

1. この歌は、いくら歌ってもあきない。

2. ぼくと彼とは年齢が同じだが給料は同じではない。

3. 私の妹はたいして太っていません。

アドバイス

1）反語の疑問文

2）ยา แก้ หวัด
[yaa kɛ̂ɛ wàt]
「カゼ薬」

3）เท่า นี้ [thâo níi]
「これだけ」
ใช้ได้[chái dâi]
「使える」「イケる」

1）あきる
เบื่อ [bʉ̀a]

ティータイム

単語を増やそう！（7）「心のはたらき」

＜ความรู้สึก＞[khwaam rúusʉ̀k]「感情」では＜ดีใจ＞[diicai]「うれしい」＜เสียใจ＞[sǐacai]「悲しい」＜อิจฉา＞[ìtchǎa]「ねたむ」＜น้อยใจ＞[nɔ́ɔicai]「すねる」といったところ。心の動きでは、＜ตั้งใจ＞[tâŋcai]「決心する」＜ภูมิใจ＞[phuumcai]「誇りに思う」のはけっこうですが、すぐに＜ปลงตก＞[ploŋ tòk]「あきらめる」のや、他人を＜ดูถูก＞[duu thùuk]「軽蔑する」のはよくありません。外国ではすぐに＜โมโห＞[moohǒo]「怒る」のは不利。とりあえず＜อดทน＞[òt thon]「我慢する」のが大切です。

36. もし彼女が好きなのなら、素直に言う方がいい

キーワード

ถ้า [thâa] ター

「もしも・・・なら」という仮定・条件節を導く接続詞です。前に仮定や譲歩条件を表す節がくると、それに呼応して主節の述部の先頭に ก็ [kɔ̂] が置かれます。この課では、仮定、譲歩、条件を伴う表現を学びましょう。

基本文

1. もし彼女が好きなのなら、素直に言う方がいい。
   ถ้า ชอบ เขา ก็ บอก ตรง ๆ ดี กว่า
   [thâa chɔ̂ɔp kháo kɔ̂ bɔ̀ɔk troŋ troŋ dii kwàa]
   (ター チョープ カオ コ ボーク トロン トロン ディー クワー)

2. たとえ彼が浮気者でも、私は彼を愛しています。
   แม้ เขา จะ เจ้าชู้ ดิฉัน ก็ รัก เขา
   [mɛ́ɛ kháo cà câochúu dichán kɔ̂ rák kháo]
   (メー カオ チャ チャオチュー ディチャン コ ラック カオ)

3. 雨が止むと、日がさした。
   พอ ฝน หยุด แดด ก็ ออก
   [phɔɔ fŏn yùt dɛ̀ɛt kɔ̂ ɔ̀ɔk]
   (ポー フォン ユット デート コ オーク)

単語メモ

ตรง ๆ [troŋ troŋ] ………… 直接に、率直に
แม้ [mɛ́ɛ] ………………… 「たとえ～でも」แม้แต่ ～ [mɛ́ɛ tɛ̀ɛ] ถึงแม้ว่า ～ [thʉ̆ŋ mɛ́ɛ wâa] などの形でも使います。(発音) 呼応の ก็ は軽く[kɔ̂]と発音されます。
เจ้าชู้ [câochúu] ………… 浮気な
พอ [phɔɔ] ………………… ～になると。「十分な」という形容詞の用法もあります。
หยุด [yùt] ………………… 止む、止まる

☞ ポイント

◇<ถ้า>[thâa] <แม้>[mɛ́ɛ] <พอ>[phɔɔ]はそれぞれ仮定・条件、譲歩、時間的条件を表す節を導く接続詞です。

◇仮定・条件・譲歩の意味を持つ従属節に続く主節には、述部の先頭に<ก็>[kɔ̂] が置かれます。この場合、従属節に<ถ้า> <แม้> <พอ>などの接続詞が使われていても、いなくても、仮定・条件・譲歩の意味があれば、呼応して<ก็>が置かれることに変わりありません。

ドリル A

1）日本文の意味になるようにカッコにタイ語を入れて下さい。

1．彼が行きたくないのなら、ぼくがかわりに行きます。
（　　）เขา ไม่ อยาก ไป ผม（　　）จะ ไป แทน
[(　　) khǎo mâi yàak pai　phǒm (　　) cà pai thɛɛn]

2．コーラートに着いたら、ホテルに行きます。
（　　）ถึง โคราช แล้ว（　　）ไป โรงแรม
[(　　) thʉ̌ŋ khoorâat lɛ́ɛo　(　　) pai rooŋrɛɛm]

3．たとえ大雨が降っても、水泳に行きます。
（　　）ฝน ตก หนัก（　　）จะ ไป ว่ายน้ำ
[(　　) fǒn tòk nàk　(　　) cà pai wâai náam]

2）ตรง [troŋ] /ตรง ๆ を用いて「直接～する」「まっすぐに～する」という意味にして下さい。

1．คิด [khít]　考える　2．เดิน [dəən]　歩く

3．นั่ง [nâŋ]　座る　4．ได้ยิน [dâiyin] 聞く

5．ไป [pai]　行く

アドバイス

1) แทน [thɛɛn]
かわりに

ตรง [troŋ] と ตรง ๆ [troŋ troŋ] は同じですが、ตรง ๆ の方がより口語的です。
5)ไป / มา [pai / maa] については ตรง [troŋ] を前に置いても、同じ意味になります。

覚えよう！ ミニ会話

A：พรุ่ง นี้ ไป ดู ชน วัว ไหม ครับ
[phrûŋ níi pai duu chon wua mái khráp]
A：明日闘牛を見に来ますか？

B：ไป ค่ะ, ตัว ไหน มา ชน บ้าง นะ คะ
[pai khâ,　tua nǎi maa chon bâaŋ ná khá]
B：行きます。どの牛がやるのですか？

A：เขา บอก ว่า ยูการิ จะ มา
[khǎo bɔ̀ɔk wâa yuukaarí cà maa]
A：ユカリが来るそうですよ。

B：จริง หรือ เปล่า, ดิฉัน ชอบ มาก ค่ะ
[ciŋ rʉ̌ʉ plàao,　dichán chɔ̂ɔp mâak khâ]
B：本当ですか。私大好きなんです。

応用編

◇時間を表す接続詞เวลา[weelaa]とเมื่อ[mʉ̂a]

1．タイにいる時は、どこに泊まりますか？
เวลา อยู่ เมืองไทย คุณ พัก ที่ ไหน
[weelaa yùu mʉaŋ thai khun phák thîi nǎi]

2．具合が悪いのなら、お医者さんに行かなければなりません。
เวลา ไม่ สบาย ก็ ต้อง ไป หา หมอ
[weelaa mâi sabaai kɔ̂ tɔ̂ŋ pai hǎa mɔ̌ɔ]

3．入学したばかりの時、私は男の子と遊ぶのが嫌いでした。
เมื่อ เข้า โรงเรียน ใหม่ ๆ ดิฉัน ไม่ ชอบ เล่น กับ เด็ก ผู้ชาย
[mʉ̂a khâo rooŋrian mài mài dichán mâi chɔ̂ɔp lên kàp dèk phûu chaai]

ノート　時間を表す節は เวลา [weelaa]、เมื่อ [mʉ̂a] で導きます。ただし、時間を表す節のうちに条件、仮定の意味が含まれている場合、主節には ก็ [kɔ̂] がつきます（第２文）。

◇ก็ [kɔ̂]を使った接続詞、接続句

1．いずれにせよ、我々は任務を完遂せねばならない。
อย่างไร ก็ ตาม เรา ต้อง ทำ หน้าที่ ให้ สมบูรณ์
[yàaŋrai kɔ̂ taam rao tɔ̂ŋ tham nâathîi hâi sǒmbuun]

2．男であれ女であれ、皆幸せを求めている。
ผู้ชาย ก็ ตาม ผู้หญิง ก็ ตาม ต้องการ ความสุข ทั้ง นั้น
[phûu chaai kɔ̂ taam phûu yǐŋ kɔ̂ taam tɔ̂ŋkaan khwaam sùk tháŋ nán]

3．かきまぜればかきまぜる程、ネバつく。
ยิ่ง คน ก็ ยิ่ง เหนียว
[yîŋ khon kɔ̂ yîŋ nǐao]

ノート　第１文は文語的です。第２文は少し古風ですが、まだよく話されています。第３文はก็[kɔ̂]を省略することも少なくありません。

◇その他の条件・仮定・譲歩の表現

1．彼がひざまずいても、許してやらない。
ถึง เขา กราบ ก็ ไม่ ให้ อภัย
[thʉ̌ŋ khǎo kràap kɔ̂ mâi hâi aphai]

2．行きつくころには、力がなくなってしまう。
กว่า จะ ไป ถึง ก็ หมด กำลัง
[kwàa cà pai thʉ̌ŋ kɔ̂ mòt kamlaŋ]

3．ヌイさんだったら、どういうふうにしますか。
เป็น คุณ นุ้ย จะ ทำ อย่างไร
[pen khun núi cà tham yàaŋrai]

ノート　第１文は譲歩、第２文は時間的条件を表しています。第３文は仮定を表す ถ้า [thâa] と主文の ก็ [kɔ̂] が両方とも省略されています。

単語メモ　เวลา [weelaa] ～の時、時間　หน้าที่ [nâathîi] 義務
สมบูรณ์ [sǒmbuu] 完全に　ทั้ง นั้น [tháŋ nán] ～ばかり、みんな～
หมด กำลัง [mòt kamlaŋ] 力がなくなる　คน [khon] かきまぜる

ドリル B

1）次のタイ文を和訳しましょう。

1. ถึงแม้ว่าไม่มีใครจะรำ ฉันก็จะรำ
   [thʉ̌ŋ mɛ́ɛ wâa mâi mii khrai cà ram chán kɔ̂ cà ram]

2. ถ้า ไม่ไป ก็ไม่ใช่ ลูกผู้ชาย ซิ
   [thâa mâi pai kɔ̂ mâi châi lûuk phûuchaai sí]

3. พอ มา ถึง ญี่ปุ่น ก็ ถูก ยึด หนังสือเดินทาง ไป ทันที
   [phɔɔ maa thʉ̌ŋ yîipùn kɔ̂ thùuk yʉ́t nǎŋsʉ̌ʉ dəən thaaŋ pai thanthii]

2）次の日本文をタイ訳しましょう。

1. もし宝くじに当たったら、どこに遊びに行きますか？

2. 電気代を払わなければ、電気を止められてしまいます。

3. 彼でさえもあの方には遠慮しなければならい。

アドバイス

1)ถึงแม้ว่า [thʉ̌ŋ mɛ́ɛ wâa] = แม้「たとえ～でも」
2)ลูก ผู้ชาย [lûuk phûu chaai]「男」
3)ยึด [yʉ́t]「とりあげる」
ทันที [thanthii]「すぐに」

2)電気代 ค่า ไฟ [khâa fai]
止める ตัด [tàt]
3)เกรงใจ [kreeŋcai]「遠慮する」

ティータイム

単語を増やそう！（8）「位置と時に関して」

位置を示す前置詞の前に＜ข้าง＞[khâaŋ]「～側」をつけると、方向を表す前置詞になります。＜ข้างบน＞[khâaŋ bon]「～の上方に」＜ข้างใน＞[khâaŋ nai]「～の内側に」といったぐあいです。また、これらの語は前置詞としてだけでなく、単独で修飾語にもなりますから便利です。また＜นอกจาก＞[nɔ̂ɔk càak]「～以外に」は、位置を示す意味ではなくなります。時に関しては＜ก่อนเที่ยง＞[kɔ̀ɔn thîaŋ]「午前中」＜หลังเที่ยง＞[lǎŋ thîaŋ]「午後」もよく用いられます。＜ภายใน＞[phaai nai]、＜ใน＞[nai]「～の内に」を用いて「今日中に」「今週中に」「2・3日中に」などと表現もできます。＜ปัจจุบันนี้＞[pàtcuban níi]「現在」もたいせつな語です。

37. あなたはどの鳥が好きですか

キーワード

ไหน [nǎi] ナイ

「どの」という指示詞で、名詞・類別詞に後置されます。ここでは、他の指示詞 นี้[níi]「この」、นั้น[nán]「あの」もあわせて学習します。また、類別詞についても復習します。

基本文

1. あなたはどの鳥が好きですか？
   คุณ ชอบ นก ตัว ไหน
   [khun chɔ̂ɔp nók tua nǎi]
   （クン チョープ ノック トワ ナイ）

2. （美人コンテストを見ながら）あなたはどの人が優勝すると思いますか？
   คุณ คิด ว่า คน ไหน จะ ชนะเลิศ
   [khun khít wâa khon nǎi cà chaná lɔ̂ət]
   （クン キット ワー コン ナイ チャ チャナ ルート）

3. あなたはいつ頃来ますか？
   คุณ จะ มา ตอน ไหน
   [khun cà maa tɔɔn nǎi]
   （クン チャ マー トーン ナイ）

単語メモ

ชนะเลิศ [caná lɔ̂ət] …… 優勝する
ตอน [tɔɔn] …………………… 部分を表す造語成分。話しの部分や時間的な部分も表します。ตอนที่… [tɔɔn thîi …]「・・・の頃」、ตอนนี้ [tɔɔn níi]「今は」、ตอนนั้น [tɔɔn nán]「あの時は」、ตอนเช้า [tɔɔn cháao]「朝」

ポイント

◇<ไหน> [nǎi] は指示詞「どの」で名詞・類別詞に後置します。原則的に単独で用いられることはありません。

◇既にお互いが了解済みのものについては、話す時に名詞本体を省略して、類別詞＋指示詞だけでそのものを指すのが普通です。

◇指示詞<นี้> [níi]、<นั้น> [nán] などには<นี่> [nîi]「これ」<นั่น> [nân]「あれ」という名詞の形がありますが、<ไหน> [nǎi]には「どれ」にあたる名詞形がなく、常に名詞・類別詞と結んで「どの～」の形で用いられます。

ドリル A

1）次の文に適当な類別詞・指示詞を入れて文を完成して下さい。

1. あなたはどの新聞を読みますか？
คุณ จะ อ่าน หนังสือพิมพ์ (　　) (　　)
[khun cà àan nǎŋsɯ̌ɯphim (　　) (　　)]

2. 私たちはあの山に登ったことがある。
เรา เคย ปีน เขา (　　) (　　)
[rao khəəi piin khǎo (　　) (　　)]

3. この道はチェンマイまで行きます。
ถนน (　　) (　　) ไป ถึง เชียงใหม่
[thanǒn (　　) (　　) pai thɯ̌ŋ chiaŋmài]

4. どのお菓子がおいしいかしら。
ขนม (　　) (　　) จะ อร่อย นะ
[khanǒm (　　) (　　) cà arɔ̀i ná]

5. 今日はこのクツをはいていくの？
วันนี้ จะ ใส่ รองเท้า (　　) (　　) ไป หรือ
[wan níi cà sài rɔɔŋtháo (　　) (　　) pai rɯ̌ɯ]

アドバイス

1）ฉบับ [chabàp]
新聞の類別紙

2）ปีน [piin]
よじ登る
山の類別詞は
ลูก [lûuk]

4）この文の จะ [cà] は必要です。「どのお菓子が・・」ですから、おいしいかどうかはまだ表に出ていません。おいしくないかも知れません。

5）ใส่ ～ ไป [sài ～ pai]
「～を着て行く」

覚えよう！
ミニ会話

A：วัน นี้ นั่ง รถ คัน นี้ ไป มหาวิทยาลัย หรือ
[wan níi nâŋ rót khan níi pai mahǎawítthayaalai rɯ̌ɯ]
A：今日はこの車に乗って大学に行くの？

B：ใช่ ค่ะ　สวย ไหม
[châi khâ　sǔai mái]
B：そうよ、きれいでしょ。

A：ผม ว่า คัน ใหญ่ ๆ สี แดง ๆ ก็ สะดวก ดี นะ
[phǒm wâa khan yài yài sǐi dɛɛŋ dɛɛŋ kɔ̂ sadùak dii ná]
A：ぼくは、赤くて大きいのも便利だと思うよ。

B：คุณ หมาย ถึง รถเมล์ ใช่ ไหม
[khun mǎai thɯ̌ŋ rót mee châi mái]
B：あなたバスのこと言っているのね。

応用編

◇「どれであれ・・・それを～」ไหน[nǎi] - นั้น[nán]の呼応

1．誰を選んでも、選んだその人と一緒に住まなければならない。
เลือก คน ไหน ก็ ต้อง อยู่ กับ คน นั้น
[lʉ̂ak khon nǎi kɔ̂ tɔ̂ŋ yùu kàp khon nán]

2．どのお寺でも好きだったらそこで出家しなさい
ชอบ วัด ไหน ก็ บวช วัด นั้น ซิ
[chɔ̂ɔp wát nǎi kɔ̂ bùat wát nán sí]

3．どの本でも興味があるのなら、それを貸してあげる。
สนใจ เล่ม ไหน ก็ จะ ให้ ยืม เล่ม นั้น
[sǒncai lêm nǎi kɔ̂ cà hâi yʉʉm lêm nán]

ノート 「どれでも～それを」はไหน - นั้น[nǎi - nán]の呼応で表現します。仮定・条件の意味に呼応して ก็ が置かれます。วัด の類別詞は วัด で、通常繰り返しては用いられません。

◇指示詞を使った時間・量の表現

1．あなたは今出ていくのですか？
คุณ จะ ออก ไป ตอน นี้ หรือ
[khun cà ɔ̀ɔk pai tɔɔn níi rʉ̌ʉ]

2．スントーンプーは何時代の詩人ですか？
สุนทรภู่ เป็น กวี สมัย ไหน
[sǔnthɔɔnphûu pen kawii samǎi nǎi]

3．ぼくがどれだけ君を愛しているかわかるか。
รู้ไหม, พี่ รัก น้อง แค่ ไหน
[rúu mái, phîi rák nɔ́ɔŋ khɛ̂ɛ nǎi]

ノート 第3文は พี่[phîi]を「ぼく」、น้อง[nɔ́ɔŋ]を「君」に使っています。演歌っぽい言い方です。

◇「とんでもない、」「どうして　どうして、」意外性の表現など

1．いい人だと思ったらとんでもない、実はヤクザ者でした。
คิด ว่า เป็น คน ดี ที่ไหนได้ ที่ แท้ เป็น ยากูซ่า
[khít wâa pen khon dii thîi nǎi dâi thîi thɛ́ɛ pen yaakuusâa]

2．夫が養ってくれると思ったらとんでもない、あたしが彼を養わなければならないの。
คิด ว่า ผัว จะ เลี้ยง ที่ ไหน ได้ ฉัน ต้อง เลี้ยง เขา
[khít wâa phǔa cà líaŋ thîi nǎi dâi chán tɔ̂ŋ líaŋ khǎo]

3．どれどれ、手相を見せてごらん。
ไหน ๆ, ขอ ดู ลายมือ หน่อย ซิ
[nǎi nǎi, khɔ̌ɔ duu laai mʉʉ nɔ̀i sí]

ノート ที่ไหนได้ [thîi nǎi dâi]は文中において、「どこが！どんでもない」の意味です。ไหน ๆ [nǎi nǎi]は会話で使う「どれどれ、」です。日本語によく似ている使い方です。

単語メモ　เลือก [lʉ̂ak] 選ぶ　สุนทรภู่ [sǔnthɔɔnphûu] ラーマ1世、2世時代の高名な詩人
แค่ไหน [khɛ̂ɛ nǎi] どれ程　ลายมือ [laai mʉʉ] 手相・筆跡
เลี้ยง＋人 [líaŋ] ～を養う　ที่แท้ [thîi thɛ́ɛ] 実は

ドリル B

1）次のタイ文を和訳して下さい。

1. มี แค่ ไหน ก็ กิน แค่ นั้น
   [mii khɛ̂ɛ nǎi kɔ̂ kin khɛ̂ɛ nán]

2. ยก หิน ก้อน นี้ ไหว ไหม
   [yók hǐn kɔ̂ɔn níi wǎi mái]

3. ลอง คิด ดู ซิ ว่า เขา ผิดหวัง แค่ ไหน
   [lɔɔŋ khít duu sí wâa kháo phìt wǎŋ khɛ̂ɛ nǎi]

2）次の日本文をタイ訳して下さい。

1. あなたはタイ映画の何の話が好きですか？
2. 彼はきっとこのお守り仏像が好きだ。
3. どの皿でも食べたら、その皿を洗います。

アドバイス

2）ก้อน [kɔ̂ɔn]
㊮塊状のもの

3）ลอง....ดู[lɔɔŋ....duu]
〜してみる
ผิดหวัง [phìt wǎŋ]
失望する

2）お守り仏像
พระ เครื่อง
[phrá khrʉ̂aŋ]
㊮ องค์ [oŋ]
3）皿 จาน [caan]
㊮ จาน [caan]

ティータイム

バス旅行は快適

タイを旅行するときに欠かせない交通機関はバスです。鉄道は快適には違いありませんが、何ぶん線路の通っている町にしか行けないのが難点です。その点バスは、周辺の県庁所在地同士はもちろん、郡庁所在地級の町までくまなくネットワークしており、どの路線も結構ひんぱんに走っていますし、また、驚くほど安いのです。長距離移動には冷房バス、２時間くらいまでなら普通バスといった感じでしょうが、近間の町を見物しながら旅をしていくのには、なんといっても普通バスを乗り継いでいくのが最高です。普通バスは車体が赤く塗られているので赤バス<รถ แดง>[rót dɛɛŋ]とも呼ばれています。

頭出し
2-23

38. スーツを何着持っていますか

キーワード

กี่ [kìi] キー

数の多寡を問う数詞「幾ら」で、類別詞や単位を表す語の前に置かれます。この課では กี่[kìi] など数詞を用いた数量に関する表現を学びましょう。

基本文

1．あなたはスーツを何着持っていますか？	คุณ มี สูท กี่ ชุด [khun mii sùut kìi chút] （クン ミー スート キー チュット）
2．ヨーロッパに何日ほど行きますか？	จะ ไป ยุโรป สัก กี่ วัน [cà pai yurôop sák kìi wan] （チャ パイ ユロープ サック キー ワン）
3．タイの歌は何曲も歌えません。	ร้อง เพลง ไทย ได้ ไม่ กี่ เพลง [rɔ́ɔŋ phleeŋ thai dâi mâi kìi phleeŋ] （ローン プレーン タイ ダイ マイ キー プレーン）

単語メモ

สูท [sùut] ……………… スーツ 類 ชุด [chút]（セットになっているものに用いる）
ยุโรป [yurôop] ……………… ヨーロッパ 発音 [yurôop] とは読みませんから注意
ไม่ กี่～ [mâi kìi～] ……… 「幾らも・・・ない」
เพลง [phleeŋ] ……………… 歌 類 เพลง [phleeŋ]
สัก [sák] ……………… 「ちょっと・・・くらい」数詞の前に置かれ後ろの数量が「少ない」という話者の気分を表す 発音 [sàk]とも読みます。

☞ ポイント

◇＜กี่＞ [kìi] は数詞で、主に１０以下の数について「幾ら」という意味を表します。１０以上の数量が予想される数については＜เท่าไร＞ [thâorai] を用いて聞きます。
◇数詞は、類別詞や単位を表す語の前に置かれます。
◇その数についての話者の気分を表す語は、数詞の前に置かれます。

ドリル A

1）กี่ [kìi] は時間を尋ねる時にも用います。次のカッコに適当な語を入れて日本文と同じ意味にして下さい。

1. 何時になりましたか？
   กี่ (　　) แล้ว
   [kìi (　　) lɛ́ɛo]
2. 彼は何時（夜の）に来るのか。
   เขา มา กี่ (　　)
   [khǎo maa kìi (　　)]
3. オーストラリアへは、飛行機に何時間乗らなければなりませんか。
   ไป ออสเตรเลีย ต้อง นั่ง เครื่อง บิน กี่ (　　)
   [pai ɔɔsatreelia tɔ̂ŋ nâŋ khrɯ̂aŋ bin kìi (　　)]

2）次の語を用いて、「～を幾つ食べますか」という文にしてみて下さい。

1. ข้าว [khâao] ご飯
   ㊫ จาน [caan] ～皿
2. วุ้น [wún] 寒天
   ㊫ อัน [an] ～個
3. ข้าว เหนียว [khâao nǐao] もち米
   ㊫ กระติ๊บ [kratíp] ～篭
4. หมูสะเต๊ะ [mǔu saté] 串豚 ㊫ ไม้ [mái] ～串

アドバイス

1)、2)は時刻を聞いています

3)は「～時間」という時間の単位を聞いています。

1)タイではご飯をお皿で食べますから จาน [caan] で数えます。日本なら ถ้วย [thûai] 「～椀」となります。

3)もち米は篭に入れて出されますから、数える時には「～篭」と言うのです。

覚えよう！
ミニ会話

A：สวัสดี ค่ะ, กี่ ที่ คะ
[sawàtdii khâ, kìi thîi khá]
A：いらっしゃいませ、何人様ですか？

B：สาม ที่, ขอ เบียร์ ก่อน นะ
[sǎam thîi, khɔ̌ɔ bia kɔ̀ɔn ná]
B：３人だ。まずビールをもらおうか。

A：ค่ะ, เบียร์ กี่ ขวด คะ
[khâ, bia kìi khùat khá]
A：はい、ビール何本でしょう？

B：แก้ว เดียว ก็ พอ, เออ....ขอ หลอด สาม หลอด ด้วย
[kɛ̂ɛo diao kɔ̂ phɔɔ, əə....khɔ̌ɔ lɔ̀ɔt sǎam lɔ̀ɔt dûai]
B：コップ一杯で充分だよ。ああストローを３本ね。

応用編

◇บาง[baaŋ]とหลาย[lǎai]、ไม่กี่[mâi kìi]

1. 何人かは踊り、何人かは踊らない。　บาง คน เต้น บาง คน ไม่ เต้น
[baaŋ khon tên baaŋ khon mâi tên]
2. タイに行きたい学生が何人もいる。　มี นักเรียน หลาย คน ที่ อยาก ไป เมืองไทย
[mii nák rian lǎai khon thîi yàak pai mɯaŋ thai]
3. 何メートルも布を使わない。　ใช้ ผ้า ไม่ กี่ เมตร
[chái phâa mâi kìi méet]

ノート 3語とも数詞で、類別詞や単位の前に置かれ、それぞれ「いくらかの」「たくさんの」「いくらも・・・ない」を表します。

◇数量に対する話し手の気分の表現

1. ３００万バーツもするコンドミニアムを買う。　ซื้อ คอนโด ราคา ตั้ง สาม ล้าน บาท
[sɯ́ɯ khɔɔndoo raakhaa tâŋ sǎam láan bàat]
2. たった２日しかプーケットに泊まらないのですか。　จะ ค้าง ที่ ภูเก็ต แค่ สอง วัน หรือ
[cà kháaŋ thîi phuukèt khɛ̂ɛ sɔ̌ɔŋ wan rɯ̌ɯ]
3. たった１言で充分だ。　เพียง คำ เดียว ก็ พอ
[phiaŋ kham diao kɔ̂ phɔɔ]
4. 約１０時間は歩かなければならない。　ต้อง เดิน ประมาณ สิบ ชั่วโมง
[tɔ̂ŋ dəən pramaan sìp chûamooŋ]

ノート 数量に対する話し手の気分を表す語は数詞の前に置きます。

◇「AにつきB」の表現

1. １冊１０バーツのマンガ　การ์ตูน เล่ม ละ สิบ บาท
[kaatuun lêm lá sìp bàat]
2. 3本１０バーツの焼きツミレ　ลูกชิ้นปิ้ง สาม ไม้ สิบ บาท
[lûuk chín pîŋ sǎam mái sìp bàat]

ノート 「AにつきB」は、Aが単数（１本、１軒、１冊など）である場合はAの１（หนึ่ง [nɯ̀ŋ]）を省略して、A ละ[lá]Bとなり、Aが複数である場合は、ABと続けます。

単語メモ ▶ เมตร [méet] メートル　คอนโด [khɔɔndoo] 分譲式マンション
ค้าง [kháaŋ] 泊まる　ลูกชิ้น [lûuk chín] ツミレ団子　ปิ้ง [pîŋ] 焼く
เดียว [diao] は「1」で名詞・類別詞の後からかかります

ドリル B

1) 次のタイ文を日本語に訳しましょう。

1. ปีนี้ มี คน มา สมัคร ที่ บริษัท เรา เกือบ สามพัน คน
   [pii níi mii khon samàk thîi bɔɔrisàt rao kʉ̀ap sǎam phan khon]

2. คุณพ่อ มี ที่ดิน กี่ ไร่
   [khun phɔ̂ɔ mii thîidin kìi râi]

3. บางคน เชื่อ ว่า ผู้ชาย ญี่ปุ่น ชอบ ตี เมีย
   [baaŋ khon chʉ̂a wâa phûu chaai yîipùn chɔ̂ɔp tii mia]

2) 次の文をタイ語に訳しましょう。

1. 彼はマンションを何軒持っていますか？

2. ぼくは夏物の服はたくさん持っています。

3. 美人は何人もいません。

アドバイス

1) เกือบ [kʉ̀ap]
「ほとんど〜に達する」

2) 土地の広さなどはその多寡にかかわらず กี่ [kìi] で聞きます。

1) マンションの類別詞は ห้อง [hɔ̂ŋ] です。
2) 夏物の服（＝夏の服）
เสื้อ ฤดู ร้อน [sʉ̂a rʉ́duu rɔ́ɔn]
3) 美人 คน สวย [khon sǔai]
＊美人を文の前に出しても自然な感じです。

ティータイム ― ツミレ団子

ツミレ団子の＜ลูกชิ้น＞[lûuk chín]は、タイの路上での買い食いにはなくてはならないもののひとつです。魚肉、トリ肉、ブタ肉、牛肉などの＜ลูกชิ้น＞[lûuk chín]があって、それぞれの味わいがあります。スープに浮かべたり、クイティアオの具にしたりするのが基本形でしょうが、路ばたの屋台ではよく串焼きにして売っています。油で揚げるものもあります。甘辛いタレをつけてポリ袋に入れてもらって、映画でも見ながら食べましょう。

39. この店のカニはあの店よりも新鮮です

キーワード

กว่า [kwàa] クワー

前置詞で、名詞と結んで「～より」という句をつくり、形容詞や程度を表す助詞を後ろから修飾します。数詞とともに用いたり、接続詞として用いる用法もあります。ここでは比較の文を中心に学習しましょう。

基本文

1．この店のカニはあの店よりも新鮮です。
ปู เจ้า นี้ สด กว่า เจ้า นั้น
[puu câo níi sòt kwàa câo nán]
（プー　チャオ　ニー　ソット　クワー　チャオ　ナン）

2．どのペンが品質がいいでしょう？
ปากกา ด้าม ไหน คุณภาพ ดี กว่า กัน
[pàakkaa dâam nǎi khunnaphâap dii kwàa kan]
（パッカー　ダーム　ナイ　クンナパープ　ディー　クワー　カン）

3．サンスクリットは多分この世で一番学びにくい言語でしょう。
สันสกฤต คง เป็น ภาษา ที่ เรียน ยาก ที่ สุด ใน โลก
[sǎnsakrìt khoŋ pen phasǎa thîi rian yâak thîi sùt nai lôok]
（サンサクリット　コン　ペン　パサー　ティー　ヤーク　ティー　スット　ナイ　ローク）

単語メモ

ปู [puu] ……… カニ
เจ้า [câo] ……… ร้าน [ráan]「店」の類別詞
สด [sòt] ……… 「新鮮である」第1文 กว่า [kwàa] の後には ปู [puu] が省略されています
ปากกา [pàkkaa] ……… ペン （類） ด้าม [dâam]
คุณภาพ ดี [khunnaphâap dii] ……… 品質がいい　คุณภาพ [khunnaphâap] 品質
สันสกฤต [sǎnsakrìt] ……… サンスクリット（インドの古語で、タイ文化に影響しています）

☞ ポイント

◇形容詞や程度の比較は＜～ กว่า [kwàa] A＞「Aよりも～」と表現します。比較が双方から行われている場合は、＜～กว่ากัน [kwàa kan]＞「（お互いに）どちらが～」となります。

◇「もっとも～」は＜～ ที่สุด [～thîi sùt]＞と表現します。＜สุด＞[sùt] は「極」の意。直訳すれば「極において」となります。

ドリル A

1) 次の語を使って「この〜は、あの〜より・・・です」と言ってみましょう。

1. คอนโด [khɔɔndoo] マンション ／ ทำเลดี [thamlee dii] 立地がいい

2. ที่ดิน [thîi din] 土地 ／ กว้าง [kwâaŋ] 広い

3. บ้าน [bâan] 家 ／ น่าอยู่ [nâayùu] 住みやすい

2) 次の語を使って、「この〜は最も・・・です」と言ってみて下さい。

1. ทุเรียน [thúrian] ドリアン／ หวาน [wǎan] 甘い

2. กระเป๋า [krapǎo] カバン ／ เบา [bao] 軽い

3. เจดีย์ [ceedii] 仏塔 ／ สูง [sǔuŋ] 高い

アドバイス

1) 一軒一軒なら
（類）ห้อง [hôŋ]
ひとつの建物を考えると
（類）ตึก [tɯ̀k]

2) （類）แปลง [plɛɛŋ]

3) （類）หลัง [lǎŋ]

1) （類）ลูก [lûuk]

2) （類）ใบ [bai]

3) （類）องค์ [oŋ]

覚えよう！ ミニ会話

A : ภาษาไทย กับ ภาษาเขมร ภาษา ไหน ยาก กว่า กัน
[phasǎa thai kàp phasǎa khaměen phasǎa nǎi yâak kwàa kan]

A : タイ語とクメール語はどちらが難しいかな。

B : ผม ว่า เขมร ยาก กว่า นะ
[phǒm wâa khaměen yâak kwàa ná]

B : ぼくはカンボジア語が難しいと思うな。

A : แต่ ไม่ มี วรรณยุกต์ ใช่ ไหม
[tɛ̀ɛ mâi mii wannayúk châi mái]

A : でも、声調がないでしょう？

B : ใช่, แต่ การ อ่าน เขียน มัน ยาก จริงๆ
[châi, tɛ̀ɛ kaan àan khǐan man yâak ciŋ ciŋ]

B : そうさ、でも読み書きときたら本当に難しい。

応用編

◇「～までには・・・」接続詞 กว่า[kwàa]

1. 彼が着くまでにセミナーは終わってしまうだろう。
กว่า เขา จะ ไป ถึง การ สัมมนา ก็ จะ เสร็จ แล้ว
[kwàa khǎo cà pai thʉ̌ŋ kaan sǎmmana kɔ̂ cà sèt lɛ́ɛo]

2. やせるまでには夏が終わっちゃうわよ。
กว่า จะ ผอม ลง ได้ ฤดู ร้อน ก็ จะ ผ่าน ไป แล้ว
[kwàa cà phɔ̌ɔm loŋ dâi rʉ́duu rɔ́ɔn kɔ̂ cà phàan pai lɛ́ɛo]

3. 結婚するまでに、１０年も恋仲だった。
เป็น แฟน กัน ตั้ง สิบ ปี กว่า จะ ได้ แต่งงาน กัน
[pen fɛɛn kan tâŋ sìp pii kwàa cà dâi tɛ̀ŋŋaan kan]

ノート กว่า [kwàa] は「～するまでには」という節を導く接続詞として働きます。กว่า [kwàa] 以下に条件・仮定の意味が含まれる場合、それに呼応して主節に ก็ [kɔ̂] が用いられます。

◇「３時間あまり」数詞とともに用い กว่า[kwàa]

1. 麻布３メートルあまり
ผ้า ลินิน สาม เมตร กว่า
[phâa linin sǎam méet kwàa]

2. １日に５００バーツあまり使う。
ใช้ เงิน วัน ละ ห้า ร้อย กว่า บาท
[chái ŋən wan lá hâa rɔ́ɔi kwàa bàat]

3. もう夜１０時すぎだよ。
สี่ ทุ่ม กว่า แล้ว
[sìi thûm kwàa lɛ́ɛo]

ノート กว่า [kwàa] の位置に注意。数が１０以下なら類別詞の後、１０以上なら数詞の後に置きます。

◇กว่า[kwàa]を使った「最も・・・」の表現

1. この店のエビは他のより新鮮です。
กุ้ง เจ้า นี้ สด กว่า เพื่อน
[kûŋ câo níi sòt kwàa phʉ̂an]

2. この子供は、皆より頭がいい。
เด็ก คน นี้ หัว ดี กว่า ทุก คน
[dèk khon níi hǔa dii kwàa thúk khon]

3. ぼくは他の人よりきれいに歌を歌う。
ผม ร้อง เพลง เพราะ กว่า คน อื่น
[phǒm rɔ́ɔŋ phleeŋ phrɔ́ kwàa khon ʉ̀ʉn]

ノート 第１文は、同種のものを比べる時に使います。

単語メモ

เป็น แฟน กัน [pen fɛɛn kan] 恋仲である　ผ้า ลินิน [phâa linin] リネン・麻
กุ้ง [kûŋ] エビ　หัวดี [hǔa dii] 頭がいい　เพราะ [phrɔ́] （音が）美しい

ドリル B

1）次のタイ文を日本語に訳しましょう。

1．วันนี้ลม แรง กว่า เมื่อวานนี้
[wan níi lom rɛɛŋ kwàa mɨ̂a waan níi]

2．อาจารย์ คน นั้น ได้ เขียน หนังสือ 50 กว่า เล่ม
[aacaan khon nán dâi khǐan nǎŋsɨ̌ɨ hâa sìp kwàa lêm]

3．ขอ ให้ เป็น คน ที่ รวย ที่สุด ใน เมือง นี้
[khɔ̌ɔ hâi pen khon thîi ruai thîi sùt nai mɨaŋ níi]

2）次の文をタイ語に訳して下さい。

1．もう午前3時すぎです。

2．お互いに同意できるまで、1時間も話さなければならなかった。

3．ラオスよりベトナムの方が開けているように感じられます。

アドバイス

1)ลม แรง
[lom rɛɛŋ]
風が強い
3)祈願文です
ขอ ให้ ～
[khɔ̌ɔ hâi ～]
～になりますように

2)同意する
ตกลง [tòkloŋ]
3)～と感じられる
รู้สึก ว่า ～
[rúusɨ̀k wâa ～]

開けている
เจริญ [carəən]

ティータイム

タ イ の 仏 教

タイは人口の９４％が仏教を信仰している仏教の国ですが、その仏教はインドからスリランカに伝わり更に東南アジアに伝わった南伝仏教で、インドから西域や中国を経て日本に伝わったいわゆる北伝仏教徒はかなり見た目が異なります。日本でお寺といえばほとんどの人はお墓をイメージするでしょう。タイではむしろ公民館とか学校といったイメージを抱くと思います。お寺の中心は何といっても仏像です。日本人には少し意外かも知れませんが、タイの仏像はお釈迦様一種類です。観音様もなければ、不動明王もなく、大日如来もありません。いろいろの格好をして座っていたり、立っていたりする仏像ですが、要するにどれも皆お釈迦様の像なのです。明解ですね。

40. どうやって宿舎を探しますか

キーワード

อย่างไร [yàaŋrai] ヤーンライ

「どのように」という意味の助詞で、名詞、動詞（句）、形容詞などを後ろから修飾します。ここでは、理由を問う ทำไม [thammai]、時を問う เมื่อไร [mɨ̂arai] とあわせて学びます。

基本文

1. どうやって安い宿舎をさがしますか？
จะ หา ที่พัก ถูก ๆ อย่างไร ครับ
[cà hǎa thîi phák thùuk thùuk yàaŋrai khráp]
（チャ ハー ティー パック トゥーク トゥーク ヤーンライ クラップ）

2. どうして私はこんなに運がいいのかしら。
ทำไม ดิฉัน โชค ดี อย่างนี้
[thammai dichán chôok dii yàaŋ níi]
（タムマイ ディチャン チョーク ディー ヤーン ニー）

3. いつタイに住むのですか？
จะ ไป อยู่ เมืองไทย เมื่อไร ครับ
[cà pai yùu mɨaŋ thai mɨ̂arai khráp]
（チャ パイ ユー ムアン タイ ムアライ クラップ）

単語メモ

ที่พัก [thîi phák] ············ 泊まるところ、住居
อย่างนี้ [yàaŋníi] ·············· こんなに 発音 会話では [yaŋŋíi] となるのが普通です。同様に อย่างไร [yàaŋrai] は [yaŋŋai] となります。
โชคดี [chôok dii] ············ 運がいい 反 โชค ไม่ ดี [chôok mâi dii] 又は โชคร้าย [chôok ráai]

ポイント

◇<อย่างไร> [yàaŋrai]「どのように、どのような」は、前置詞<อย่าง> [yàaŋ]「～のように」と<ไร> [rai]「何」が結んだ語で、名詞、動詞（句）、形容詞などの後ろに置かれます。

◇<ทำไม> [thammai]「なぜ」は、文頭または文末に置かれます。文頭に置かれた場合は一般的な疑問を表しますが、文末に置かれると「何で～するのだ」という非難の調子を表します。

◇<เมื่อไร> [mɨ̂arai]「いつ」は文頭または文末に置かれます。文頭に置かれると「いったいいつになったら～するのだ」という非難の調子になります。

ドリル A

1）次の文にอย่างไร[yàaŋrai],ทำไม[thammai], เมื่อไร[mɯ̂arai]のいずれかを加えて、日本語と同じ意味にして下さい。

1．แต่งงาน กับ คุณ อู๊ → いつウさんと
[tɛ̀ŋŋaan kàp khun úu] 結婚しますか?

2．คุณ จะ เกลี้ยกล่อม พ่อแม่ → あなたはどうやって
[khun cà klîaklɔ̀m phɔ̂ɔ mɛ̂ɛ] 両親を説得しますか？

3．ออก เสียง ชัด มาก → どうして発音がとても
[ɔ̀ɔk sǐaŋ chát mâak] 明瞭なのですか？

2）次の文のทำไม[thammai], เมื่อไร[mɯ̂arai]の位置をかえて非難の調子にして下さい。

1．ทำไม ย้าย ไป อยู่ ต่าง จังหวัด どうしていなかに引っ越
[thammai yáai pai yùu tàaŋ caŋwàt] すのですか?

2．ทำไม เลิก กัน どうして別れるのですか？
[thammai lə̂ək kan]

3．จะ ไป ดู งาน เมื่อไร いつ視察に行きますか？
[cà pai duu ŋaan mɯ̂arai]

アドバイス

1）
2)เกลี้ยกล่อม A ให้ B
[klîaklɔ̀m A hâi B]
「AにBするよう説得する」
3)ชัด [chát] 明瞭な

2）
1)ต่าง จังหวัด
[tàaŋ caŋwàt]
いなか、地方
2)เลิก [lə̂ək] + 動詞「～するのをやめる」เลิก กัน [lə̂ək kan] 離婚する
3)ดู งาน
[duu ŋaan]
視察・見学する

覚えよう！ ミニ会話

A：คุณ จะ ไป ทำงาน ที่ หนองพอก เมื่อไร
[khun cà pai tham ŋaan thîi nɔ̌ɔŋphɔ̂ɔk mɯ̂arai]
A：あなたはいつノーンポークへ仕事に行ってしまうのですか？

B：อาทิตย์ หน้า ค่ะ
[aathít nâa khâ]
B：来週です。

A：เวลา คิดถึง คุณ ผม จะ ทำ อย่างไง ดี
[weelaa khít thɯ̌ŋ khun phǒm cà tham yaŋŋai dii]
A：あなたが恋しいときにはぼくはどうすればいいんだ。

B：ก็ นั่ง รถ ทัวร์ ไป ตัว เมือง ร้อยเอ็ด แล้ว ต่อ รถ แดง ซิ คะ
[kɔ̂ nâŋ rót thua pai tua mɯaŋ rɔ́ɔiè̀t lɛ́ɛo tɔ̀ɔ rót dɛɛŋ sí khá]
B：だったらバスでローイエットの町まで行って、赤バスに乗り換えれば。

応用編

◇前置詞 อย่าง[yàaŋ]の使い方

1．こうして手を上げなさいよ。 ยก มือ อย่าง นี้ ซิ คะ
[yók mʉʉ yàaŋ níi sí khá]

2．彼は大金持ちのようにお金を使います。 เขา ใช้ เงิน อย่าง กับ มหาเศรษฐี
[kháo chái ŋən yàaŋ kàp mahǎaseètthǐi]

3．彼は自分の好きなようにやるのがすきです。 เขา ชอบ ทำ อย่าง ที่ ตัวเอง ชอบ
[kháo chɔ̂ɔp tham yàaŋ thîi tua eeŋ chɔ̂ɔp]

ノート 後に นี้[níi] นั้น[nán] 以外の名詞が来る場合、กับ[kàp]をはさむことも少なくありません（第２文）。また、อย่าง[yàaŋ]の後には ที่[thîi]を介して節も続きます（第３文）。

◇「～はどうですか」

1．健康はいかがですか。 สุขภาพ เป็น อย่างไร ครับ
[sùkkhaphâap pen yàaŋrai khráp]

2．デーンさんの論文はどうですか。 วิทยานิพนธ์ ของ คุณ แดง เป็น อย่างไร ครับ
[wítthayaaníphon khɔ̌ɔŋ khun dɛɛŋ pen yàaŋrai khráp]

3．彼の性格はこうなんだ。 นิสัย เขา เป็น อย่างนี้
[nísǎi kháo pen yàaŋníi]

ノート อย่าง[yàaŋ]は<เป็น อย่าง～>の形で述語「～のようである」となります。<เป็น อย่างไร>で「～はどんなふうですか」という意味です。[pen ŋai]とも発音されます。

◇「なぜなら・・・」

1．学費がないので、進学しなかった。 ไม่ ได้ เรียน ต่อ เพราะ ไม่ มี ค่า เล่า เรียน
[mâi dâi rian tɔ̀ɔ phrɔ́ mâi mii khâa lâo rian]

2．それは、イギリス植民地になったことがあるからです。 นั่น เพราะ ว่า เคย เป็น เมืองขึ้น ของ อังกฤษ
[nân phrɔ́ wâa khəəi pen mʉaŋ khʉ̂n khɔ̌ɔŋ aŋkrìt]

3．その時代に経済上の問題があったからかもしれません。 อาจ เป็น เพราะ ว่า มี ปัญหา ทาง เศรษฐกิจ ใน สมัย นั้น
[àat pen phrɔ́ wâa mii panhǎa thaaŋ sèetthakìt nai samǎi nán]

単語メモ ▶ มหาเศรษฐี [mahǎaseètthǐi] 大金持ち　สุขภาพ [sùkkhaphâap] 健康
วิทยานิพนธ์ [wítthayaaníphon] 論文　ค่าเล่าเรียน [khâa lâo rian] 学費
เมืองขึ้น [mʉ̂aŋ khʉ̂n] 植民地

ドリル B

1）次のタイ文を日本語になおして下さい。

1. ไม่ รู้ จะ แก้ตัว อย่างไร ดี
   [mâi rúu cà kɛ̂ɛ tua yàaŋrai dii]

2. คุณ ถาม ว่า ทำไม ฉัน เรียน ภาษาไทย หรือ
   [khun thǎam wâa thammai chán rian phasǎa thai rʉ̌ʉ]

3. เรา ต้อง ไป ทำงาน ที่ จีนแดง อย่าง น้อย 2 ปี
   [rao tɔ̂ŋ pai tham ŋaan thîi ciindɛɛŋ yàaŋ nɔ́ɔi sɔ̌ɔŋ pii]

2）次の文をタイ語になおして下さい。

1. 学生交換計画は、どんな具合ですか。

2. あなたは、彼が旅行が好きなのはなぜだと思いますか。

3. たぶん自分の国にいるのが嫌いだからでしょう。

4. あなたはいつからここにいるのですか。

アドバイス

1)動詞（句）＋
อย่างไร ดี [yàaŋrai dii]
「どうやって～すればいいか」
แก้ตัว [kɛ̂ɛ tua]
「言い訳をする」
3)อย่าง น้อย
[yàaŋ nɔ́ɔi]
「少なくとも」
＊数詞の前に置かれます。
㊎ อย่าง มาก [yàaŋ mâak]「多くとも」
1)計画 โครงการ
[khrooŋ kaan]
交換する แลก
เปลี่ยน [lɛ̂ɛk plìan]

ティータイム

いずれにせよ

日本語でも文の前置きのようにして、「いずれにせよ」「何であれ」などと言いますが、タイ語も同じです。<อะไร> [arai]「何」、<ใคร> [khrai]「誰」、<ที่ไหน>[thîi nǎi]「どこ」などの語の後ろに<ก็ ตาม>[kɔ̂ taam]をつければ、それぞれ「何であれ」「誰であれ」「どこであれ」という意味になるのです。で、<อย่างไร ก็ ตาม>[yàaŋrai kɔ̂ taam]は、「いずれにせよ」で、いっきょに結論に向かう際の、とても便利な言葉です。更に<ก็ ตาม>[kɔ̂ taam]のかわりに、<ก็ ได้>[kɔ̂ dâi]をつければ、「～でもいい」という譲歩の表現になります。<อะไร ก็ ได้> [arai kɔ̂ dâi]「何でもいい」、<ใคร ก็ ได้> [khrai kɔ̂ dâi]「誰でもいい」といったぐあいで、<อย่างไง ก็ ได้> [yàaŋŋai kɔ̂ dâi] は「どうでもいい」となります。投げやりな気分で言ってみましょう。

頭出し
2-26

会話 4

レストランにて

A. วัน นี้ ไป ทาน ข้าว ที่ ไหน ดี, ที่ ร้าน น้ำฝน ดี ไหม

[wan níi pai thaan khâao thîi nǎi dii, thîi ráan námfǒn dii mái]

B. ดี ค่ะ, ที่ นั่น ลาบ ไก่ อร่อย [dii khâ, thîi nân lâap kài arɔ̀i]

C. สวัสดี ครับ กี่ ที่ ครับ [sawàtdii khráp kìi thîi khráp]

A. สอง ที่ ครับ [sɔ̌ɔŋ thîi khráp]

C. รับ เบียร์ ไหม ครับ [ráp bia mái khráp]

A. เอา ขวด หนึ่ง, แล้ว มี ยำ อะไร บ้าง

[ao khùat nɯ̀ŋ, lɛ́ɛo mii yam arai bâaŋ]

C. มี ยำ เนื้อ, ยำ ทะเล, ยำ วุ้นเส้น, ยำ มะเขือ ยาว, ยำ ปลาดุก ฟู

[mii yam nɯ́a, yam thalee, yam wúnsên, yam makhɯ̌a yaao, yam plaadùk fuu]

A. เอา ยำ ปลาดุก ฟู ก็ แล้ว กัน [ao yam plaadùk fuu kɔ̂ɔ lɛ́ɛo kan]

B. อย่า ลืม ลาบ ไก่ นะ, คุณ [yaa lɯɯm lâap kài ná, khun]

C. ครับ ผม [khráp phǒm]

A. แล้ว ขอ ต้ม จืด เต้าหู้ กับ ไข่ เจียว ด้วย ครับ

[lɛ́ɛo khɔ̌ɔ tôm cɯ̀ɯt tâo hûu kàp khài ciao dûai khráp]

C. ครับ, ทั้ง หมด 4 อย่าง นะ ครับ [khráp, tháŋ mòt sìi yàaŋ ná khráp]

B. ข้าว 2 จาน ด้วย นะ คะ [khâao sɔ̌ɔŋ caan dûai ná khá]

A. น่า จะ สั่ง ต้มยำ ด้วย นะ [nâa ca sàŋ tômyam dûai ná]

B. พอ แล้ว, เอา ไว้ วัน หลัง ดี กว่า [phɔɔ lɛ́ɛo, ao wái wan lǎŋ dii kwàa]

A. มี ของหวาน อะไร บ้าง [mii khɔ̌ɔŋwǎan arai bâaŋ]

C. มี ผลไม้ รวม อย่าง เดียว ครับ [mii phǒnlamáai ruam yàaŋ diao khráp]

B. งั้น ไม่ ต้อง ค่ะ [ŋán mâi tɔ̂ŋ khâ]

（訳文）

A. 今日はどこで食事するのがいいかな。「ナムフォン」でいい？
B. いいわ。あそこは美味しい鶏のラープがあるのよ。

C. いらっしゃいませ。何名様ですか。
A. 2人です。
C. ビールをお取りになりますか？
A. 1本もらいましょう。それから、ヤムは何がありますか？
C. 牛肉のヤム、海鮮のヤム、春雨のヤム、茄子のヤム、揚げナマズのヤム。
A. 揚げナマズのヤムにしましょう。
B. あなた、鶏のラープを忘れないでね。
C. かしこまりました。
A. それから、豆腐の澄まし汁と卵焼きも。
C. はい、全部で4品ですね。
B. ご飯2皿もね。
A. トムヤムを頼んだ方がいいね。
B. もう充分よ、別の日にした方がいいわ。
A. デザートは何がありますか？
C. 果物の盛り合わせ1種類です。
B. じゃあ、結構です。

単語メモ

ลาบไก่ [lâap kàì]：鶏のラープ（挽き肉の料理）

ยำ [yam]：タイ式サラダ

ปลาดุก [plaadùk]：ナマズ

ต้มจืด [tôm cùut]：澄ましスープ　แกงจืด [kɛɛŋ cùut] とも言います

ไข่เจียว [khài ciao]：タイ式オムレツ

อย่าง [yàaŋ]：ここでは料理の種類についての類別詞

ทั้งหมด [tháŋ mòt]：全部で

ต้มยำ [tômyam]：タイ式酸っぱいスープ

ของหวาน [khɔ̌ɔŋ wǎan]：甘いもの、デザート

งั้น [ŋán]：ถ้าเป็นอย่างนั้น [thâa pen yàaŋ nán] の省略・音便形、それなら

ドリル解答

第１章

1　母音

［ドリル2］

1）a　2）əə　3）ee
4）ɛ　5）ɔɔ　6）ʉʉ
7）oo　8）i

2　複合母音

［ドリル2］

1）ai　2）ia　3）ɔi
4）ʉai　5）ɛo　6）aao
7）ʉa　8）ooi　9）ui
10）eeo

3　子音

［ドリル2］

1）phɔɔ　2）mii　3）chaa
4）yaa　5）khɔɔ　6）ruu
7）bəə　8）kuu　9）laa
10）puu

［ドリル4］

1）kao　2）taai　3）mɛɛo
4）chaai　5）lɔɔi　6）phaai
7）sia　8）bia　9）ciao
10）khɔɔi

4　複合子音

［ドリル2］

1）khwaai　2）khrai　3）plaa
4）phluu　5）klua　6）traa
7）kwaa　8）khruu　9）phrɛɛo
10）prii

5　声調

［ドリル2］

1）máa　2）khâao　3）maa
4）sʉ̂a　5）kɛ̀ɛ　6）pai
7）khǎao　8）khǎai　9）khài
10）lɔ́ɔ

6　末子音

［ドリル2］

1）nɔɔn　2）sák　3）phák
4）wîŋ　5）ram　6）dəən
7）phûut　8）bɔ̀ɔk　9）aàp
10）dʉ̀ʉm

［ドリル4］

1）mʉaŋ-thai　2）kruŋ-thêep
3）chiaŋ-mài　4）hàat-yài
5）su-khǒo-thai　6）a-yút-tha-yaa
7）khɔ̌ɔn-kɛ̀n　8）u-dɔɔn-thaa-nii
9）phuu-kèt　10）kaan-ca-ná-bu-rii

第２章

1　子音・複合子音の文字

［ドリル1］

P23～27頁を参照して下さい

2　母音・複合母音の記号

［ドリル1］

1）rɔɔ　2）maa　3）puu
4）khʉʉ　5）kɔ　6）duu

［ドリル2］

1）ตา　2）งู　3）ชา
4）มี　5）ยา　6）นา

［ドリル3］

1）daao　2）lɔɔi　3）reo
4）nəəi　5）mɛɛo　6）tao
7）yaai　8）eeo　9）kao

［ドリル4］

1）วัว　2）รวย　3）โดย
4）เมีย　5）เงา　6）เขียว

［ドリル5］

1）khwaai　2）plaa　3）phra
4）klʉa　5）khruu　6）khrua

［ドリル6］

1）sabaai　2）chadaa　3）charaa
4）sadudii　5）thanaai　6）phayaathai

3　末子音の表記

［ドリル1］

1) thaam　2) laan　3) iaŋ
4) naaŋ　5) hɔɔm　6) bɛɛn

［ドリル2］
1) haat　2) tɛɛk　3) pit
4) luk　5) aap　6) khɛɛp

［ドリル3］
1) cot　2) tok　3) kop
4) pon　5) phoŋ　6) khom

［ドリル4］
1) dəən　2) suat　3) mʉʉt
4) cep　5) sen　6) hen

4　声調の表記

［ドリル1］
1) khâi　2) hǎaŋ　3) khâao
4) phǎo　5) khɛ̌ŋ　6) sìi
7) sùk　8) khǐao　9) sɔ̌ŋ

［ドリル2］
1) dek　2) kěe　3) pɛ̂ɛŋ
4) tǒ　5) ǎaŋ　6) kɛ̀ɛ
7) pùat　8) plɛɛ　9) dʉ̀at

［ドリル3］
1) nám　2) thâa　3) thaaŋ
4) lɛ̂ɛk　5) fáa　6) rót
7) rɔ́ɔŋ　8) nâŋ　9) rian

5　ホーナムとオーナム

［ドリル1］
1) nǔu　2) mǐi　3) mǐi
4) ŋʉ̀a　5) yài　6) yâa

6　(中・高子音字+低子音字)の発音

［ドリル1］
1) khanǒm　2) thanǒn　3) khayǎai
4) samǎi　5) salɛ̌ɛŋ　6) khamǎo

7　再読文字

［ドリル1］
1) phǒn-la-máai　2) rát-tha-baan
3) sùk-kha-phâap　4) rát-cha-kaan
5) sǐn-la-pà　6) sòk-ka-pròk
7) phát-tha-naa　8) a-yút-tha-yaa
9) sàat-sa-nǎa

8　注意すべき読み方

［ドリル1］
1) kra-suaŋ　2) in-sii
3) cha-chəəŋ-sao　4) sàt-thaa
5) sút-soom　6) sèet-thǐi　7) sɛ̌ɛŋ
8) praasài　9) sɔ̂ɔi

［ドリル2］
1) sǒm-khuan　2) râat-sa-dɔɔn
3) thammadaa　4) phan-sǎa
5) bɔɔrikaan　6) aŋ-khaan

第4章

1.

［A］

1　1) นักเรียน [nák rian]
2) นักมวย [nák muai]
3) นักวิชาการ [nák wíchaakaan]
4) นักเขียน [nák khǐan]
5) นักการเมือง [nák kaanmʉaŋ]
6) นักข่าว [nák khàao]

2　1) เขา เป็น นักศึกษา [kháo pen nák sʉ̀ksǎa]
→ เรา เป็น นักศึกษา [rao pen nák sʉ̀ksǎa]
2) คุณ เป็น นักข่าว [khun pen nák khàao]
→ คุณ เป็น นักเขียน [khun pen nák khǐan]
3) นี่ ไฟ หรือ [nîi fai rʉ̌ʉ]
→ นี่ สมุด หรือ [nîi samùt rʉ̌ʉ]

［B］

1　1) คน นั้น ก็ เป็น นักศึกษา ญี่ปุ่น
[khon nán kɔ̂ɔ pen nák sʉ̀ksǎa yîipùn]
2) นี่ ยา เขา หรือ เปล่า
[nîi yaa kháo rʉ́ plào]
3) คุณ เป็น นักวิชาการ หรือ นักข่าว
[khun pen nák wíchaakaan rʉ̌ʉ nák khàao]

2　1) คุณ เป็น นักมวย ไทย ใช่ ไหม
[khun pen nák muai thai châi mái]
2) นั่น บ้าน คุณ ใช่ ไหม
[nân bâan khun châi mái]
3) เขา ก็ เป็น นักร้อง ญี่ปุ่น ใช่ ไหม
[kháo kɔ̂ɔ pen nák rɔ́ɔŋ yîipùn châi mái]

2.

[A]

1 1）ผม ชอบ แมว

[phǒm chɔ̂ɔp mɛɛo]

2）ดิฉัน ชอบ ไข่ดาว

[dichán chɔ̂ɔp khài daao]

3）ผม ชอบ ช้าง

[phǒm chɔ̂ɔp cháaŋ]

4）ดิฉัน ชอบ กล้วย

[dichán chɔ̂ɔp klûai]

2 1）คุณ แม่ ไม่ ค่อย ชอบ ดู ละคร

[khun mɛ̂ɛ mâi khɔ̂i chɔ̂ɔp duu lakhɔɔn]

2）น้องสาว ไม่ ค่อย ชอบ ร้อง เพลง

[nɔ́ɔŋ sǎao mâi khɔ̂i chɔ̂ɔp rɔ́ɔŋ phleeŋ]

3）พี่ชาย ไม่ ค่อย ชอบ ไป เที่ยว

[phîi chaai mâi khɔ̂i chɔ̂ɔp pai thîao]

[B]

1 1）คุณ ชอบ พูด เล่น ไหม

[khun chɔ̂ɔp phûut lên mái]

2）คุณ ชอบ ร้อง เพลง ลูก ทุ่ง หรือ เปล่า

[khun chɔ̂ɔp rɔ́ɔŋ phleeŋ lûuk thûŋ rʉ́ plào]

3）คุณ ชอบ ดู หนัง แขก ไหม

[khun chɔ̂ɔp duu nǎŋ khɛ̀ɛk mái]

4）คุณ ชอบ ซื้อของ หรือ เปล่า

[khun chɔ̂ɔp sʉ́ʉ khɔ̌ɔŋ rʉ́ plào]

2 1）私はソー(胡弓)、ピー(笛)、ラナート(木琴)などのタイ音楽が好きです。

2）あなたはタイ酒を飲むのが好きですか。

3）私の夫はカラオケが大好きです。

4）赤ちゃんはよく夜半に泣きます。

3.

[A]

1 1）นี่ หนังสือพิมพ์ [nîi nǎŋsʉ̌ʉphim]

2）นี่ ขนม [nîi khanǒm]

3）นี่ โรงหนัง [nîi rooŋnǎŋ]

4）นี่ แผนที่ [nîi phɛ̌ɛnthîi]

2 1）ผม ซื้อ ปากกา [phǒm sʉ́ʉ pàakkaa]

2）ดิฉัน ซื้อ ตั๋ว รถไฟ [dichán sʉ́ʉ tǔa rótfai]

3）ผม ซื้อ เสื้อผ้า [phǒm sʉ́ʉ sʉ̂aphâa]

4）ดิฉัน ซื้อ ดอกไม้ [dichán sʉ́ʉ dɔ̀ɔkmái]

3 1）ผม ชื่อ แดง ครับ [phǒm chʉ̂ʉ dɛɛŋ khráp]

2）ดิฉัน ชื่อ นก ค่ะ [dichán chʉ̂ʉ nók khâ]

3）ผม ชื่อ ไก่ ครับ [phǒm chʉ̂ʉ kài khráp]

4）ผม / ดิฉัน ชื่อ .... [phǒm / dichán chʉ̂ʉ ...]

[B]

1 1）ตึก นี้ เป็น สำนักงาน อะไร

[tʉ̀k níi pen sǎmnákŋaan arai]

2）เขา ชอบ ดู หนัง อะไร

[khǎo chɔ̂ɔp duu nǎŋ arai]

3）นั่น โรงงาน อะไร

[nân rooŋŋaan arai]

4）เขา เป็น ครู ภาษา อะไร

[khǎo pen khruu phasǎa arai]

2 1）คุณ ชอบ แกง อะไร

[khun chɔ̂ɔp kɛɛŋ arai]

2）คุณ พ่อ คุณ ทำงาน อะไร

[khun phɔ̂ɔ khun tham ŋaan arai]

3）ยา นี้ เป็น ยา อะไร

[yaa níi pen yaa arai]

4.

[A]

2 1）เขา เป็น อาจารย์ [khǎo pen aacaan]

2）เขา เป็น ล่าม [khǎo pen lâam]

3）เขา เป็น เพื่อน ผม [khǎo pen phʉ̂an phǒm]

4）เขา เป็น ผู้จัดการ บริษัท

[khǎo pen phûucàtkaan bɔɔrisàt]

[B]

1 1）โต๊ะ ตัว นี้ เป็น ของ ใคร

[tó tua níi pen khɔ̌ɔŋ khrai]

2）บ้าน หลัง นี้ เป็น ของ ใคร

[bâan lǎŋ níi pen khɔ̌ɔŋ khrai]

3）รถยนต์ คัน นี้ เป็น ของ ใคร

[rótyon khan níi pen khɔ̌ɔŋ khrai]

4）กล้อง ถ่ายรูป กล้อง นี้ เป็น ของ ใคร

[klɔ̂ŋ thàairûup klɔ̂ŋ níi pen khɔ̌ɔŋ khrai]

5) หมอนใบนี้เป็นของใคร
[mɔ̌ɔn bai níi pen khɔ̌ɔŋ khrai]

2 1) คุณทำงานกับใคร
[khun thamŋaan kàp khrai]
2) ผู้หญิงคนนั้นเป็นใคร
[phûuyǐŋ khon nán pen khrai]
3) ใครแต่งงานกับ ผม / ดิฉัน
[khrai tɛ̀ŋŋaan kàp phǒm / dichán]

5 .

[A]

1 1) คุณพ่อมีรถบรรทุก
[khun phɔ̂ɔ mii rót banthúk]
2) ผมมีพระเครื่องในกระเป๋า
[phǒm mii phrá khrʉ̂aŋ nai krapǎo]

2 1) แถวนี้มีร้านอาหารไหม
[thɛ̌ɛo níi mii ráan aahǎan mái]
2) แถวนี้มีมหาวิทยาลัยไหม
[thɛ̌ɛo níi mii mahǎawítthayaalai mái]
3) แถวนี้มีสวนสัตว์ไหม
[thɛ̌ɛo níi mii sǔansàt mái]
4) แถวนี้มีหมอฟันไหม
[thɛ̌ɛo níi mii mɔ̌ɔ fan mái]
5) แถวนี้มีที่จอดรถไหม
[thɛ̌ɛo níi mii thîi cɔ̀ɔt rót mái]
6) แถวนี้มีร้านเสริมสวยไหม
[thɛ̌ɛo níi mii ráan sə̌əmsǔai mái]

[B]

1 1) มี, ผมมีชื่อเล่นไทย
[mii, phǒm mii chʉ̂ʉlên thai]
ไม่มี, ดิฉันไม่มีชื่อเล่นไทย
[mâi mii, dichán mâi mii chʉ̂ʉlên thai]
2) มี, ผมมีเพื่อนคนไทย
[mii, phǒm mii phʉ̂an khon thai]
ไม่มี, ดิฉันไม่มีเพื่อนคนไทย
[mâi mii, dichán mâi mii phʉ̂an khon thai]
3) มี, ผมมีแฟนไทย
[mii, phǒm mii fɛɛn thai]
ไม่มี, ดิฉันไม่มีแฟนไทย
[mâi mii, dichán mâi mii fɛɛn thai]

2 1)ズボンのポケットにタバコがあります。
2)冷蔵庫の中には何もありません。
3)誰か人がいますか。
4)プールがありますか。

6 .

[A]

1 1)　2. 3. 6. 8.

2 1)ぼくはお寺の前に（住んで）います。
2)お祖母さんはケンコーイにいます。
3)犬は車の下にいるのが好きです。
4)猫は火の近くにいるのが好きです。

[B]

1 1) ลูกสาวยืนอยู่ข้างหน้าผม
[lûuk sǎao yʉʉn yùu khâaŋ nâa phǒm]
2) ดิฉันกินขนมจีนอยู่
[dichán kin khanǒm ciin yùu]
3) มีนักเรียนอยู่ในห้อง
[mii nák rian yùu nai hɔ̂ŋ]

2 1) พี่ชายดิฉันทำงานอยู่ที่ตำรวจ
[phîi chaai dichán thamŋaan yùu thîi tamrùat]
2) ร้านผมอยู่ริมถนน
[ráan phǒm yùu rim thanǒn]
3) ปากกาของคุณอยู่ที่ผม
[pàakkaa khɔ̌ɔŋ khun yùu thîi phǒm]

7 .

[A]

2 1) ปวดหัว [pùat hǔa]
2) ปวดท้อง [pùat thɔ́ɔŋ]
3) เจ็บขา [cèp khǎa]
4) ปวดหลัง [pùat lǎŋ]
5) ปวดเอว [pùat eeo]
6) ปวดหัวใจ [pùat hǔacai]
7) ปวดหู [pùat hǔu]
8) เจ็บคอ [cèp khɔɔ]

[B]

1 1)冬には、彼はよく風邪をひきます。
2)彼は3日前から具合が悪い。
3)あなた具合が悪いんでしょ。どうしたの。

2 1）ผมปวดท้องนิดหน่อย
[phǒm pùat thɔ́ɔŋ nít nɔ̀i]
2）ปวดหัวตั้งแต่เมื่อวานนี้
[pùat hǔa tâŋtɛ̀ɛ mʉ̂awaanníi]
3）วันนี้เวียนหัว
[wanníi wian hǔa]

8.

[A]

1 1）คุณครูอยู่ที่ไหน
[khun khruu yùu thîi nǎi]
2）โรงพยาบาลอยู่ที่ไหน
[rooŋphayaabaan yùu thîi nǎi]
3）นาฬิกาอยู่ที่ไหน
[naalikaa yùu thîi nǎi]
4）คุณหมออยู่ที่ไหน
[khun mɔ̌ɔ yùu thîi nǎi]
5）สนามหลวงอยู่ที่ไหน
[sanǎamlǔaŋ yùu thîi nǎi]
6）จระเข้อยู่ที่ไหน
[cɔɔrakhêe yùu thîi nǎi]

2 1）เล่นตะกร้อที่ไหน
[lên taʔkrɔ̂ɔ thîi nǎi]
2）แต่งงานที่ไหน
[tɛ̀ŋŋaan thîi nǎi]
3）มีการประชุมที่ไหน
[mii kaan prachum thîi nǎi]
4）ทำบุญที่ไหน
[thambun thîi nǎi]
5）บวชที่ไหน
[bùat thîi nǎi]
6）คลอดลูกที่ไหน
[khlɔ̂ɔt lûuk thîi nǎi]

[B]

1 1）ผม / ดิฉันพักอยู่ที่ .....
[phǒm / dichán phák yùu thîi ....]
2）ผม / ดิฉันทำงานอยู่ที่ .....
[phǒm / dichán thamŋaan yùu thîi ....]
3）ผม / ดิฉันเรียนภาษาไทยอยู่ที่ .....
[phǒm / dichán rian phasǎa thai yùu thîi ....]

2 1）ห้องน้ำอยู่ที่ไหน
[hɔ̂ŋ náam yùu thîi nǎi]
2）ห้องนอนคุณอยู่ที่ไหน
[hɔ̂ŋ nɔɔn khun yùu thîi nǎi]
3）พักที่ไหนดี
[phák thîi nǎi dii]

9.

[A]

1 1）ไปวัดพระแก้ว [pai wát phrákɛ̂ɛo]
2）ไปสวนสัตว์ [pai sǔan sàt]
3）ไปเมืองลาว [pai mʉaŋ laao]
4）ไปอเมริกา [pai ameerikaa]

2 1）มาซื้อเครื่องสำอาง [maa sʉ́ʉ khrʉ̂aŋ sǎmʔaaŋ]
2）มาหาเพื่อง [maa hǎa phʉ̂aŋ]
3）มาถ่ายรูป [maa thàai rûup]
4）มาสอนทำอาหาร [maa sɔ̌ɔn tham aahǎan]

[B]

1 1）ぼくはパットポンに散歩しに行くのが好きです。
2）あなたはどこにおかずを買いに行くのが好きですか。
3）彼はバンコクに何をしに来たのですか。

2 1）ไปสอนหนังสือที่มหาวิทยาลัย
[pai sɔ̌ɔn nǎŋsʉ̌ʉ thîi mahǎawítthayaalai]
2）ดิฉันไม่ชอบไปเที่ยวต่างประเทศ
[dichán mâi chɔ̂ɔp pai thîao tàaŋ prathêet]
3）รถคันนี้ไปอุบลฯหรือเปล่า
[rót khan níi pai ubon rʉ́ plàao]

10.

[A]

1 1）ผมจะเป็นข้าราชการ
[phǒm cà pen khâa râatchakaan]
ぼくは公務員になります。
2）เรื่องนี้จะมีความสำคัญ
[rʉ̂aŋ níi cà mii khwaam sǎmkhan]
この話は重要なものになります。
3）เขาจะอยู่เมืองจีน
[kháo cà yùu mʉaŋ ciin]
彼は中国に住みます。

2 1）ผมจะไม่กินบะหมี่
[phǒm cà mâi kin bamìi]

2) ดิฉัน จะ ไม่ พูด กับ เขา
[dichán cà mâi phûut kàp kháo]
3) ผม จะ ไม่ ใส่ กระโปรง
[phǒm cà mâi sài kraprooŋ]

[B]

1　1)一緒に海に遊びに行きますか。
2)私はまた電話します。
3)私たちはどこでおみやげを買うのがいいでしょう。

2　1) จะ กิน ก๋วยเตี๋ยว กับ ใคร ดี
[cà kin kuǎitǐao kàp khrai dii]
2) ต่อ ไป จะ ทำงาน ที่ ไหน
[tɔ̀ɔ pai cà tham ŋaan thîi nǎi]
3) จะ นั่ง อะไร ไป เชียงใหม่
[cà nâŋ arai pai chiaŋmài]

11.

[A]

1　1) เขา ยัง ไม่ พอใจ [kháo yaŋ mâi phɔɔcai]
2) มือ ยัง ไม่ สะอาด [mɯɯ yaŋ mâi saʔàat]
3) เพื่อน ผม ยัง ไม่ รวย [phɯ̂an phǒm yaŋ mâi ruai]

2　1) พี่สาว เขา ยัง ขี้เหนียว อยู่
[phîisǎao kháo yaŋ khîinǐao yùu]
彼のお姉さんは依然としてケチです。
2) ห้อง นี้ ยัง สกปรก อยู่
[hɔ̂ŋ níi yaŋ sòkkapròk yùu]
この部屋はまだ不潔です。
3) รถ คัน นี้ ยัง ใหม่ อยู่
[rót khan níi yaŋ mài yùu]
この車はまだ新しいです。

[B]

1　1)まだご飯を食べ足りない。
2)まだ満腹でない。
3)満足しましたか。

2　1) หนัง ยัง ไม่ เริ่ม
[nǎŋ yaŋ mâi rə̂əm]
2) เด็ก ยัง ร้องไห้ อยู่
[dèk yaŋ rɔ́ɔŋhâi yùu]
3) ขับ รถ ยัง ไม่ เก่ง
[khàp rót yaŋ mâi kèŋ]

12.

[A]

2　1) เกือบ [kɯ̀ap]
2) กำลัง [kamlaŋ]
3) พึ่ง [phɯ̂ŋ]

[B]

1　1)友だちになったばかりです。
2)伯父さんは今、病気です。
3)病気ですが、もうほとんど直っています。

2　1) พึ่ง มา เมื่อ กี้ นี้
[phɯ̂ŋ maa mɯ̂a kîi níi]
2) เดี๋ยว นี้ กำลัง อ่าน หนังสือ อยู่
[dǐao níi kamlaŋ àan nǎŋsɯ̌ɯ yùu]
3) เกือบ ลืม นัดพบ
[kɯ̀ap lɯɯm nátphóp]
4) กำลัง ซัก ผ้าเช็ดตัว อยู่
[kamlaŋ sák phâa chét tua yùu]

13.

[A]

2　1) ใหญ่ เกินไป [yài kəən pai]
2) เล็ก เกินไป [lék kəən pai]
3) มืด เกินไป [mɯ̂ut kəən pai]
4) สว่าง เกินไป [sawàaŋ kəən pai]
5) ดื่ม มาก เกินไป [dɯ̀ɯm mâak kəən pai]
6) กิน น้อย เกินไป [kin nɔ́ɔi kəən pai]

[B]

1　1)この靴はちょっと高すぎます。
2)彼はよくしゃべりすぎます。
3)ぼくは今タイ音楽を習おうと考えています。

2　1) เชิ้ต ตัว นี้ คับ เกินไป
[chə́ət tua níi kháp kəən pai]
2) วรรณคดี ไทย นั้น เข้าใจ ยาก
[wannakhadii thai nán khâocai yâak]
3) กำลัง คิด จะ ไป ซื้อของ ที่ เมืองไทย
[kamlaŋ khít cà pai sɯ́ɯ khɔ̌ɔŋ thîi mɯaŋ thai]

14.

[A]

1　1) ไป [pai]　2) มา [maa]　3) มา [maa]

2　1）最後の日まで愛しあっていく。
　2）30年間も教師をしてきた。
　3）定年の日まで働いて行く。

［B］
1　1）ออก[ʔɔ̀ɔk]　2）มา[maa]　3）ขึ้น[khʉ̂n]
　4）ไว้[wáai]　5）ขึ้น[khʉ̂n]　6）ลง[loŋ]

15.
［A］
1　1）คน ญี่ปุ่น [khon yîipùn]
　　คน ฝรั่ง [khon faràŋ] *ฝรั่งだけで充分です
　　คน ญวน [khon yuan]
　2）เพื่อน ญี่ปุ่น [phʉ̂an yîipùn]
　　เพื่อน ฝรั่ง [phʉ̂an faràŋ]
　　เพื่อน ญวน [puʉ̂an yuan]
　3）นักท่องเที่ยว ญี่ปุ่น [nák thɔ̂ŋ thîao yîipùn]
　　นักท่องเที่ยว ฝรั่ง [nák thɔ̂ŋ thîao faràŋ]
　　นักท่องเที่ยว ญวน [nák thɔ̂ŋ thîao yuan]

2　1）อยาก สวย [yàak sǔai]
　2）อยาก สบาย [yàak sabaai]
　3）อยาก หัว ดี [yàak hǔa dii]
　4）อยาก แข็ง แรง [yàak khěŋ rɛɛŋ]

［B］
1　1）散髪に行きたい。
　2）両替に行きたい。
　3）以前は、ぼくはやせたかった。
2の解答はP309を参照してください。

16.
［A］
2　1）ผม ต้อง ไป รับ ลูก
　　[phǒm tɔ̂ŋ pai ráp lûuk]
　　ぼくは子供を迎えに行かなければなりません。
　2）เรา ต้อง ช่วยเหลือ กัน
　　[rao tɔ̂ŋ chûai lʉ̌a kan]
　　私たちは助け合わなければなりません。
　3）ต้อง ให้การ ตาม ความจริง
　　[tɔ̂ŋ hâikaan taam khwaamciŋ]
　　真実通り供述をしなければなりません。

［B］
1　1）夜更かしするべきではありません。
　2）まず劇場にチケットを買いに行かなくてはなりません。
　3）しゃべり過ぎるなよ。

2　1）ต้อง เก็บ เงิน ก่อน ไป เมือง ไทย
　　[tɔ̂ŋ kèp ŋən kɔ̀ɔn pai mʉaŋ thai]
　2）เสื้อ ตัว นี้ ต้อง แพง แน่ ๆ
　　[sʉ̂a tua níi tɔ̂ŋ phɛɛŋ nɛ̂ɛ nɛ̂ɛ]
　3）เรา ควร จะ พูด สุภาพ กับ ทุก คน
　　[rao khuan cà phûut suphâap kàp thúk khon]
　4）เรา ต้อง พยายาม อนุรักษ์ วัฒนธรรม ของ ตัวเอง
　　[rao tɔ̂ŋ phayaayaam anurák wátthanatham khɔ̌ɔŋ tuaʔeeŋ]

17.
［B］
1　1）อย่า ไว้ใจ ชาว ต่าง ประเทศ
　　[yàa wáicai chaao tàaŋ prathêet]
　2）อย่า ทาน ขนม หวาน
　　[yàa thaan khanǒm wǎan]
　3）อย่า พูด โกหก
　　[yàa phûut koohòk]

2　1）อย่า เชื่อ คน ง่าย ๆ
　　[yàa chʉ̂a khon ŋâai ŋâai]
　2）อย่า ไป คบ กับ เขา
　　[yàa pai khóp kàp kháo]
　3）อย่า, อย่า, อย่า, อย่า เข้า ไป
　　[yàa, yàa, yàa, yàa khâo pai]
　4）วัน หลัง อย่า ไป ปรึกษา เขา
　　[wan lǎŋ yàa pai prʉ̀ksǎa kháo]

18.
［A］
2　1）ผม เคย พบ เขา
　　[phǒm khəəi phóp kháo]
　2）เคย ฟัง เพลง พม่า
　　[khəəi faŋ phleeŋ phamâa]
　3）เคย ขาย ของ ที่ ตลาด
　　[khəəi khǎai khɔ̌ɔŋ thîi talàat]

［B］
1　1）เคยไป เมืองไทย กี่ ครั้ง
　　[khəəi pai mʉaŋthai kìi khráŋ]
　2）เคย อยู่ ที่ ญี่ปุ่น 5 ปี
　　[khəəi yùu thîi yîipùn hâa pii]

3）ผม ไม่ เคย ผ่า ตัด
[phǒm mâi khəəi phàa tàt]

2　1）เคย ฟัง เพลง พื้น เมือง ของ ไทย ครั้ง หนึ่ง
[khəəi faŋ phleeŋ phʉʉn mʉaŋ khɔ̌ɔŋ thai khráŋ nʉŋ]
2）เคย กิน อาหาร อีสาน ครั้ง เดียว
[khəəi kin aahǎan iisǎan khráŋ diao]
3）เคย ตี เทนนิส ครั้ง เดียว
[khəəi tii theenníit khráŋ diao]

19.

[A]

2　1）ผม ได้ เป็น ชาว นา
[phǒm dâi pen chaao naa]
2）เมื่อ เดือน ที่ แล้ว เรา ได้ ไป เที่ยว ป่า
[mʉ̂a dʉan thîi lɛ́ɛo rao dâi pai thîao pàa]
3）เขา ได้ มี นา
[kháo dâi mii naa]

[B]

1　1）水浴びしに行きなよ。涼しくなるよ。
2）ぼくは(過去も現在も)兵隊ではありません。
3）ぼくは、あぶなく兵隊になれないところだった。

2　1）วันนี้ ได้ เขียน จดหมาย 2 ฉบับ
[wanníi dâi khǐan còtmǎai sɔ̌ɔŋ chabàp]
2）เดือนที่แล้ว ไม่ ค่อย ได้ เล่น กีฬา
[dʉan thîi lɛ́ɛo mâi khɔ̂i dâi lên kiilaa]
3）เมื่อวานนี้ ผม / ดิฉัน ได้ รับ หนังสือ 2 เล่ม
[mʉ̂a waan níi phǒm / dichán dâi ráp nǎŋsʉ̌ʉ sɔ̌ɔŋ lêm]

20.

[A]

1　1）ผม นำ เที่ยว เมือง ไทย ได้
[phǒm nam thîao mʉaŋ thai dâi]
2）ดิฉัน เล่น ดนตรี ได้
[dichán lên dontrii dâi]
3）ผม ขี่ รถ จักรยาน ได้
[phǒm khìi rót càkkrayaan dâi]
4）ดิฉัน เข้าใจ เขา ได้
[dichán khâocai kháo dâi]

2　1）a　少しタイ語を教えることができます。
（教える量が「少し」）
b　タイ語を教えることが少しできます。
（教える能力が「少し」）
2）a　彼は、ひとりで歩けます。
（他の人の力を借りずに）
b　彼は、ひとりだけ歩けます。
（他の人は歩けません）

[B]

1　1）ちょっと質問してもいいですか。
2）ぼくは自分で注射できます。
3）あたしを持ち上げられるの。
4）彼はこの話を全部説明することができます。

2　1）ผม กิน เหล้า เป็น
[phǒm kin lâo pen]
2）ขาย ของ ที่ นี่ ได้ ไหม
[khǎai khɔ̌ɔŋ thîi nîi dâi mái]
3）ผม จะ พา คุณ ไป ก็ ได้
[phǒm cà phaa khun pai kɔ̂ dâi]
4）ปิด หน้าต่าง ได้ หรือ เปล่า
[pìt nâatàaŋ dâi rʉ̌ plàao]

21.

[A]

2　1）ผม อาจ บวช วัด นี้
[phǒm àat bùat wát níi]
ぼくは、もしかしたらこの寺で出家します。
2）ดิฉัน อาจ จะ ลา งาน สาม วัน
[dichán àat cà laa ŋaan sǎam wan]
私は、もしかしたら3日間仕事を休むかも知れません。
3）เขา คง เข้าใจ ผิด ผม
[kháo khoŋ khâocai phìt phǒm]
彼はたぶん僕を誤解しているのだろう。

[B]

1　1）彼は、もしかしたら貝が嫌いであるかも知れない。
2）彼の孫はたぶんとても可愛いのだろう。
3）彼は、もしかしたら私を見たことがあるかも知れない。

2　1）ไม่ อาจ ทำ ได้
[mâi àat tham dâi]
2）ปี หน้า อาจ จะ มี โอกาส อีก
[pii nâa àat cà mii ookàat ìik]

3) คง คิดถึง คุณ แม่ มาก
[khoŋ khítthʉ̌ŋ khun mɛ̂ɛ mâak]

22.

[A]

1 1) ขอ น้ำชา หน่อย [khɔ̌ɔ námchaa nɔ̀i]
2) ขอ ยา แก้ ปวด หน่อย [khɔ̌ɔ yaa kɛ̂ɛ pùat nɔ̀i]
3) ขอ พริกไทย หน่อย [khɔ̌ɔ phríkthai nɔ̀i]
4) ขอ น้ำปลา ด้วย [khɔ̌ɔ námplaa dûai]
5) ขอ น้ำตาล ด้วย [khɔ̌ɔ námtaan dûai]
6) ขอ น้ำ มะนาว ด้วย [khɔ̌ɔ nám mánaao dûai]

2 1) ขอ ทราบ ที่อยู่ ด้วย
[khɔ̌ɔ sâap thîi yùu dûai]
2) ขอ อธิบาย เรื่อง นี้ ด้วย
[khɔ̌ɔ athíbaai rʉ̂aŋ níi dûai]
3) ขอ เปิด วิทยุ ฟัง หน่อย
[khɔ̌ɔ pə̀ət wítthayú faŋ nɔ̀i]

[B]

1 1)ちょっと待ってね。身仕度をしてからね。
2)(ホテルの) 部屋を3部屋予約したいのですが。
3)もう一度検討させていただきます。

2 1) วันนี้ ดิฉัน ขอ เลี้ยง ด้วย
[wan níi dichán khɔ̌ɔ líaŋ dûai]
2) ขอ ถาม นิด หน่อย
[khɔ̌ɔ thǎam nít nɔ̀i]
3) ขอ คืน หนังสือ เดิน ทาง ด้วย
[khɔ̌ɔ khʉʉn nǎŋsʉ̌ʉ dəən thaaŋ dûai]
4) ขอ ดู กะทะ สีดำ กับ หม้อ สีขาว หน่อย
[khɔ̌ɔ duu kathá sǐidam kàp mɔ̂ɔ sǐikhǎao nɔ̀i]

23.

[A]

2 1) ช่วย ปิด โทรทัศน์ ด้วย
[chûai pìt thoorathát dûai]
2) ช่วย ไป ถ่าย เอกสาร หน่อย
[chûai pai thàai èekkasǎan nɔ̀i]
3) ช่วย ติดต่อ กับ บริษัท ด้วย
[chûai tìttɔ̀ɔ kàp bɔɔrisàt dûai]

[B]

1 1)私たちは助け合って民主主義を築かねばなりません。
2)いい病院を探して下さい。
3)タイに送って下さい。

2 1) ช่วย แปล เป็น ภาษา ไทย หน่อย
[chûai plɛɛ pen phasǎa thai nɔ̀i]
2) ช่วย สอน ว่าย น้ำ ด้วย
[chûai sɔ̌ɔn wâai náam dûai]
3) ช่วย เรียก แท็กซี่ หน่อย
[chûai rîak thɛ́ksîi nɔ̀i]
4) ช่วย กด ปุ่ม นี้ หน่อย
[chûai kòt pùm níi nɔ̀i]

24.

[A]

1 1) ให้ คะแนน นักเรียน
[hâi khanɛɛn nák rian]
2) ให้ ปากกา น้องชาย
[hâi pàakkaa nɔ́ɔŋ chaai]
3) ให้ ดอกไม้ อาจารย์
[hâi dɔ̀ɔkmáai aacaan]

2 1) ให้ ตอบ ข้อ ถาม
[hâi tɔ̀ɔp khɔ̂ɔ thǎam]
2) ให้ กิน จน อิ่ม
[hâi kin con ìm]
3) ให้ รับ ราชการ
[hâi ráp râatchakaan]

[B]

1 1)本を貸してあげる。
2)警察官を現場に行かせる。
3)女房に養豚をさせる。

2 1) ให้ ลูก ไป โรงเรียน
[hâi lûuk pai rooŋrian]
2) เล่า นิทาน ให้ ฟัง
[lâo níthaan hâi faŋ]
3) แต่ง หน้า ให้ สวย
[tɛ̀ŋ nâa hâi sǔai]

25.

[A]

2 1) ถูก รถ ชน
[thùuk rót chon]
2) ถูก ผัว ซ้อม

[thùuk phǔa sɔ̌ɔm]

3）ถูก เพื่อน บ้าน ฟ้อง

[thùuk phɨ̂an bâan fɔ́ɔŋ]

4）ถูก คน ร้าย ลัก พา ตัว

[thùuk khon ráai lák phaa tua]

［B］

1　1）結局、警察に捕まった。

2）私はいつも男にだまされます。

3）よたもの連中に殴られる。

2　1）โดน แม่ ค้า ตลาด ด่า

[doon mɛ̂ɛ kháa talàat dàa]

2）เรา สอง คน ถูก คอ กัน มาก

[rao sɔ̌ɔŋ khon thùuk khɔɔ kan mâak]

3）โดน ต้น มะพร้าว ทับ

[doon tôn maphráao tháp]

26.

［B］

1　1）がっかりすることはないよ。

2）彼はあなたの言うことなど聞こうとしないだろうよ。

3）そんなのほっとけ。

4）皆の衆は大喜び。

5）私たちはもっとこのことについて話し合わなければならない。

6）若い衆が連れだって寺祭りに遊びに行きます。

27.

［A］

1　1）คุณ แดง จบ ป.วส แล้ว

[khun dɛɛŋ còp pɔɔ. wɔɔ. sɔ̌ɔ lɛ́ɛo]

デーンさんは専門学校を卒業しました。

2）น้องสาว ได้ งาน ทำ แล้ว

[nɔ́ɔŋ sǎao dâi ŋaan tham lɛ́ɛo]

妹は職を得ました。

3）น้องชาย ตก งาน แล้ว

[nɔ́ɔŋ chaai tòk ŋaan lɛ́ɛo]

弟は失業しました。

2　1）เข้า โรงเรียน มัธยม แล้ว หรือ ยัง

[khâo rooŋrian mátthayom lɛ́ɛo rɨ́ɨ yaŋ]

2）ออก จาก โรงพยาบาล แล้ว หรือ ยัง

[ɔ̀ɔk càak rooŋphayaabaan lɛ́ɛo rɨ́ɨ yaŋ]

3）เปิด ร้าน ใหม่ แล้ว หรือ ยัง

[pə̀ət ráan mài lɛ́ɛo rɨ́ɨ yaŋ]

［B］

1　1）上司の考え次第です。

2）タイに行って、それから考えてもいいです。

3）1人30バートってことでね、兄さん！

2　1）ห้า โมง แล้ว

[hâa mooŋ lɛ́ɛo]

2）ดอก ซากุระ บาน แล้ว

[dɔ̀ɔk saakura baan lɛ́ɛo]

3）ผม ไป แล้ว นะ ครับ

[phǒm pai lɛ́ɛo ná khráp]

28.

［A］

2　1）เลย สะพาน ลอย แล้ว นะ

[ləəi saphaan lɔɔi lɛ́ɛo ná]

2）เลย ตู้ โทรศัพท์ แล้ว นะ

[ləəi tûu thoorasàp lɛ́ɛo ná]

3）เลย หัวลำโพง แล้ว นะ

[ləəi hǔalamphooŋ lɛ́ɛo ná]

4）เลย ป้าย รถ เมล์ แล้ว นะ

[ləəi pâai rót mee lɛ́ɛo ná]

5）เลย วงเวียน แล้ว นะ

[ləəi woŋwian lɛ́ɛo ná]

6）เลย อนุสาวรีย์ แล้ว นะ

[ləəi anúsǎawarii lɛ́ɛo ná]

［B］

1　1）銀行を過ぎたら左に曲がって下さいね。

2）誰も言ってくれる人がいなかったから、知りません。

3）まるで英語を話せません。

2　1）ไม่ มี ชื่อ เสียง เลย

[mâi mii chɨ̂ɨ sǐaŋ ləəi]

2）ฝน ตก เลย ปวด หัว

[fǒn tòk ləəi pùat hǔa]

3）เลย สี่แยก หน้า แล้ว จอด ด้วย

[ləəi sìiyɛ̂ɛk nâa lɛ́ɛo cɔ̀ɔt dûai]

29.

[A]

1　1）หล่อ ดี [lɔ̀ɔ dii]
　2）แปลก ดี [plɛ̀ɛk dii]
　3）สะอาด ดี [saʔàat dii]
　4）ธรรมดา ดี [thammadaa dii]
　5）น่ารัก ดี [nâa rák dii]
　6）สนุก ดี [sanùk dii]

[B]

1　1）公務員でいるのは楽だ。
　2）とても辛い物を食べるのは健康に良くない。
　3）外国に行って住むのは、つらいことです。
　4）あの先生はとても優しい人です。
　5）彼は顔だちがいい。
　6）彼はふるまいが上品です。

30.

[A]

1　1）เอา ช้อน หรือ ซ่อม
　[ao chɔ́ɔn rʉ̌ʉ sɔ̂ɔm]
　2）เอา เส้น ใหญ่ หรือ เส้น เล็ก
　[ao sên yài rʉ̌ʉ sên lék]
　3）เอา น้ำ เต้าหู้ หรือ นม
　[ao nám tâohûu rʉ̌ʉ nom]

2　1）เอา น้ำ ส้ม ค่ะ [ao nám sôm khâ]
　2）เอา ไทยรัฐ ครับ [ao thairát khráp]
　3）เอา ไก่ ย่าง ค่ะ [ao kài yâaŋ khâ]
　4）เอา เส้น หมี่ น้ำ ครับ [ao sên mìi náam khráp]

[B]

1　1）箸を持っていくのを忘れないでね。
　2）蚊取線香はいりますか。
　3）私のカバンに足をのせないで。

2　1）ช่วย เอา ผ้า แห้ง มา หน่อย
　[chûai ao phâa hɛ̂ɛŋ maa nɔ̀i]
　2）เอา แต่ ไป เที่ยว ไม่ ยอม เรียน
　[ao tɛ̀ɛ pai thîao mâi yɔɔm rian]
　3）เอา มีด มา เหลา ดินสอ
　[ao mîit maa lǎo dinsɔ̌ɔ]

31.

[A]

1　1）การก่อสร้าง เสร็จ แล้ว [kaan kɔ̀ɔsâaŋ sèt lɛ́ɛo]
　2）พิธี บวช เสร็จ แล้ว [phíthii bùat sèt lɛ́ɛo]
　3）งานเลี้ยง เสร็จ แล้ว [ŋaan líaŋ sèt lɛ́ɛo]
　4）การสอบ เสร็จ แล้ว [kaan sɔ̀ɔp sèt lɛ́ɛo]

2　1）รีด ผ้า เสร็จ แล้ว หรือ ยัง
　[rîit phâa sèt lɛ́ɛo rʉ́ yaŋ]
　2）ซ่อม วิทยุ เสร็จ แล้ว หรือ ยัง
　[sɔ̂ɔm wítthayú sèt lɛ́ɛo rʉ́ yaŋ]
　3）ทอด ปลาหมึก เสร็จ แล้ว หรือ ยัง
　[thɔ̂ɔt plaamʉ̀k sèt lɛ́ɛo rʉ́ yaŋ]
　4）ออก แบบ บ้าน เสร็จ แล้ว หรือ ยัง
　[ɔ̀ɔk bɛ̀ɛp bâan sèt lɛ́ɛo rʉ́ yaŋ]

[B]

1　1）私、まだお話が終わっていませんのよ。
　2）ソーセージは品切れです。
　3）もう卒業しましたか。

2　1）วาง แผน ยัง ไม่ เสร็จ
　[waaŋ phɛ̌ɛn yaŋ mâi sèt]
　2）ยัง คิด ไม่ ออก [yaŋ khít mâi ɔ̀ɔk]
　又は　คิด ยัง ไม่ ออก [khít yaŋ mâi ɔ̀ɔk]
　3）ทำ ความสะอาด รถ เสร็จ แล้ว
　[tham khwaam saʔàat rót sèt lɛ́ɛo]
　4）เสื้อ เปียก หมด
　[sʉ̂a pìak mòt]

32.

[A]

1　1）ชอบ ทำ ตุ๊กตา [chɔ̂ɔp tham túkkataa]
　2）ชอบ ทำ กิจการ [chɔ̂ɔp tham kìtcakaan]
　3）ชอบ ทำ ขนม เค้ก [chɔ̂ɔp tham khanǒm khéek]
　4）ชอบ ทำ ขนม ปัง [chɔ̂ɔp tham khanǒm paŋ]

2　1）ทำ กุญแจ ตก [tham kuncɛɛ tòk]
　2）ทำ ผ้า ห่ม เปื้อน [tham phâa hòm pʉ̂an]
　3）ทำ โรงเรียน ให้ ดี ขึ้น
　[tham rooŋrian hâi dii khʉ̂n]

[B]

1　1）旅行は、若者をして、自らをよりよく知らしめる。

2）この本は彼をして、医者になるべく決心せしめた。
3）彼女は、電話で話す時、よくかわいい声をする。

2 1）เด็ก แดง ทำ นม หก
[dèk dɛɛŋ tham nom hòk]
2）การ เล่น กีฬา ทำ ให้ ร่างกาย แข็ง แรง
[kaan lên kiilaa tham hâi râaŋkaai khěŋrɛɛŋ]
3）เขา ทำ หน้า เศร้า
[kháo tham nâa sâo]

33.

[A]

1 1）ชอบ ว่า พ่อ แม่ [chɔ̂ɔp wâa phɔ̂ɔ mɛ̂ɛ]
2）ชอบ ว่า ลูกน้อง [chɔ̂ɔp wâa lûuk nɔ́ɔŋ]
3）ชอบ ว่า นักเรียน [chɔ̂ɔp wâa nák rian]
4）ชอบ ว่า เพื่อน [chɔ̂ɔp wâa phʉ̂an]

2 1）การ์ตูน ภาษา อังกฤษ เรียก ว่า อะไร
[kaatuun phasǎa aŋkrìt rîak wâa arai]
2）มหาวิทยาลัย ภาษา เกาหลี เรียก ว่า อะไร
[mahǎawítthayaalai phasǎa kaolǐi rîak wâa arai]
3）ความรู้ ภาษา ญี่ปุ่น เรียก ว่า อะไร
[khwaam rúu phasǎa yîipùn rîak wâa arai]

[B]

1 1）ぼくは、彼は男性も好きだと言うことを聞いたことがあります。
2）私は、教室でおしっこを垂れ流したことをまだ覚えています。
3）彼らは、神様が世界を造ったことを信じています。
4）彼は、ボスが怒ることをおそれています。
5）今日、夕方にショーがあることを、今思い出しました。
6）この型の自動車はもう生産中止になったと理解しています。
7）私たち一同、皆様がふたたび私たちのサービスをお使い下さるよう望んでいます。

34.

[A]

1 1）銀行の中で / に
2）県庁の後ろで / に
3）私たちの家の横で / に
4）アパートメントの中で / に
5）チエンマイとスコータイの間で / に

2 1）ผม ดีใจ ที่ เขา ไม่ มา
[phǒm diicai thîi kháo mâi maa]
2）ดิฉัน เสียใจ ที่ เขา ไม่ มา
[dichán sǐacai thîi kháo mâi maa]
3）ผม ตกใจ ที่ เขา ไม่ มา
[phǒm tòkcai thîi kháo mâi maa]
4）ดิฉัน พอใจ ที่ เขา ไม่ มา
[dichán phɔɔcai thîi kháo mâi maa]

[B]

1 1）大使館に婚姻届を出しに行きます。
2）タイ人が好んでするスポーツは何ですか。
3）首相は交通渋滞の問題を解決できないで悩んでいます。

2 1）อาทิตย์ หน้า จะ จัด งาน เลี้ยง ที่ บ้าน
[aathít nâa cà càt ŋaan líaŋ thîi bâan]
2）เข็มขัด ที่ แฟน ซื้อ ให้ สั้น ไป เสีย แล้ว
[khěmkhàt thîi fɛɛn sʉ́ʉ hâi sân pai sǐa lɛ́ɛo]
3）แปลกใจ ที่ ได้ยิน ข่าว นั้น
[plɛ̀ɛkcai thîi dâiyin khàao nán]

35.

[A]

1 1）เท่า [thâo] 2）เท่า [thâo] 3）เท่า [thâo]

2 1）หนังสือ เล่ม นี้ เท่าไร
[nǎŋsʉ̌ʉ lêm níi thâorai]
2）นาฬิกา เรือน นั้น เท่าไร
[maalikaa rʉan nán thâorai]
3）ไป ตลาด ประตูน้ำ เท่าไร
[pai talàat pratuunáam thâorai]

[B]

1 1）いったい誰が彼と同じ位寛大だろうか。
2）このカゼ薬は、一粒いくらですか。
3）これぐらい上手にしゃべれれば、なんとかいけるよ。

2 1）เพลง นี้ ร้อง เท่าไร ก็ ไม่ เบื่อ
[phleeŋ níi rɔ́ɔŋ thâorai kɔ̂ mâi bʉ̀a]
2）ผม กับ เขา อายุ เท่า กัน แต่ เงิน เดือน ไม่ เท่า กัน
[phǒm kàp kháo aayú thâo kan tɛ̀ɛ ŋən

dɯan mâi thâo kan]

3）น้องสาวดิฉันไม่อ้วนเท่าไร

[nɔ́ɔŋ sǎao dichán mâi uân thâorai]

36.

[A]

1 1）ถ้า [thâa] ก็ [kɔ̂]

2）พอ [phɔɔ] ก็ [kɔ̂]

3）แม้ [mɛ́ɛ] ก็ [kɔ̂]

2 1）คิดตรง ๆ [khít troŋ troŋ]

2）เดินตรง [dəən troŋ]

3）นั่งตรง ๆ [nâŋ troŋ troŋ]

4）ได้ยินตรง [dâiyin troŋ]

5）ไปตรง ๆ [pai troŋ troŋ]

[B]

1 1)たとえだれも踊る人がいなくても、私は踊ります。

2)もし行かないんなら、男じゃないよ。

3)日本に着くとすぐに、パスポートを取り上げられました。

2 1）ถ้าถูกล็อตเตอรี่ก็จะไปเที่ยวไหนดี

[thâa thùuk lɔ́ttəərîi kɔ̂ cà pai thîao nǎi dii]

2）ถ้าไม่จ่ายค่าไฟก็ถูกตัดไฟฟ้า

[thâa mâi càai khâa fai kɔ̂ thùuk tàt fai fáa]

3）แม้แต่เขาก็ต้องเกรงใจท่าน

[mɛ́ɛ tɛ̀ɛ kháo kɔ̂ tɔ̂ŋ kreeŋcai thân]

37.

[A]

1 1）ฉบับ [chabàp] ไหน [nǎi]

2）ลูก [lûuk] นั้น [nán]

3）สาย [sǎai] นี้ [níi]

4）อัน [an] ไหน [nǎi]

5）คู่ [khûu] นี้ [níi]

[B]

1 1)どれだけでも、あるだけ食べます。

2)この石を持ち上げられますか。

3)彼がどれほど失望したか、考えてみて下さい。

2 1）คุณชอบหนังไทยเรื่องไหน

[khun chɔ̂ɔp nǎŋ thai rɯ̂aŋ nǎi]

2）เขาต้องชอบพระเครื่ององค์นี้

[kháo tɔ̂ŋ chɔ̂ɔp phrá khrɯ̂aŋ oŋ níi]

3）กินจานไหนก็ล้างจานนั้น

[kin caan nǎi kɔ̂ láaŋ caan nán]

38.

[A]

1 1）โมง [mooŋ]

2）ทุ่ม [thûm]

3）ชั่วโมง [chûamooŋ]

2 1）จะทานข้าวกี่จาน

[cà thaan khâao kìi caan]

2）จะทานวุ้นกี่อัน

[cà thaan wún kìi an]

3）จะทานข้าวเหนียวกี่กระติบ

[cà thaan khâao nǐao kìi kratìp]

4）จะทานหมูสะเต๊ะกี่ไม้

[cà thaan mǔu saté kìi mái]

[B]

1 1)今年、私たちの会社にはほとんど3000人に達する就職希望者がいました。

2)お父さんは土地を何ライ持っていますか。

3)日本人男性はよく妻を殴ると信じている人もいます。

2 1）เขามีคอนโดกี่ห้อง

[kháo mii khɔɔndoo kìi hɔ̂ŋ]

2）ผมมีเสื้อฤดูร้อนหลายตัว

[phǒm mii sɯ̂a rɯ́duu rɔ́ɔn lǎai tua]

3）มีคนสวยไม่กี่คน

[mii khon sǔai mâi kìi khon]

又は　คนสวยมีไม่กี่คน

[khon sǔai mii mâi kìi khon]

39.

[A]

1 1）คอนโดตึกนี้ทำเลดีกว่าตึกนั้น

[khɔɔndoo tɯ̀k níi thamlee dii kwàa tɯ̀k nán]

2）ที่ดินแปลงนี้กว้างกว่าแปลงนั้น

[thîidin plɛɛŋ níi kwâaŋ kwàa plɛɛŋ nán]

3）บ้านหลังนี้น่าอยู่กว่าหลังนั้น

[bâan lǎŋ níi nâa yùu kwàa lǎŋ nán]

2　1）ทุเรียน ลูก นี้ หวาน ที่ สุด
[thúrian lûuk níi wǎan thîi sùt]
2）กระเป๋า ใบ นี้ เบา ที่ สุด
[krapǎo bai níi bao thîi sùt]
3）เจดีย์ องค์ นี้ สูง ที่ สุด
[ceedii oŋ níi sǔuŋ thîi sùt]

[B]
1　1）今日は昨日より風が強い。
2）あの先生は本を50冊以上も書いた。
3）この町で一番のお金持ちになりますように。

2　1）ตี สาม กว่า แล้ว
[tii sǎam kwàa lɛ́ɛo]
2）กว่า จะ ได้ ตกลง กัน ต้อง คุย กัน ตั้ง ชั่ว โมง หนึ่ง
[kwàa cà dâi tòkloŋ kan tɔ̂ŋ khui kan tâŋ chûamooŋ nʉ̀ŋ]
3）รู้สึก ว่า เวียดนาม เจริญ กว่า ลาว
[rúusʉ̀k wâa wîatnaam carəən kwàa laao]

40.

[A]
1　1）จะ แต่ง งาน กับ คุณ อู๊ เมื่อไร
[cà tɛ̀ŋŋaan kàp khun ú mʉ̂arai]
2）คุณ จะ เกลี้ยกล่อม พ่อ แม่ อย่างไร
[khun cà klîaklɔ̀m phɔ̂ɔ mɛ̂ɛ yàaŋrai]
3）ทำไม ออก เสียง ชัด มาก
[thammai ɔ̀ɔk sǐaŋ chát mâak]

2　1）ย้าย ไป อยู่ ต่าง จังหวัด ทำไม
[yáai pai yùu tàaŋ caŋwàt thammai]
2）เลิก กัน ทำไม
[lə̂ək kan thammai]
3）เมื่อไร จะ ไป ดู งาน
[mʉ̂arai cà pai duu ŋaan]

[B]
1　1）どうやって言い訳をしたものかわかりません。
2）どうして私がタイ語を勉強しているかって聞いているんですか。
3）私たちは最低2年間はヨーロッパに仕事に行かねばなりません。

2　1）โครงการ แลก เปลี่ยน นัก ศึกษา เป็น อย่างไร
[khrooŋkaan lɛ̂ɛk plìan nák sʉ̀ksǎa pen yàaŋrai]
2）คุณ คิด ว่า ทำไม เขา ชอบ เดิน ทาง
[khun khít wâa thammai kháo chɔ̂ɔp dəən thaaŋ]
3）คง เป็น เพราะ ว่า ไม่ ชอบ อยู่ ประเทศ ตัว เอง
[khoŋ pen phrɔ́ wâa mâi chɔ̂ɔp yùu prathêet tua eeŋ]
4）คุณ อยู่ ที่ นี่ ตั้ง แต่ เมื่อไร
[khun yùu thîi nîi tâŋtɛ̀ɛ mʉ̂arai]

P302の続きです。

15.

[B]

2 1)อยากเรียนตัดเสื้อ
[yàak rian tàt sûa]

2)ไม่ค่อยอยากได้อะไร
[mâi khôi yàak dâi arai]

3)อยากใส่ผักชีอีกไหม
[yàak sai phàk chii iik mai]

グロッサリー
〔泰和単語集〕

ก

ก็	kɔ̂ɔ, kɔ̂	～もまた
กด	kòt	押す
กฎหมาย	kòtmǎai	法律
ก้น	kôn	尻
กรกฎาคม	karakadaakhom	七月
กรรไกร	kankrai	ハサミ
กรรมกร	kammakɔɔn	労働者
กรรมการ	kammakaan	委員
กรอง	krɔɔŋ	漉す
กระดาษ	kradàat	紙
กระต่าย	kratàai	兎
กระติบ	kratìp	もち米篭
กระเป๋า	krapǎo	カバン
กระโปรง	kraprooŋ	スカート
กราบ	kràap	ひざまずく
กรุงเทพฯ	kruŋthêep	バンコク
กรุณา	kàrúnaa	どうか～
กล้วยไม้	klûaimáai	蘭
กลอง	klɔɔŋ	太鼓
กล้อง	klɔ̂ŋ	筒
กล้องถ่ายรูป	__thàairûup	カメラ
กลับ	klàp	帰る
กลัว	klua	恐れる
กลาง	klaaŋ	中央の
กลางคืน	klaaŋkhʉʉn	夜中
กลุ้มใจ	klûmcai	悶々とする
กลืน	klʉʉn	のみこむ
กว่าจะ	kwàa ca	～までに
กว้าง	kwâaŋ	広い
ก๋วยเตี๋ยว	kǔaitǐao	タイうどん
ก่อตั้ง	kɔ̀ɔ tâŋ	設立する
ก่อน	kɔ̀ɔn	前に
ก่อนเที่ยง	kɔ̀ɔn thîaŋ	午前中
ก่อสร้าง	kɔ̀ɔ sâaŋ	建設する
ก้อน	kɔ̂ɔn	[類] かたまり
กะทะ	kàthá	フライパン
กัน	kan	相互に
กับ	kàp	～と
กับข้าว	kàpkhâao	おかず
กางเกง	kaaŋkeeŋ	ズボン
กาแฟ	kaafɛɛ	コーヒー
การ	kaan	[造] 事
การประชุม	__prachum	会議
การพนัน	__phanan	バクチ
การเมือง	__mʉaŋ	政治
การรับผิดชอบ	__rápphìtchɔ̂ɔp	責任をとること
การสอบ	__sɔ̀ɔp	試験
การแสดง	__sadɛɛŋ	ショー
การาโอเกะ	kaaraaooke	カラオケ
การ์ตูน	kaatuun	マンガ
กำไร	kamrai	利益
กำลัง	kamlaŋ	力、～している
กิจ	kìt	[造] 仕事
กิจการ	kìtcakaan	ビジネス
กิน	kin	食べる
กี่	kìi	幾つ
กีฬา	kiilaa	スポーツ
กุ้ง	kûŋ	エビ
กุญแจ	kuncɛɛ	鍵
กุมภาพันธ์	kumphaaphan	二月
เก่ง	kèŋ	上手な
เกรงใจ	kreeŋcai	遠慮する
เกลียด	klìat	嫌う
เกลี้ยกล่อม	klîaklɔ̂m	説得する
เกลือ	klʉa	塩
เกลือก	klʉ̀ak	転がす
เกษรี	kèetsarii	[人名] ケッサリー
เก่า	kào	古い
เก้า	kâo	九
เกาหลี	kaolǐi	韓国
เกาะเสม็ด	kɔ̀ samèt	[地名] サメット島
เก้าอี้	kâoîi	イス
เกิด	kə̀ət	生まれる
เกิน	kəən	すぎる
เกินไป	kəən pai	～すぎる
เกี่ยวกับ	kìao kàp	～に関する
เกือบ	kʉ̀ap	あやうく～
เก็บ	kèp	しまう
แก่	kɛ̀ɛ	年とった
แก้	kɛ̂ɛ	なおす
แก้ไข	__khǎi	解決する
แก้ตัว	__tua	言い訳をする
แกง	kɛɛŋ	汁
แก่งคอย	kɛ̀ŋkhɔɔi	[地名] ケンコイ
แก้ว	kɛ̂ɛo	玉
โกรธ	kròot	怒る
โกหก	koohòk	ウソをつく
ใกล้	klâi	近い
ไก่	kài	鶏
ไก่ย่าง	kài yâaŋ	焼き鶏
ไกล	klai	遠い

ข

ขน	khǒn	毛
ขนม	khanǒm	お菓子
ขนมเค้ก	__khéek	ケーキ

ขนมจีน	__ciin	タイそうめん
ขนมปัง	__paŋ	パン
ขมิ้น	khamîn	ウコン
ขโมย	khamooi	どろぼう
ขยะ	khayà	ごみ
ขยัน	khayǎn	勤勉な
ขยาย	khayǎai	拡げる、拡がる
ขยี้	khayîi	くしゃくしゃにする
ขวด	khùat	ビン
ขวบ	khùap	[単] 子供の年齢
ขวา	khwǎa	右
ขอ	khɔ̌ɔ	乞う
ขอโทษ	__thôot	ごめんなさい
ขอลาก่อน	__laa kɔ̀ɔn	お先に
ขอให้	__hâi	〜なりますように
ของ	khɔ̌ɔŋ	もの、〜の
ของขวัญ	__khwǎn	プレゼント
ของฝาก	__fàak	おみやげ
ขอนแก่น	khɔ̌ɔnkɛ̀n	[地名] コンケン
ขอบคุณ	khɔ̀ɔp khun	ありがとう
ข้อถาม	khɔ̂ɔ thǎam	質問
ขับ	khàp	運転する
ขั้วโลกใต้	khûa lôok tâi	南極
ขา	khǎa	脚
ขาสั้น	__sân	半ズボンの
ข้าง	khâaŋ	〜側
ข้างใน	__nai	内側の
ข้างบน	__bon	上側の
ข้างหน้า	__nâa	前側の
ข้างหลัง	__lǎŋ	後側の
ขาด	khàat	欠ける
ขาย	khǎai	売る
ขายดี	khǎai dii	よく売れる
ขาว	khǎao	白い
ข่าว	khàao	ニュース
ข้าว	khâao	米、めし
ข้าวต้ม	__tôm	おかゆ
ข้าวผัด	__phàt	炒飯
ข้าวมันไก่	__man kài	鶏飯
ข้าวหมูแดง	__mǔu dɛɛŋ	焼き豚飯
ข้าวเหนียว	__nǐao	もち米
ข้าราชการ	khâarâatchakaan	公務員
ขี่	khìi	乗る、またがる
ขีด	khìit	[単] キート
ขี้เกียจ	khîi kìat	なまけものの
ขี้เหนียว	khîi nǐao	ケチの
ขึ้น	khʉ̂n	あがる
เขมร	khaměen	カンボジア

เขา	kháo	彼
เขา	khǎo	ツノ
เข่า	khào	膝
เข้า	khâo	入る
เข้าใจ	khâo cai	わかる
เข้าใจผิด	khâo cai phìt	誤解する
เขียน	khǐan	書く
เขียว	khǐao	緑の
เข็ด	khèt	懲りる
เข็มขัด	khěmkhàt	ベルト
แขก	khɛ̀ɛk	南アジアの人
แขน	khɛ̌ɛn	腕
แขนยาว	__yaao	長そでの
แข็ง	khɛ̌ŋ	堅い
แข็งแรง	khɛ̌ŋrɛɛŋ	強い
ไข่	khài	卵
ไข่ดาว	__daao	目玉焼き
ไข่เค็ม	__khem	塩漬け卵
ไข้	khâi	熱

ค

ค.ศ.	khɔɔ. sɔ̌ɔ.	西暦
คง	khoŋ	たぶん〜
คน	khon	人
คนจีน	__ciin	中国人
คนญี่ปุ่น	__yîipùn	日本人
คนไทย	__thai	タイ人
คบ	khóp	つきあう
ครอบครัว	khrɔ̂ɔpkhrua	家族
ครั้ง	khráŋ	[単] 回
ครับ	khráp	男の丁寧語尾
ครึ่ง	khrʉ̂ŋ	半分
ครู	khruu	教師
คลอง	khlɔɔŋ	運河
คล่อง	khlɔ̂ŋ	流暢な
คลอดลูก	khlɔ̂ɔt lûuk	出産する
ควร	khuan	〜すべき
ความ	khwaam	[造] 概念
ความคิด	__khít	考え
ความจริง	__ciŋ	真実
ความตาย	__taai	死
ความทุกข์	__thúk	苦
ความน่ารัก	__nâa rák	かわいさ
ความยินดี	__yindii	喜び
ความรัก	__rák	愛
ความรับผิดชอบ	__rápphìtchɔ̂ɔp	責任
ความรู้	__rúu	知識
ความรู้สึก	__rúusʉ̀k	感覚
ความสวย	__sǔai	美

ความสำคัญ	__sǎmkhan	重要性
ความสุข	__sùk	幸福
ความหมาย	__mǎai	意味
ความเห็น	__hěn	意見
ควาย	khwaai	水牛
คอ	khɔɔ	首
คอนโด	khɔɔndoo	コンドミニアム
คะแนน	khanɛɛn	点
ค่ะ	khâ	女の丁寧語尾
คัน	khan	かゆい、[類]車など
คั้น	khán	しぼる
คับ	kháp	きつい
ค่า	khâa	値段
ค่าเช่า	__châo	借り賃
ค่าใช้จ่าย	__chái càai	生活費
ค่าไฟ	__fai	電気代
ค่าเล่าเรียน	__lâo rian	学費
ค้าง	kháaŋ	泊まる
คำ	kham	語
คิด	khít	考える
คิดถึง	__thɯ̌ŋ	したわしい
คิ้ว	khíu	眉
คืน	khɯɯn	夜、返す
คือ	khɯɯ	すなわち
คุกเข่า	khúkkhào	ひざまずく
คุณ	khun	あなた、～さん
คุณแม่	__mɛ̂ɛ	お母さん
คุณภาพ	khunnaphâap	品質
คุย	khui	自慢する
คู่	khûu	[単]靴など
เคย	khəəi	～ことがある
เคยชิน	__chin	慣れる
เคยตัว	__tua	習慣になる
เคยปาก	__pàak	口癖になる
เครื่อง	khrɯ̂aŋ	[造]機能あるもの
เครื่องเขียน	__khǐan	文具
เครื่องดนตรี	__dontrii	楽器
เครื่องบิน	__bin	飛行機
เครื่องแบบ	__bɛ̀ɛp	制服
เครื่องมือ	__mɯɯ	道具
เครื่องสำอาง	__sǎmaaŋ	化粧品
เคารพ	khaoróp	尊敬する
เค็ม	khem	塩っぱい
แค่	khɛ̂ɛ	～だけ
แคบ	khɛ̂ɛp	せまい
โครงการ	khrooŋkaan	計画
โคราช	khooràat	[地名]コーラート
ใคร	khrai	誰

ใคร่	khrâi	欲する
ฆ		
ฆ้อง	khɔ́ɔŋ	ゴング
ง		
ง่วง	ŋûaŋ	眠い
งาน	ŋaan	仕事
งานเลี้ยง	__líaŋ	パーティー
งานวัด	__wát	寺祭り
ง่าย	ŋâai	容易な
งู	ŋuu	蛇
เงาะ	ŋɔ́	ランブータン
เงิน	ŋən	お金、銀
เงินเดือน	__dɯan	月給
เงียบ	ŋîap	静かな
โง่	ŋôo	愚かな
จ		
จง	coŋ	～せよ
จดทะเบียน	còt thabian	登録する
จดหมาย	còtmǎai	手紙
จน	con	[前]～まで、貧しい
จบ	còp	～し終わる
จมูก	camùuk	鼻
จระเข้	cɔɔrakhêe	ワニ
จริง ๆ	ciŋ ciŋ	実に
จอง	cɔɔŋ	予約する
จอด	cɔ̀ɔt	止まる
จะ	cà	(未然の助動詞)
จั๊กจี้	cákkacîi	くすぐったい
จัง	caŋ	～よ/わ
จังหวัด	caŋwàt	県
จับ	càp	さわる、捕まえる
จาก	càak	[前]～から
จาน	caan	皿、[類]料理など
จ่าย	càai	支払う
จำ	cam	覚える
จำนำ	cam nam	質入れする
จิ้งจก	cîŋcòk	ヤモリ
จิตรกร	cìttrakɔɔn	絵描き
จีนแดง	ciindɛɛŋ	中国
จืด	cɯ̀ɯt	うすい
เจ๊ง	céŋ	倒産する
เจดีย์	ceedii	仏塔
เจริญ	carəən	繁栄する
เจ้า	câo	[造]主
เจ้าของ	__khɔ̌ɔŋ	持ち主
เจ้าชู้	__chúu	浮気な
เจ้านาย	__naai	上司
เจ้าหน้าที่	__nâa thîi	係員

เจ็ด	cèt	七
เจ็บ	cèp	痛い
ใจ	cai	心、[造] 心
ใจกว้าง	__kwâaŋ	寛容な
ใจง่าย	__ŋâai	尻軽の
ใจดี	__dii	やさしい
ใจเย็น	__yen	沈着な
ใจร้อน	__rɔ́ɔn	せっかちな
ใจร้าย	__ráai	意地悪な
ฉ		
ฉบับ	chabàp	[類] 新聞など
ฉลาด	chalàat	賢い
ฉัน	chán	あたし
ฉี่	chìi	おしっこする
ฉีด	chìit	注入する
เฉย	chə̌əi	知らんぷりする
ช		
ช.ม.	chûamooŋ	[単] 時間（略表記）
ชน	chon	ぶつかる
ชนะเลิศ	chanálə̂ət	優勝する
ชนิด	chanít	種類
ชม	chom	ほめる
ชวน	chuan	誘う
ช่วย	chûai	助ける
ช่วยเหลือ	__lʉ̌a	援ける
ชอบ	chɔ̂ɔp	好む
ช้อน	chɔ́ɔn	スプーン
ชัด	chát	明瞭に
ชั้น	chán	段階
ชั่วโมง	chûamooŋ	[単] 時間
ชา	chaa	お茶
ชาเขียว	__khǐao	緑茶
ช้า	cháa	遅い
ช้า ๆ	cháa cháa	ゆっくりと
ช้าง	cháaŋ	象
ชาม	chaam	どんぶり
ชาย	chaai	男の
ชาว	chaao	[造] 人
ชาวนา	__naa	農民
ชาวบ้าน	__bâan	一般人
ชาวเรือ	__rʉa	海ん衆
ชิม	chim	つまむ
ชีวิต	chiiwít	生命
ชื่อ	chʉ̂ʉ	名、～という名である
ชื่อเล่น	__lên	呼び名
ชุด	chút	セット、[類] スーツ
เช่น	chên	例えば
เชย	chəəi	ださい
เช่า	châo	借りる
เช้า	cháao	朝
เชิญ	chəən	どうぞ
เชิ้ต	chə́ət	シャツ
เชียงใหม่	chiaŋmai	[地名] チェンマイ
เชื่อ	chʉ̂a	信じる
เชื่อฟัง	__faŋ	言うことをきく
เชื้อ	chʉ́a	菌
เช็ด	chét	拭く
โชค	chôok	運
โชคดี	__dii	幸運な
โชคร้าย	__ráai	ツキの落ちた
ใช่	châi	然り
ใช่ไหม	__mái	～なのでしょう
ใช้	chái	使う
ใช้ได้	__dâi	いける
ซ		
ซอ	sɔ̂ɔ	胡弓
ซอย	sɔɔi	小路
ซ่อม	sɔ̂ɔm	フォーク、修理する
ซ้อม	sɔ́ɔm	張り倒す、練習する
ซัก	sák	洗う
ซ้าย	sáai	左
ซิ	sí, sì	～よ
ซึ่ง	sʉ̂ŋ	～であるところの
ซื้อ	sʉ́ʉ	買う
ซื้อของ	__khɔ̌ɔŋ	買い物する
ญ		
ญวน	yuan	ベトナムの
ญาติ	yâat	親戚
ญี่ปุ่น	yîipùn	日本
ด		
ดนตรี	dontrii	音楽
ด้วง	dûaŋ	甲虫
ด้วย	dûai	～もまた、[前] ～で
ด้วยกัน	dûai kan	一緒に
ดอกไม้	dɔ̀ɔkmáai	花
ดัง	daŋ	うるさい
ด่า	dàa	ののしる
ด้าม	dâam	[類] 鉛筆など
ด้าย	dâai	糸
ดำ	dam	黒い
ดิฉัน	dichán	（女性）私
ดินสอ	dinsɔ̌ɔ	鉛筆
ดี	dii	よい
ดีใจ	__cai	喜ぶ
ดึก	dʉ̀k	夜更けた
ดื่ม	dʉ̀ʉm	飲む
ดื้อ	dʉ̂ʉ	強情な

ดุ	dù	きびしい
ดู	duu	見る
ดูถูก	__thùuk	馬鹿にする
เดิน	dəən	歩く
เดินทาง	__thaaŋ	旅する
เดินเล่น	__lên	散歩する
เดียว	diao	ひとつの
เดี๋ยวนี้	dǐao níi	今
เดือน	dʉan	月
เดือนที่แล้ว	__thîi léɛo	先月
เดือนนี้	__níi	今月
เดือนหน้า	__nâa	来月
เด็ก	dèk	子供
เด็กแดง	__dɛɛŋ	赤ん坊
แดง	dɛɛŋ	赤い
แดด	dɛ̀ɛt	日光
โดน	doon	～される
โดย	dooi	～によって
ได้	dâi	(実現の助動詞)、得る
-ได้	-dâi	(可能の助動詞)
ได้ยิน	dâiyin	聞こえる
ได้รับ	dâiráp	受ける
ได้รับเชิญ	__chəən	招かれる

ต

ตก	tòk	落ちる
ตกงาน	__ŋaan	失業する
ตกใจ	__cai	驚く
ตกลง	__loŋ	了承する
ต้นไทร	tôn sai	ガジョマル樹
ต้นไม้	tôn máai	樹木
ต้ม	tôm	煮る
ต้มยำ	tôm yam	トムヤム汁
ตรง	troŋ	まっすぐな
ตรงไป	__pai	直行する
ตรวจ	trùat	調べる
ตรา	traa	ハンコ
ตลอด	talɔ̀ɔt	ずっと
ตลอดวัน	__wan	一日中
ตลาด	talàat	市場
ต่อ	tɔ̀ɔ	～続ける
ต่อไป	tɔ̀ɔ pai	続いて
ต้อง	tɔ̂ŋ	～ねばならない
ต้องการ	tɔ̂ŋkaan	欲する
ตอน	tɔɔn	造 部分
ตอนเช้า	__cháao	朝方
ตอนบ่าย	__bàai	午後
ตอนเย็น	__yen	夕方
ตอบ	tɔ̀ɔp	答える
ตะกร้อ	taʔkrɔ̂ɔ	タクロー
ตะเกียบ	takìap	箸
ตั้ง	tâŋ	立てる
ตั้งใจ	tâŋ cai	決心する
ตั้งแต่	tâŋ tɛ̀ɛ	前 ～以来
ตัด	tàt	切る
ตัดผม	__phǒm	散髪する
ตัดสินใจ	__sǐncai	決心する
ตัว	tua	体
ตัวใหญ่	__yài	体の大きい
ตั๋ว	tǔa	券
ตา	taa	目、母の父
ตาปลา	__plaa	ウオノメ
ตาก	tàak	干す
ต่าง	tàaŋ	異なる
ต่างจังหวัด	__caŋwàt	地方
ต่างประเทศ	__prathêet	外国
ตาม	taam	前 ～に従って
ตาย	taai	死ぬ
ตำรวจ	tamrùat	警察
ตำรวจจราจร	__caraacɔɔn	交通巡査
ตำแหน่ง	tamnɛ̀ŋ	地位
ติด	tìt	くっつく
ติดต่อ	tìt tɔ̀ɔ	連絡する
ตี	tii	打つ
ตึก	tʉ̀k	ビル
ตื่น	tʉ̀ʉn	目覚める
ตุ๊กแก	túkkee	トッケー
ตุ๊กตา	túkkataa	人形
ตุลาคม	tulaakhom	十月
ตู้	tûu	箱
ตู้เย็น	__yen	冷蔵庫
ตู้โทรศัพท์	__thoorásàp	電話ボックス
ตู้ไปรษณีย์	__praisanii	ポスト
เต้น	tên	踊る
เตะ	tè	蹴る
เต้าหู้	tâohûu	豆腐
เติม	təəm	加える
เตียง	tiaŋ	ベッド
แต่	tɛ̀ɛ	しかし、～だけ
แตก	tɛ̀ɛk	こわれる
แต่ง	tɛ̀ŋ	つくる、飾る
แต่งงาน	__ŋaan	結婚する
แต่งตัว	__tua	身仕度する
แต่งประโยค	__prayòok	作文する
แต่งหน้า	__nâa	化粧する
โต๊ะ	tó	机
ใต้	tâi	前 ～の下に

ไต	tai	肝臓

ถ

ถนน	thanǒn	道
ถนนพญาไท	phayaathai	[地名] パヤタイ路
ถ้วย	thûai	椀
ถอด	thɔ̀ɔt	抜く、脱ぐ
ถ้า	thâa	もしも
ถ่าน	thàan	炭、電池
ถาม	thǎam	たずねる
ถ่ายรูป	thàai rûup	写真をとる
ถ้ำ	thâm	洞窟
ถึง	thʉ̌ŋ	～に至る、[前] ～まで
ถึงแม้ว่า	thʉ̌ŋ mɛ́ɛ wâa	たとえ～でも
ถือ	thʉ̌ʉ	持つ
ถุงเท้า	thǔŋ tháao	靴下
ถุงมือ	thǔŋ mʉʉ	手袋
ถูก	thùuk	正しい、あたる、～される
ถูกกฎหมาย	__kòtmǎai	適法な
ถูกคอกัน	__khɔɔkan	気が合う
ถูกใจ	__cai	気に入る
ถูกชะตากัน	__chataakan	気が合う
ถูกต้อง	__tɔ̂ŋ	正しい
เถอะ	thə́	～しよう
เถียง	thǐaŋ	口答えする
แถว	thɛ̌ɛo	列
แถวนี้	__níi	この辺りに

ท

ทราบ	sâap	知っている
ทหาร	thahǎan	兵隊
ทอง	thɔɔŋ	金
ท้อง	thɔ́ɔŋ	腹
ทอด	thɔ̂ɔt	油で揚げる
ทะเล	thalee	海
ทะเลาะ	thalɔ́	ケンカする
ทักทาย	thákthaai	挨拶する
ทั้งนั้น	tháŋ nán	皆～ばかり
ทั้งหมด	tháŋ mòt	全部
ทัน	than	間に合う
ทันที	than thii	すぐに
ทับ	tháp	つぶす
ทาง	thaaŋ	道
ทางหลวง	__lǔaŋ	国道
ท่าทาง	thâathaaŋ	ふるまい
ทาน	thaan	食べる
ท่าน	thân	あの方、あなた
ท่าเรือ	thâa rʉa	港
ทำ	tham	為す
ทำความสะอาด	__khwaamsaʔaàt	掃除する
ทำงาน	__ŋaan	仕事する
ทำนา	__naa	米作りする
ทำบุญ	__bun	徳をつむ
ทำผิด	__phìt	誤ちを犯す
ทำหน้า	__nâa	～の顔をする
ทำให้	__hâi	～にする
ทำไม	thammai	なぜ
ทำเล	thamlee	ロケーション
ทิ้ง	thíŋ	捨てる
ที่	thîi	[前] ～で、～であるとことの、[造] 場所
ที่จอดรถ	__cɔ̀ɔt rót	駐車場
ที่ดิน	__din	土地
ที่ทำงาน	__thamŋaan	オフィス
ที่นอน	__nɔɔn	布団
ที่พัก	__phák	泊地
ที่สุด	__sùt	最も
ที่อยู่	__yùu	住所
ที่เกิดเหตุ	__kə̀ət hèet	現場
ที่เย็บกระดาษ	__yép kradàat	ホチキス
ที่แท้	__thɛ́ɛ	実のところ
ที่ไหน	__nǎi	どこで
ที่ไหนได้	__nǎi dâi	それどころじゃない
ทีหลัง	thii lǎŋ	後ろに
ทุก	thúk	毎～
ทุกวัน	__wan	毎日
ทุ่ม	thûm	[単] ～時(夜間)
ทุเรียน	thúrian	ドリアン
เทนนิส	teennít	テニス
เท่า	thâo	等しい
เท่านั้น	__nán	～だけ
เท่าไร	__rai	いくら
เท้า	tháao	足
เที่ยง	thîaŋ	正午
เที่ยงคืน	__khʉʉn	午前０時
เท็จ	thét	虚偽の
แท้	thɛ́ɛ	実に
แทน	thɛɛn	代わりに
แท็กซี่	thɛ́ksîi	タクシー
โทร.	thoo	電話する
โทรทัศน์	thoorathát	テレビ
โทรศัพท์	thoorasàp	電話
ไทย	thai	タイ、タイの
ไทยรัฐ	thairát	タイラット紙

ธ

ธนาคาร	thanaakhaan	銀行
ธรรมชาติ	thammachâat	自然
ธรรมดา	thammadaa	普通の

ธันวาคม	thanwaakhom	十二月
น		
นก	nók	鳥
นงนุช	noŋnút	人名 ノンヌット
นม	nom	乳
นโยบาย	náyoobaai	政策
นวด	nûat	あんまする
นอก	nɔ̂ɔk	前 ～の外に
น้อง	nɔ́ɔŋ	年少の胞
น้องเขย	_khə̌əi	妹の夫
น้องชาย	_chaai	弟
น้องสะใภ้	_saphái	弟の妻
น้องสาว	_sǎao	妹
นอน	nɔɔn	寝る
น้อย	nɔ́ɔi	小さい
น้อยใจ	_cai	すねる
นะ	ná	～ね
นัก	nák	造 人
นักการเมือง	_kaanmʉaŋ	政治家
นักข่าว	_khàao	ジャーナリスト
นักเขียน	_khǐan	作家
นักท่องเที่ยว	_thɔ̂ŋ thîao	観光客
นักบิน	_bin	パイロット
นักมวย	_muai	ボクサー
นักร้อง	_rɔ́ɔŋ	歌手
นักเรียน	_rian	生徒
นักศึกษา	_sʉ̀ksǎa	学生
นักวิชาการ	_wíchaakaan	学者
นั่ง	nâŋ	座る
นัด	nát	約束する
นัดพบ	_phóp	会う約束を(する)
นันธิดา	nanthídaa	人名 ナンティダー
นั่น	nân	それ
นั้น	nán	その
น่า	nâa	(接頭)～すべき
น่ากลัว	_klua	恐ろしい
น่ากิน	_kin	おいしそうな
น่าจะ	_cà	～すべき、きっと～
น่าชม	_chom	賞むべき
น่าเชื่อ	_chʉ̂a	信じるべき
น่ารัก	_rák	可愛い
น่าอยู่	_yùu	いごこちよい
น้า	náa	母の弟妹
นาง	naaŋ	～婦人、造 女性
นางพยาบาล	_phayaabaan	看護婦
นางสาว	_sǎao	ミス～
นางสาวไทย	_sǎao thai	ミスタイランド
นาที	naathii	単 分

นาน	naan	長い間
นามสกุล	naamsakun	姓
นาย	naai	ミスター
นายกฯ	naayók	首相、首領
นายร้อย	naai rɔ́ɔi	尉官
นาฬิกา	naalikaa	時計
น้ำ	nám	水
น้ำแข็ง	_khɛ̌ŋ	氷
น้ำใจ	_cai	思いやり
น้ำชา	_chaa	お茶
น้ำตก	_tòk	滝
น้ำตา	_taa	涙
น้ำตาล	_taan	砂糖
น้ำเต้าหู้	_tâohûu	豆乳
น้ำปลา	_plaa	ナムプラー
น้ำเปล่า	_plào	お冷や
น้ำพริก	_phrík	ナムプリック
น้ำมนต์	_mon	聖水
น้ำส้มคั้น	_sômkhán	オレンジ生ジュース
นำเที่ยว	nam thîao	観光案内する
นิดหน่อย	nít nɔ̀i	少し
นิติกร	níttikɔɔn	法律家
นิติศาสตร์	nítisàat	法学
นิทาน	níthaan	お話
นิ้ว	níu	指
นิสัย	nísǎi	性質
นี่	nîi	これ
นี้	níi	この
นึก	nʉ́k	思いつく
นุ้ย	núi	人名 ヌイ
เนย	nəəi	バター
เนื้อ	nʉ́a	肉
แน่	nɛ̂ɛ	確かに
แน่ ๆ	_nɛ̂ɛ	確かに
แน่นอน	_nɔɔn	確かに
โน้น	nóon	あの
ใน	nai	前 ～の内に
ในที่สุด	_thîi sùt	結局
บ		
บน	bon	前 ～の上に
บริการ	bɔɔrikaan	サービス
บริษัท	bɔɔrisàt	会社
บวช	bùat	出家する
บอก	bɔ̀ɔk	告げる
บ่อน	bɔ̀n	賭場
บ่อย	bɔ̀i	ひんぱんに
บะหมี่	bamìi	ラーメン
บาง	baaŋ	ある～、幾らかの～

บางที	__thîi	時により
บ้าง	bâaŋ	幾分
บาท	bàat	単 バーツ
บ้าน	bâan	家
บ่าย	bàai	午後
บ่ายโมง	bàai mooŋ	午後1時
บิน	bin	飛ぶ
บึ้ง	bɯ̂ŋ	ふくれ面の
บุคคล	bùkkhon	人
บุญคุณ	bunkhun	恩
บุหรี่	burìi	タバコ
เบา	bao	軽い
เบียร์	bia	ビール
เบื่อ	bɯ̀a	飽きる
แบน	bɛɛn	平たい
แบบ	bɛ̀ɛp	型
โบนัส	boonát	ボーナス
ใบ	bai	類 コップ、カード
ใบขับขี่	__khàp khìi	免許証

ป

ประจำเดือน	pracam dɯan	月毎の、生理
ประชาชน	prachaachon	国民
ประชาธิปไตย	prachaathíppatai	民主主義
ประชุม	prachum	会議する
ประตู	pratuu	ドア
ประเทศ	prathêet	国
ประเพณี	prapheenii	習慣
ประมาณ	pramaan	およそ
ประโยค	prayòok	文
ประโยชน์	prayòot	利益
ประวัติศาสตร์	prawàttisàat	歴史学
ปราชญ์	pràat	学者・賢人
ปรึกษา	prɯ̀ksǎa	相談する
ปลงตก	ploŋ tòk	あきらめる
ปลดเกษียณ	plòt kasǐan	定年退職する
ปลา	plaa	魚
ปลาหมึก	__mɯ̀k	イカ、タコ
ปลาย	plaai	先端
ปวด	pùat	病い
ป่วย	pùai	具合が悪い
ปัจจุบันนี้	pàtcùbanníi	現在
ปัญหา	panhǎa	問題
ปัญหาสังคม	__saŋkhom	社会問題
ป่า	pàa	森
ป้า	pâa	父母の姉
ปาก	pàak	口
ปากกา	pàakkaa	ペン
ป้าย	pâai	看板
ป้ายรถเมล์	__rótmee	バス停
ปิ้ง	pîŋ	焼く
ปิด	pìt	閉じる
ปี	pii	年
ปีที่แล้ว	__thîi lɛ́ɛo	去年
ปีนี้	__níi	今年
ปีหน้า	__nâa	来年
ปี่	pìi	笛
ปีน	piin	よじ登る
ปู	puu	カニ
ปู่	pùu	父の父
เปรย	prəəi	ほのめかす
เปรี้ยว	prîao	酸っぱい
เปล่า	plàao	空の、何でもない
เปิด	pə̀ət	開ける
เปียก	pìak	濡れる
เปื่อย	pɯ̀ai	柔らかくほぐれる
เปื้อน	pɯ̂an	シミになる
เป็น	pen	～である、～になる
เป็นไข้	__khâi	熱がある
เป็นเพราะว่า	__phrɔ́ wâa	というのも
เป็นโสด	__sòot	独身である
เป็นหวัด	__wàt	風邪をひく
เป็นห่วง	__hùaŋ	心配する
แปด	pɛ̀ɛt	八
แปล	plɛɛ	訳す
แปลก	plɛ̀ɛk	珍奇な
แปลกใจ	__cai	意外に思う
โปรด	pròot	どうぞ～
ไป	pai	行く
ไปเที่ยว	__thîao	遊びに行く
ไปรษณีย์	praisanii	郵便(局)

ผ

ผม	phǒm	私(男性)
ผลไม้	phǒnlamái	果物
ผลิต	phalìt	生産する
ผอม	phɔ̌ɔm	痩せている
ผัก	phàk	野菜
ผักชี	__chii	パクチー
ผัด	phàt	炒める
ผัว	phǔa	亭主
ผัวเมีย	__mia	夫婦
ผ้า	phâa	布
ผ้าเช็ดตัว	__chét tua	バスタオル
ผ้าลินิน	__linin	麻布
ผ้าห่ม	__hòm	毛布
ผ้าอ้อม	__ɔ̂ɔm	おむつ
ผ่าตัด	phàa tàt	手術する

ผ่าน	phàan	通過する
ผิด	phìt	違う
ผิดกฎหมาย	__kòtmǎai	違法な
ผิดหวัง	__wǎŋ	失望する
ผิว	phǐu	皮膚
ผี	phǐi	お化け
ผีเสื้อ	__sʉ̂a	蝶
ผึ้ง	phʉ̂ŋ	ハチ
ผืน	phʉ̌ʉn	[類]ハンカチなど
ผู้	phûu	[造]人
ผู้คน	__khon	人
ผู้จัดการ	__càt kaan	支配人
ผู้ชาย	__chaai	男
ผู้ดี	__dii	上流人士
ผู้ร้าย	__ráai	犯人
ผู้หญิง	__yǐŋ	女
ผู้ใหญ่	__yài	大人、目上
เผยแพร่	phə̌əi phrɛ̂ɛ	普及する
เผ็ด	phèt	辛い
แผนที่	phɛ̌ɛn thîi	地図
แผล	phlɛ̌ɛ	キズ

ฝ

ฝน	fǒn	雨
ฝรั่ง	faràŋ	白人
ฝาก	fàak	預ける
ฝี	fǐi	おでき

พ

พ.ศ.	phɔɔ. sɔ̌ɔ	仏暦
พจนานุกรม	phótcanaanúkrom	辞書
ฯพณฯท่าน	phaná thân	閣下
พ้น	phón	逃げる
พบ	phóp	会う、見つける
พม่า	phamâa	ミャンマー
พยายาม	phayaayaam	努力する
พรม	phrom	ふりかける
พระ	phrá	(接頭)聖なる
พระเครื่อง	__khrʉ̂aŋ	お守り
พระจันทร์	__can	月
พระเจ้า	__câo	神様
พระพุทธรูป	__phúttharûup	仏像
พระราชินี	__raachinii	王妃
พระสงฆ์	__sǒŋ	僧
พริก	phrík	とうがらし
พริกไทย	phrík thai	こしょう
พรุ่งนี้	phrûŋ níi	明日
พฤศจิกายน	phrʉ́tsàcikaayon	十一月
พฤษภาคม	phrʉ́tsàphaakhom	五月
พวก	phûak	群れ、連中
พอ	phɔɔ	充分な
พอใจ	__cai	満足する
พอดี	__dii	丁度いい
พอสมควร	__sǒmkhuan	適当な
พ่อ	phɔ̂ɔ	父
พ่อแม่	__mɛ̂ɛ	両親
พัก	phák	泊まる
พัง	phaŋ	崩れる
พัชนี	phátchanii	[人名]パッチャニー
พัฒน์พงษ์	phátphoŋ	[地名]パッポン
พัน	phan	千
พา	phaa	連れる
พาย	phaai	漕ぐ
พิจารณา	phícaranaa	検討する
พิธี	phíthii	儀式
พิพิธภัณฑ์	phíphítthaphan	博物館
พิษณุโลก	phítsànúlôok	[地名]ピサヌローク
พี่	phîi	年長の胞
พี่ชาย	__chaai	兄
พี่น้อง	__nɔ́ɔŋ	兄弟
พี่สาว	__sǎao	姉
พี่เขย	__khə̌əi	姉の夫
พึ่ง	phʉ̂ŋ	～したばかり、頼る
พื้น	phʉ́ʉn	床
พื้นเมือง	__mʉaŋ	地元の
พุ่ง	phûŋ	突び出す
พูด	phûut	話す
พูดเล่น	__lên	冗談を言う
เพ็ชร	phét	ダイヤ
เพราะ	phrɔ́	なぜなら
เพลง	phleeŋ	歌
เพลงชาติ	__châat	国歌
เพลงพื้นเมือง	__phʉ́ʉnmʉaŋ	民謡
เพลงลูกทุ่ง	__lûuk thûŋ	タイ演歌
เพิ่ง	phə̂ŋ	～したばかり
เพียง	phiaŋ	～だけ
เพื่อ	phʉ̂a	～の為に
เพื่อน	phʉ̂an	友人
เพื่อนบ้าน	__bâan	隣人
แพง	phɛɛŋ	高価な

ฟ

ฟ้อง	fɔ́ɔŋ	訴える
ฟัง	faŋ	聞く
ฟัน	fan	歯
ฟ้า	fáa	空
ฟิล์ม	fiim	フィルム
แฟน	fɛɛn	恋人
ไฟ	fai	火

ไฟฟ้า	__fáa	電気
ภ		
ภรรยา	phan (ra) yaa	妻
ภายนอก	phaai nɔ̂ɔk	外部に
ภายใน	phaai nai	内部に
ภาษา	phasǎa	言語
ภาษาญี่ปุ่น	__yîipùn	日本語
ภาษาไทย	__thai	タイ語
ภาษาอังกฤษ	__aŋkrìt	英語
ภูเขา	phuukǎo	山
ภูมิใจ	phuumcai	誇る
ม		
มกราคม	mókkaraakhom	一月
มด	mót	蟻
มวย	muai	ボクシング
มหา	mahǎa	(接頭)大いなる
มหาบัณฑิต	__bandìt	修士
มหาวิทยาลัย	__wítthayaalai	大学
มหาเศรษฐี	__sèetthǐi	大富豪
มอง	mɔɔŋ	眺める
มอเตอร์ไซค์	mɔɔtəəsai	オートバイ
มอบตัว	mɔ̂ɔp tua	自首する
มะนาว	mánaao	レモン
มะพร้าว	máphráao	ココナッツ
มะม่วง	mámûaŋ	マンゴー
มะเร็ง	mareŋ	ガン
มะละกอ	malakɔɔ	パパイヤ
มัก	mák	～がちである
มังคุด	maŋkhút	マンゴスチン
มัดจำ	mátcam	前金
มัน	man	あいつ
มัว	mua	耽る
มา	maa	来る
ม้า	máa	馬
มาก	mâak	とても
มารยาท	maarayâat	マナー
มิถุนายน	míthùnaayon	六月
มี	mii	持っている、ある
มีชื่อเสียง	__chʉ̂ʉsǐaŋ	有名な
มีด	mîit	ナイフ
มีนาคม	miinaakhom	三月
มืด	mʉ̂ʉt	暗い
มือ	mʉʉ	手
เมตร	méet	単 メートル
เมษายน	meesǎayon	四月
เมิน	məən	無視する
เมีย	mia	女房
เมื่อ	mʉ̂a	～の時

เมื่อก่อน	__kɔ̀ɔn	以前
เมื่อกี้นี้	__kîi níi	先程
เมื่อไร	__rai	いつ
เมื่อวานซืนนี้	__waansʉʉnníi	一昨日
เมื่อวานนี้	__waan níi	昨日
เมือง	mʉaŋ	国、町
เมืองขึ้น	__khʉ̂n	植民地
เมืองไทย	__thai	タイ国
เมืองหลวง	__lǔaŋ	首都
เม็ด	mét	種、類 薬、粒など
แม่	mɛ̂ɛ	母
แม่ค้า	__kháa	女商人
แม่น้ำ	__náam	川
แม่บ้าน	__bâan	主婦
แม้	mɛ́ɛ	たとえ～でも
แมลง	malɛɛŋ	虫
แมลงปอ	__pɔɔ	トンボ
แมลงป่อง	__pɔ̀ŋ	サソリ
แมลงมุม	__mun	クモ
แมลงวัน	__wan	ハエ
แมลงสาบ	__sàap	ゴキブリ
แมว	mɛɛo	猫
แมวป่า	__pàa	山猫
โมง	mooŋ	単 時
โมโห	moohǒo	おこる
ไม้	mái	木
ไม้บรรทัด	__banthát	定規
ไม่	mâi	～でない
ไม่เกิน	__kəən	～以下
ไม่ค่อย	__khɔ̂i	あまり～ない
ไม่ใช่	__châi	～でない
ไม่น้อยกว่า	__nɔ́ɔi kwàa	～以上
ไม่เป็นไร	__pen rai	なんでもない
ไม่สบาย	__sabaai	体の具合が悪い
ย		
ยก	yók	挙げる
ยอม	yɔɔm	肯する
ยัง	yaŋ	まだ
ยา	yaa	薬
ยากันยุง	__kan yuŋ	蚊取り線香
ยาแก้ปวด	__kɛ̂ɛ pùat	痛み止め
ย่า	yâa	父の母
ยาก	yâak	難しい
ยากูซ่า	yaakuusâa	ヤクザ者
ย่าง	yâaŋ	焼く
ยางลบ	yaaŋ lóp	消しゴム
ยาย	yaai	母の母
ย้าย	yáai	移す、移る

ยาว	yaao	長い
ยำ	yam	和え物
ยิ่ง...ยิ่ง	yîŋ ... yîŋ	ますます〜
ยี่สิบ	yîisìp	二十
ยึด	yʉ́t	奪う
ยืน	yʉʉn	立つ
ยืม	yʉʉm	借りる
ยุการิ	yukaari	ユカリ号(牛名)
ยุง	yuŋ	蚊
ยุ่ง	yûŋ	忙しい、うっとおしい
ยืด	yʉ̂ʉt	伸びる
ยุโรป	yuròop	ヨーロッパ
ยูโด	yuudoo	柔道
เยอะแยะ	yə́ yɛ́	たくさん
เยาวชน	yaowachon	青年
เยี่ยม	yîam	訪問する
เย็น	yen	冷たい、涼しい
เย็บ	yép	縫う
ร		
รถ	rót	車
รถจักรยาน	__càkkrayaan	自転車
รถติด	__tìt	渋滞する
รถบรรทุก	__banthúk	トラック
รถไฟ	__fai	鉄道
รถเมล์	__mee	バス
รถยนต์	__yon	自動車
รวย	ruai	富んだ
รอ	rɔɔ	待つ
รอง	rɔɔŋ	置く、次席の
รองเท้า	__tháao	靴
รองเท้าแตะ	tháo tɛ̀	サンダル
ร้อง	rɔ́ɔŋ	叫ぶ、歌う
ร้องไห้	__hâai	泣く
ร้อน	rɔ́ɔn	暑い
ร้อย	rɔ́ɔi	百
ระนาด	ranâat	タイ木琴
ระเบียบ	rabìap	規則
ระวัง	rawaŋ	注意する
ระหว่าง	rawàaŋ	〜の間に
รัก	rák	愛する
รักษา	ráksǎa	保つ
รัฐบาล	rátthabaan	政府
รับ	ráp	受ける
รับผิดชอบ	__phìtchɔ̂ɔp	責任をとる
ราคา	raakhaa	値
ร่างกาย	râaŋkaai	体
รางวัล	raaŋwan	賞
ราชการ	râatchakaan	公務

ราชเทวี	râatchatheewii	地名 ラーチャテーウィー
ราด	râat	かける
ร้าน	ráan	店
ร้านเสริมสวย	__sǎəmsǔai	美容院
ร้านหนังสือ	__nǎŋ sʉ̌ʉ	本屋
ร้านอาหาร	__aahǎan	食堂
ร้าย	ráai	悪い
รายการ	raaikaan	プログラム
รายได้	raaidâi	収入
รำ	ram	踊る
ริม	rim	前 〜のふちに
รีด	rîit	アイロンをかける
รุ่งนภา	rûŋnáphaa	人名 ルンナパー
รุ่งโรจน์	rûŋrôot	人名 ルンロート
รุ่น	rûn	年代
รู้	rúu	知っている
รู้จัก	__càk	知っている
รู้สึก	__sʉ̀k	感じる
รูป	rûup	姿、写真
เร็ว	reo	速い
เรา	rao	我々
เริ่ม	rə̂əm	始める
เรียก	rîak	呼ぶ
เรียน	rian	学ぶ
เรียนต่อ	__tɔ̀ɔ	進学する
เรือ	rʉa	船
เรื่อง	rʉ̂aŋ	話
เรื่อย	rʉ̂ai	継続して
แรก	rɛ̂ɛk	初め
แรง	rɛɛŋ	力強い
แรง ๆ	__rɛɛŋ	力強く
โรง	rooŋ	造 建物
โรงงาน	__ŋaan	工場
โรงพยาบาล	__phayaabaan	病院
โรงเรียน	__rian	学校
โรงแรม	__rɛɛm	ホテル
โรงละคร	__lakhɔɔn	劇場
โรงหนัง	__nǎŋ	映画館
ไร่	râi	畑、単 ライ
ฤ		
ฤดู	rʉ́duu	季節
ฤดูร้อน	__rɔ́ɔn	夏
ฤดูหนาว	__nǎao	冬
ล		
ลง	loŋ	降りる
ลงทุน	__thun	投資する
ลด	lót	減らす、減る
ลม	lom	風

ลอง	lɔɔŋ	試みる
ล็อตเตอรี่	lɔ́ttəərîi	宝くじ
ละ	lá	～につき
ล่ะ	lâ	（疑問・禁止の強調）
ละคร	lakhɔɔn	芝居
ลักตัว	lák tua	拉致する
ลา	laa	別れを告げる
ลางาน	__ŋaan	休暇をとる
ลาออก	__ɔ̀ɔk	辞める
ล้าง	láaŋ	洗う
ล้าน	láan	百万
ลาบ	lâap	ラープ
ล่าม	lâam	通訳
ลายมือ	laai mʉʉ	筆跡、手相
ลาว	laao	ラオス
ลำ	lam	[類]舟
ลำบาก	lambàak	苦しい
ลิง	liŋ	猿
ลิ้น	lín	舌
ลิ้นชัก	__chák	引き出し
ลืม	lʉʉm	忘れる
ลุง	luŋ	父母の兄
ลูก	lûuk	子、[類]玉
ลูกเขย	__khə̌əi	娘の夫
ลูกชาย	__chaai	息子
ลูกชิ้น	__chín	つみれ玉
ลูกผู้ชาย	__phûuchaai	男
ลูกพี่ลูกน้อง	__phîi ...nɔ́ɔŋ	従兄弟
ลูกศิษย์	__sìt	弟子
ลูกสะใภ้	__saphái	息子の妻
ลูกสาว	__sǎao	娘
ลูบ	lûup	なぜる
เล็ก	lék	小さい
เลข	lêek	数
เลขคู่	__khûu	偶数
เล่น	lên	遊ぶ
เล็บ	lép	爪
เล่ม	lêm	[類]本、刃物
เลย	ləəi	過ぎる、実に
เลว	leeo	悪い
เล่า	lâo	話す
เลิก	lə̂ək	やめる
เลิกกัน	__kan	別れる
เลี้ยง	líaŋ	育てる
เลี้ยว	líao	曲がる
เลือก	lʉ̂ak	選ぶ
แลก	lɛ̂ɛk	換える
แลกเงิน	__ŋen	両替
แลกเปลี่ยน	__plìan	交換する
แล้ว	lɛ́ɛo	～おわる
แล้วกัน	__kan	やれやれ、おわりだ
แล้วก็	__kɔ̂ɔ	それから
แล้วแต่	__tɛ̀ɛ	～による
แล้วหรือยัง	__rʉ́ yaŋ	もう～したか
และ	lɛ́	と
โลก	lôok	世界
โล่งอก	lôoŋ òk	安心する

ว

วงเวียน	woŋwian	ロータリー
วรรณคดี	wannakhadii	文学
วรรณยุกต์	wannayúk	声調
วัฒนธรรม	wátthanatham	文化
วัด	wát	寺
วัดพระแก้ว	__phrákɛ̂ɛo	エメラルド寺院
วัน	wan	日
วันก่อนนั้น	__kɔ̀ɔn nán	前日
วันจันทร์	__can	月曜日
วันที่	__thîi	日付
วันนั้น	__nán	その日
วันนี้	__níi	今日
วันพฤหัสบดี	__pharʉ́hàtsabɔɔdii	木曜日
วันพุธ	__phút	水曜日
วันมะรืนนี้	__marʉʉnníi	明後日
วันรุ่งขึ้น	__rûŋkhʉ̂n	翌日
วันศุกร์	__sùk	金曜日
วันเสาร์	__sǎo	土曜日
วันหลัง	__lǎŋ	後日
วันอังคาร	__aŋkaan	火曜日
วันอาทิตย์	__aathít	月曜日
วัว	wua	牛
ว่า	wâa	言う、～と
วาง	waaŋ	置く
วางแผน	__phɛ̌ɛn	計画する
วางหู	__hǔu	電話をきる
ว่าง	wâaŋ	空いている
วาด	wâat	描く
ว่ายน้ำ	wâai náam	泳ぐ
วารสาร	waarasǎan	雑誌
วิ่ง	wîŋ	走る
วิชาการ	wíchaakaan	学問
วิทยานิพนธ์	wítthayaaníphon	論文
วิทยาศาสตร์	wítthayaasàat	科学
วิทยุ	wítthayú	ラジオ
วินาที	wínaathii	[単]秒
วิศวกร	wísàwákɔɔn	エンジニア
วีซ่า	wiisâa	ビザ

วุ้น	wún	寒天
เวลา	weelaa	時間
เวียดนาม	wîatnaam	ベトナム
เวียนหัว	wianhǔa	めまいがする
แว่น	wɛ̂n	眼鏡
แว่นขยาย	__khayǎai	拡大鏡
แว่นตา	__taa	眼鏡
ไว้	wái	～ておく
ไว้ใจ	__cai	信用する

ศ

ศาลากลาง	sǎalaaklaaŋ	県庁
ศาสนา	sàatsanǎa	宗教
ศูนย์	sǔun	センター
เศรษฐกิจ	sèetthakìt	経済
เศร้า	sâo	悲しい

ส

สกปรก	sòkkapròk	不潔な
สก๊อตเทป	sakɔ́tthéep	セロテープ
สด	sòt	生の
สถานทูต	sathǎanthûut	大使館
สถานี	sathǎanii	駅、局
สถานีตำรวจ	__tamrùat	警察
สถานีรถไฟ	__rótfai	鉄道駅
สนใจ	sǒncai	興味を持つ
สนาม	sanǎam	広場
สนามบิน	__bin	空港
สนามหลวง	__lǔaŋ	王宮前広場
สนุก	sanùk	楽しい
สบาย	sabaai	すこやかだ
สบายดีหรือ	__dii rʉ̌ʉ	元気ですか
ส้ม	sôm	オレンジ
ส้มตำ	sômtam	ソムタム
สมบูรณ์	sǒmbuun	完全な
สมรส	sǒmrót	結婚する
สมัคร	samàk	志願する
สมัย	samǎi	時代
สมาคม	samaakhom	協会
สยาม	sayǎam	タイの旧名
สระ	sà	池、洗う
สระว่ายน้ำ	__wâaináam	プール
สร้าง	sâaŋ	建てる
สวด	sùat	読経する
สวน	sǔan	園
สวนสัตว์	__sàt	動物園
สวย	sǔai	美しい
สวัสดี	sawàtdii	こんにちわ
สว่าง	sawàaŋ	明るい
สอง	sɔ̌ɔŋ	二
สอน	sɔ̌ɔn	教える
สอบ	sɔ̀ɔp	試験する
สอบได้	__dâi	合格する
สอบตก	__tòk	不合格
สะดวก	sadùak	便利な
สะดือ	sàdʉʉ	へそ
สะพาน	saphaan	橋
สะพานลอย	__lɔɔi	歩道橋
สะอาด	saʔàat	清潔な
สัก	sàk	少々
สักครู่	__khrûu	しばらく
สังคม	sǎŋkhom	社会
สัตว์	sàt	動物
สั้น	sân	短い
สันสกฤต	sǎnsakrìt	梵語
สัมมนา	sǎmmanaa	セミナー
สาม	sǎam	三
สามล้อ	sǎamlɔ́ɔ	サムロー
สามี	sǎamii	夫
สาย	sǎai	類 帯、路など
สาว	sǎao	若い女の
สำคัญ	sǎmkhan	重要な
สำนักงาน	sǎmnákŋaan	事務所
สำหรับ	sǎmràp	前 ～のために
สิ	sì	～よ
สิงโต	sǐŋtoo	ライオン
สิงหาคม	sǐŋhǎakhom	八月
สิบ	sìp	十
สิบเอ็ด	sìpèt	十一
สี	sǐi	色
สีเงิน	__ŋən	銀色
สีชมพู	__chomphuu	桃色
สีแดง	__dɛɛŋ	赤
สีทอง	__thɔɔŋ	金色
สีน้ำเงิน	__námŋən	青
สีน้ำตาล	__námtaan	茶色
สีฟ้า	__fáa	水色
สีม่วง	__mûaŋ	紫
สีส้ม	__sôm	オレンジ色
สี่	sìi	四
สี่แยก	__yɛ̂ɛk	交差点
สึก	sʉ̀k	還俗する
สุก	sùk	熟れた
สุขภาพ	sùkkhaphâap	健康
สุขภาพจิต	__cìt	精神衛生
สุโขทัย	sùkhǒothai	地名 スコタイ
สุดท้าย	sùtthái	最後に
สุนทรภู่	sǔnthɔɔnphûu	人名 スントンプー

สุภาพ	sùphâap	上品な
สูท	sùut	スーツ
สูบ	sùup	吸う
เสน่ห์	sanèe	魅力
เส้น	sên	線、[類]ベルトなど
เส้นเล็ก	__lék	うどん
เส้นหมี่	__mìi	細いうどん
เส้นใหญ่	__yài	ひもかわ
เสร็จ	sèt	終わる
เสีย	sǐa	失う
เสียใจ	__cai	がっかりする
เสียเวลา	__weelaa	時間を浪費する
เสียหาย	__hǎai	損害を受ける
เสียอีก	__ìik	～のに
เสียง	sǐaŋ	声
เสียงดัง	__daŋ	大声で
เสือ	sʉ̌a	虎
เสื้อ	sʉ̂a	服
เสื้อผ้า	__phâa	服
แสดง	sadɛɛŋ	見せる
แสน	sɛ̌ɛn	十万
แสบ	sɛ̀ɛp	ひりひりする
ใส	sǎi	澄んだ
ใส่	sài	入れる
ไส้กรอก	sâi krɔ̀ɔk	ソーセージ
ไส้ดินสอ	sâi dinsɔ̌ɔ	替え芯
ห		
หก	hòk	六
หกล้ม	hòklóm	転ぶ
หนวด	nùat	ひげ
หนองพอก	nɔ̌ɔŋphɔ̂ɔk	[地名]ノーンポーク
หนัก	nàk	重い
หนัง	nǎŋ	皮、映画
หนังสือ	nǎŋsʉ̌ʉ	本
หนังสือเดินทาง	__dəənthaaŋ	旅行ガイド
หนังสือพิมพ์	__phim	新聞
หนา	nǎa	厚い
หน้า	nâa	顔
หน้าตา	__taa	顔
หน้าที่	__thîi	義務
หนาว	nǎao	寒い
หนี	nǐi	逃げる
หนึ่ง	nʉ̀ŋ	一
หนุ่ม	nùm	若い男の
หนุ่มสาว	nùmsǎao	若い衆
หนู	nǔu	ネズミ、私
หมด	mòt	尽きる
หมดกำลัง	__kamlaŋ	力尽きる

หมวก	mùak	帽子
หมอ	mɔ̌ɔ	医者
หมอฟัน	__fan	歯医者
หมอน	mɔ̌ɔn	枕
หมา	mǎa	犬
หมายถึง	mǎaithʉ̌ŋ	意味する
หมื่น	mʉ̀ʉn	一万
หมู	mǔu	豚
หมูสะเต๊ะ	__saté	豚串焼き
หยาบ	yàap	粗野な
หรอก	rɔ̀ɔk	～よ
หรือ	rʉ̌ʉ	又は、～ですか
หลอก	lɔ̀ɔk	だます
หลอด	lɔ̀ɔt	ストロー
หลัง	lǎŋ	[前]後ろに、[類]家
หลังคา	__khaa	屋根
หลังจาก	__càak	[前]～の後に
หลังเที่ยง	__thîaŋ	午後
หลับ	làp	眠る
หลาน	lǎan	孫、甥、姪
หลาบ	làap	恐れる、こりる
หวย	hǔai	宝くじ
หวัง	wǎŋ	望む
หอ	hɔ̌ɔ	[造]建物
หอพัก	__phák	寮
หอสมุด	__samùt	図書館
ห้อง	hɔ̂ŋ	部屋
ห้องนอน	__nɔɔn	寝室
ห้องน้ำ	__náam	トイレ、浴室
หัด	hàt	練習する
หัว	hǔa	頭
หัวค่ำ	__khâm	宵の口
หัวใจ	__cai	心臓
หัวดี	__dii	頭がいい
หัวลำโพง	__lamphooŋ	[地名]フワランポーン
หัวหน้า	__nâa	長
หัวหิน	hǔahǐn	[地名]フアヒン
ห้า	hâa	五
หาง	hǎaŋ	尾
หางยาว	__yaao	尾長の
หางเสียง	__sǐaŋ	丁寧語尾
ห้าม	hâam	禁ずる
หาย	hǎai	失せる
หาว	hǎao	あくびする
หิว	hǐu	飢える
หิวน้ำ	__náam	渇く
หู	hǔu	耳
เหนียว	nǐao	粘つく

เหนื่อย	nʉ̀ai	疲れる
เหน็บกิน	nèp kin	しびれる
เหมาะ	mɔ̀	ふさわしい
เหมือน	mʉ̌an	同じ
เหยียบ	yìap	踏みつける
เหลา	lǎo	削る
เหล้า	lâo	酒
เหลือง	lʉ̌aŋ	黄色
เหล็ก	lèk	鉄
เห็น	hěn	見る
แห่ง	hɛ̀ŋ	[類] 場所、施設
แห้ง	hɛ̂ɛŋ	乾いた
แหละ	lɛ̀	～だよ
โหด	hòot	残酷な
โหล	lǒo	[単] ダース
ให้	hâi	与える、させる
ให้การ	__kaan	供述する
ให้อภัย	__aphai	赦す
ใหญ่	yài	大きい
ไหน	nǎi	どの
ไหม	mái	～ですか
ไหว	wǎi	耐える
ไหว้	wâi	合掌する
อ		
อก	òk	胸
องค์	oŋ	[類] 王族、仏像、僧
องศา	oŋsǎa	[単] 度
องุ่น	a-ŋùn	ブドウ
อดทน	òt thon	忍耐する
อธิบดี	athíbɔɔdii	長、局長
อธิบาย	athíbaai	説明する
อนาคต	anaakhót	未来
อนิจจัง	anítcaŋ	無常
อนุรักษ์	anúrák	保持する
อนุสาวรีย์	anúsǎawarii	記念塔
อพาร์ตเมนต์	apháatmén	マンション
อภัย	aphai	赦し
อเมริกา	ameerikaa	アメリカ
อย่า	yàa	～するな
อยาก	yàak	欲する
อย่าง	yàaŋ	～のような
อย่างน้อย	__nɔ́ɔi	少なくても
อย่างนี้	__níi	このように
อย่างไร	__rai	どのように
อย่างไรก็ตาม	__raikɔ̂taam	いずれにせよ
อยุธยา	ayútthayaa	[地名] アユタヤ
อยู่	yùu	いる、ある
อร่อย	arɔ̀i	おいしい
อวด	ùat	自慢する
อ้วน	ûan	太った
ออก	ɔ̀ɔk	出る、出す
ออกกำลังกาย	__kamlaŋkaai	運動する
ออสเตรเลีย	ɔ̀ɔtsatreelia	オーストラリア
อ่อนน้อม	ɔ̀ɔnnɔ́ɔm	へりくだった
อ้อ	ɔ̂ɔ	ああ
อะไร	arai	何
อังกฤษ	aŋkrìt	イギリス
อัน	an	[類] 小さいもの
อันตราย	antaraai	危険な
อา	aa	父の弟、妹
อากาศ	aakàat	天気、空気
อาจ	àat	たぶん
อาจารย์	aacaan	先生
อาทิตย์	aathít	週
อาทิตย์ที่แล้ว	__thîilɛ́ɛo	先週
อาทิตย์นี้	__níi	今週
อาทิตย์หน้า	__nâa	来週
อ่าน	àan	読む
อาบน้ำ	àap náam	水浴びする
อาย	aai	恥じる
อายุ	aayú	年齢
อารยธรรม	aarayátham	文化
อ้าว	âao	あれ！
อาหาร	aahǎan	食事
อิจฉา	ìtchǎa	うらやむ
อินเดีย	india	インド
อิ่ม	ìm	満腹な
อีก	ìik	更に
อีสาน	iisǎan	東北タイ
อื่น	ʉ̀ʉn	他の
อุบลฯ	ubon	[地名] ウボン
อุปการะ	upakaará	援助
อุ้ม	ûm	抱く
เอกสาร	èekkasǎan	書類
เอง	eeŋ	自ら
เอว	eeo	腰
เอา	ao	取る、要する
เอาใจ	__cai	ご機嫌をとる
เอาแต่	__tɛ̀ɛ	～ばかりする
เอาเปรียบ	__prìap	不利益を強いる
เอาใหม่	__mài	やりなおす
เอ็ด	èt	（下一桁の）一
แอร์	ɛɛ	冷房
โอกาส	ookàat	機会
ฮ		
เฮอะ	hə̀	～しよう

執筆者紹介

山田　均（*Yamada Hitoshi*）

1959年千葉県生まれ。早稲田大学第一文学部にて梵語、仏教学を学ぶ。同大学大学院博士課程修了。在タイ10年。警視庁タイ語・ラオス語・カンボジア語刑事通訳人、東京外国語大学講師を経て、現在、名桜大学国際学部助教授、早稲田大学社会科学研究所特別研究員。小野梓賞受賞論文『タイ仏教僧団の研究』を始め論文多数の他、著書『タイを歩く』『タイこだわり生活図鑑』など。沖縄本島山原在住。

吹き込み者

★チュターマート・ヌットラーウォン
サラブリー出身。チュラロンコン大学文学部英文科卒、同大学院修士課程修了。国連、タイ運輸省国際条約課勤務を経て来日。

★キャッティポン・ルアンスワン
ナラーティワート出身。タマサート大学政治学科卒、チュラロンコン大学大学院修士課程修了。現在慶応大学大学院博士課程留学中。

キーワードで覚える！　やさしいタイ語会話

1996年５月30日　初版発行
2014年５月20日　改訂版第５刷発行

著　者　山田 均 ©
発行者　片岡 研
発行所　(株)ユニコム
〒153-0064　東京都目黒区下目黒1-2-22-1004
Tel.　(03)　5496-7650(代)
FAX.(03)　5496-9680
印　刷　大野印刷(株)

CD、テキストを無断で複製することはできません。